Herderbücherei

Band 825

Über das Buch

Viele Menschen sind heute depressiv oder neurotisch, leiden an Zwangsvorstellungen oder Schlaflosigkeit, kommen mit ihrem Partner nicht aus, fühlen sich minderwertig oder lebensmüde, und das alles ohne äußeren, ersichtlichen Grund und ohne reale Bedrängnis. Was fehlt ihnen? Sie suchen den Sinn ihres Lebens, oder sie haben ihn verloren, sie sind Zweifelnde oder Verzweifelnde. Die Logotherapie hat diese heute zunehmend um sich greifende Form seelischer Erkrankung in ihren Wurzeln sichtbar gemacht, aber auch Wege erprobt und beschrieben, wie Menschen wieder zu einer positiven Einstellung zu sich selbst und zu ihrer Umwelt finden können, auch dann (und manchmal gerade dann), wenn die äußere Situation sich nicht verändern läßt. In diesem Taschenbuch zeigt eine erfahrene Psychotherapeutin an vielen Praxisbeispielen, wie es ihr immer wieder gelungen ist, den „Willen zum Sinn“, den jeder in sich trägt, zu reaktivieren und ihn zur inneren Gesundung des Patienten einzusetzen. Ihre Folgerung ist ermutigend für den Leser: „Auch dein Leben hat Sinn!“

Über die Autorin

Elisabeth Lukas, geboren 1942 in Wien, 1965–1972 Studium der Psychologie an der Wiener Universität bei Prof. Rohracher, Prof. Guttmann und Prof. Frankl. 1972 Abschluß der Dissertation „Logotherapie als Persönlichkeitstheorie“ und Promotion. Seit 1973 in Erziehungs- und Lebensberatungsstellen, zur Zeit Leiterin der Psychologischen Beratungsstelle der Münchner Jugendfürsorge. Arbeitsschwerpunkte: Verhaltenstherapie, Kommunikationstraining, Logotherapie und Entspannungstechniken (z. B. Autogenes Training).

Elisabeth Lukas

Auch dein Leben hat Sinn

Logotherapeutische Wege zur Gesundung

Mit einem Vorwort von
Viktor E. Frankl

Herderbücherei

Originalausgabe
erstmals veröffentlicht als Herder-Taschenbuch

1. Auflage Dezember 1980
2. Auflage September 1984

Herder Freiburg · Basel · Wien
Herstellung: Freiburger Graphische Betriebe 1984
ISBN 3-451-07825-2

DEM GEDENKEN
MEINER MUTTER

Inhalt

Vorwort

„Schon wieder ein psychotherapeutisches Buch – haben wir noch zu wenig von diesem Zeug?“ Solche Ausrufe müssen wir uns heutzutage vom Leser erwarten. Und gestehen wir es uns doch ein: Die Psychotherapie ist eine miese Branche geworden. Auf der einen Seite zerfällt sie immer mehr in Sekten, und auf der anderen Seite wächst sie sich immer mehr zu einer Art Industrie aus. Mit anderen Worten, sie wird immer ideologisiert und kommerzialisiert.

Alsbald wird der Leser aber merken, wie erfreulich, wie erfrischend das Buch von Elisabeth Lukas absticht vom Gros dessen, was an einschlägiger Literatur heute auf den Markt geworfen wird: welche Menschlichkeit strahlt doch dieses Buch aus! In welch einmaliger Weise versteht es Elisabeth Lukas doch, auch noch im desolatesten „Fall“ Menschlichkeit zu entdecken – und zu erwecken! Was sie uns da in ihren Fallschilderungen und Behandlungsprotokollen vor Augen führt, ist rehumanisierte Psychotherapie im besten Wortsinn.

In diesem Sinne ist das Buch aber nicht nur menschlich, sondern auch ehrlich; denn neben ihrer Menschlichkeit bringt die Autorin auch ihre Allzumenschlichkeit ein, indem sie – im Gegensatz zu dem in der Zunft so üblichen Allesbesserwissertum und Unfehlbarkeitswahn – in der eigenen Arbeit auch die Grenzen und Schwachstellen aufzeigt und dadurch an Glaubwürdigkeit nur noch gewinnt.

Das Buch ist aber nicht nur ehrlich, sondern auch mutig, dort nämlich, wo es mit Klischees aufräumt und dem branchenüblichen Zynismus entgegentritt. Da fallen Worte, bei denen man das Gefühl hat: das alles müßte man doch *hinausschreien* in die Welt!

Für Elisabeth Lukas gibt es kein Menschenwesen, das nicht noch immer irgendeine menschliche Chance hätte, über sich selbst hinauszuwachsen; keine Lebenslage, in der sich nicht noch irgendein Funke von Sinn entdecken und entfachen ließe. *Wie* das geschieht und in welch dramatischer Weise es mitunter geschieht – davon wird der Leser immer wieder ergriffener Zeuge.

Dieses Aufleuchtenlassen von Sinnmöglichkeiten gehört zur großen Kunst von Elisabeth Lukas. Da steht sie ganz in der Tradition der Logotherapie und deklariert ihr Buch bereits vom Titel her als logotherapeutisch orientiert. Nun versteht sich die Logotherapie als eine sinnzentrierte Psychotherapie, und als solche will sie dem Menschen von heute eine Hilfestellung geben in seinem Ringen um Sinn, wohl dem menschlichsten aller menschlichen Anliegen. So muß sie denn auch den Kampf ansagen jenem Sinnlosigkeitsgefühl, das sich heute in weltweitem Maßstab nachgerade zu einer Massenneurose auswächst.

Je akuter dieses Sinnlosigkeitsgefühl wird, desto aktueller wird die Logotherapie. Bereits in den sechziger Jahren bezeichnete Gordon Allport von der Harvard University die Logotherapie als „the most significant psychological movement of our day" – die bedeutendste psychologische Bewegung der Gegenwart. Ein Jahrzehnt später fragte der Welt größte psychiatrische Zeitschrift, das „American Journal of Psychiatry", in bezug auf die Logotherapie und die ihr zugrunde liegende Überzeugung von der bedingungslosen Sinnträchtigkeit des Lebens: „What could be more pertinent as we enter 1970" – was könnte zeitgemäßer sein, wenn wir nun in die siebziger Jahre eintreten? Und jetzt, anfangs der achtziger Jahre, stellt sich diese Frage aufs neue einem Mitarbeiter an der (vom Institute of Logotherapy in Berkeley, Kalifornien) publizierten Zeitschrift „The International Forum for Logotherapy", in deren letztem Heft er dem Thema einen Artikel widmet unter dem Titel „Logotherapy in a Post-Petroleum Society".

An dieser Aktualität nimmt das vorliegende Buch nicht nur teil, sondern trägt zu ihr bei; denn Elisabeth Lukas schöpft darin aus der reichen, jahrelangen zeit- und lebensnahen Erfahrung in ihrer logotherapeutischen Praxis und als Leiterin eines großen psychologischen Beratungszentrums in München, in dessen Rahmen ihr Tag für Tag Menschen gegenübersitzen, die sich mit den typischen Problemen und Krisen des Lebens in unserer Welt, in unserer Zeit und eben der anbrechenden „Post-Petroleum"-Gesellschaft auseinanderzusetzen haben.

Was ihr bei alledem noch zugute kommt, ist die wissenschaftliche Fundiertheit ihrer Aussagen. Auf Schritt und Tritt merkt man ihr die empirische Kinderstube an; begann sie doch ihre Laufbahn mit experimenteller Forschung und statistischen Untersuchungen. Sie ist es auch, der wir den ersten deutschsprachigen logotherapeutischen Test, den „Logo-Test", verdanken, den sie am Wiener Universitätsinstitut für Experimentelle Psychologie entwickelt hat[1]. So erschienen denn bei Elisabeth Lukas praktische Erfahrung und empirische Forschung in einem produktiven Rückkoppelungsprozeß miteinander vernetzt.

Ihre Beiträge zur Logotherapie und deren theoretischer Grundlage, der Logo-Theorie, beschränken sich aber nicht auf Grundlagenforschung, sondern auf diesem soliden Fundament aufbauend hat sie bezüglich der logotherapeutischen Technik erfinderisch und schöpferisch gewirkt. Ich erwähne nur die von ihr selbständig entwickelte „Naive Fragetechnik" und ihren eigenständigen Beitrag zur Weiterentwicklung der logotherapeutischen Methode der Dereflexion. Wenn man ihre einschlägigen Fallschilderungen verfolgt, wird einem das Erlebnis zuteil, in ihrer Begleitung einen Schritt in die Zukunft der Logotherapie mitzuvollziehen.

Vielleicht am meisten wird der Leser ihr danken, daß sie ihm in so instruktiver und illustrativer Weise Einblick gewährt in die Werkstatt des Logotherapeuten. Illustriert sie doch alles an Hand konkreter Fallbeispiele. Ja, mit Ausschnitten aus Dialogen, wie sie sich wirklich abgespielt haben. Oder, um es mit dem Titel eines soeben in Amerika erschienenen Sammelwerks mit Beiträgen von 30 amerikanischen Logotherapeuten auszudrücken: der Leser wird Augenzeuge von „Logotherapy in Action"[2]. Ebendamit kommt Elisabeth Lukas einem ganz modernen Trend entgegen, nämlich Möglichkeiten für eine psychotherapeutische Selbsthilfe zu schaffen. Tatsächlich gibt sie dem Leser immer wieder eine Handhabe, logotherapeutisches Gedankengut auch auf sich selbst anzuwenden, und es ist kaum zu glauben, welche Erfolge sich auf diesem Wege erzielen lassen. Ich verfüge über eine ganze Reihe von Dokumenten, aus denen eindeutig hervorgeht, daß Menschen, die jahrzehntelang an schweren Neurosen gelitten hatten und ohne Erfolg jahrelang in Behandlung gestanden waren, einzig und allein auf Grund der Lektüre eines Buches eine bestimmte Methode und Technik der Psychotherapie selber und selbständig auf den eigenen Fall anwenden und sich dann auch endlich einmal von ihrer Neurose befreien konnten.

Daß sich die Logotherapie für die Verwendung zum Zwecke solcher Selbsthilfe – und im Rahmen von Selbsthilfegruppen! – in

---

[1] Ihre diesbezügliche Dissertation wurde als Kapitel „Zur Validierung der Logotherapie" in das Buch „Der Wille zum Sinn" von Viktor E. Frankl aufgenommen – ein Werk, dessen 3. Auflage 1982 bei Huber in Bern erschienen ist.

[2] Herausgegeben von Joseph B. Fabry, Reuven P. Bulka und William S. Sahakian, New York 1980.

besonderem Maße eignet und anbietet, ist jedoch auf einen besonderen Umstand zurückzuführen, auf die Tatsache nämlich, auf die erst jüngst Professor Edith Weisskopf-Joelson in ihrem Aufsatz „The Place of Logotherapy in the Wolrd Today“[3] aufmerksam gemacht hat. Auf die Tatsache nämlich, daß die Standardwerke über Logotherapie gar nicht so sehr wie die Literatur über andere Psychotherapien an den Psychotherapeuten adressiert sind, um ihm zunächst einmal diese oder jene Technik beizubringen, als vielmehr an den Patienten selbst – und auch an den (noch) gar nicht neurotischen Leser: beide können, was die Logotherapie ihnen zu sagen hat, direkt den Büchern entnehmen und direkt auf sich anwenden, so daß unter Umständen der Umweg über den professionellen Therapeuten sich erübrigen mag. Mit einem Wort: ein Buch *über* Logotherapie *ist* Logotherapie.

Als ich vor Jahren einmal in Freiburg im Breisgau einen Vortrag von Elisabeth Lukas hörte und von der für sie so charakteristischen Legierung von Menschlichkeit und Wissenschaftlichkeit tief beeindruckt war, meinte ich in einem anschließenden Gespräch mit ihr: Irgendwie kann ich jetzt leichter sterben – wissend, daß mein Vermächtnis in solchen Händen ruht. Als ich Jahre später ihr Manuskript zu diesem Buch in meinen Händen hielt, wiederholte und vertiefte sich dieses gute Gefühl; denn ich hatte das Manuskript auf dem Krankenbett gelesen, in Krankenhäusern zwischen München und Wien, vorübergehend sogar auf den Intensivstationen liegend, und ich legte das Manuskript aus der Hand mit Stolz auf eine Schülerin, im Hinblick auf die ich zu hoffen wage: non frustra vixi.

Boston, an meinem 75. Geburtstag *Viktor E. Frankl*

---

[3] The international Forum for Logotherapy, Number 3, Spring 1980.

Der Mensch auf der Suche nach Sinn[1]

Das Thema „Sinnsuche“ ist keinesfalls eine Neuentdeckung, es ist im Grunde uralt, so alt wie die Menschheit selbst. Vielleicht ist es das Differential des Menschseins überhaupt, denn im Tierreich läßt sich kein Analogon finden.

So menschheitsbegleitend diese Frage nach dem Sinn aber auch sein mag, aktuell und besonders bedrängend wurde sie in unserem 20. Jahrhundert, weil es das Jahrhundert ist, in welchem die zivilisierte Menschheit unglaublich viele Fesseln abstreifen konnte und sich in einem plötzlichen Freiraum ungeahnten Ausmaßes wiederfand, dem sie von ihrer Reifestruktur her noch nicht gewachsen war.

Ja, unser Sinnproblem hat etwas mit dem großen Fragezeichen rund um die sogenannte „Freiheit“ zu tun. Freiheit ist für viele Menschen ein sehr positiv bewerteter Ausdruck: sie streben nach Freiheit, sie ersehnen die Freiheit, aber sie vergessen dabei leicht, daß Freiheit wie ein unendlich weites, wegloses Feld ist. Man kann zwar in jede Richtung gehen, und es gibt keine Barrieren oder Schranken, die Einhalt gebieten, aber es gibt auch keinerlei Orientierungshilfen, keine Wegweiser zu einem Ziel. Auch auf einem unbegrenzten, leeren Felde kann man verzweifelt umherirren …

Was waren nun die großen Fesseln des zivilisierten Menschen, die unser Jahrhundert gesprengt hat? Lassen Sie mich einige wenige aus der Alltagsrealität aufzählen:

Im Spiegel zerfallender Traditionen erscheint das Schlagwort

---

[1] Als Symbol der bewußten Abstimmung dieses Buches auf die von Viktor E. Frankl stammende Theorie und Praxis der Logotherapie wurde der Titel des ersten und einführenden Kapitels von einem seiner Bücher übernommen. Den gleichen Titel „Der Mensch auf der Suche nach Sinn“ hat Frankl außerdem auch für einen Vortrag gewählt, zu dem ihn der XIV. Internationale Weltkongreß für Philosophie (Wien 1968) eingeladen hat.

„Partnerwahl". Jahrhundertelang hatten die Eltern bestimmt, oder doch wesentlich mitbestimmt, wen ihre heranwachsenden Kinder zu ehelichen hatten. Ehen wurden vielfach aus gesellschaftlichen oder ökonomischen Erwägungen heraus geschlossen, wobei nicht immer Rücksicht auf die Neigungen der jungen Menschen genommen wurde. In unserem Jahrhundert dagegen kam es in der zivilisierten Welt zu einem Umschwung, zur freien Partnerwahl, denn die jungen Menschen begannen sich selbst ihre Partner zu suchen nach eigenem freiem Ermessen, gemäß ihren Neigungen und Wünschen. Und doch ist es das Jahrhundert, in dem die Institution „Ehe" selbst fragwürdig geworden ist, weil nahezu jede zweite Ehe ein Irrtum zu sein scheint, wenn man auf die heutige Scheidungsstatistik blickt! Mehr Freiheit in der Wahl brachte demnach mehr Unsicherheit in der Entscheidung mit sich.

Lassen wir ein anderes Beispiel vor unseren Augen Form annehmen: die Gestalt der Frau in unserem Jahrhundert. Endlich hat sie die Fessel des „Nur-Hausmütterchens" gesprengt und sich die Freiheit erkämpft, fast jeden Beruf erlernen und ausüben zu dürfen. Aber auch diese Freiheit war teuer erkauft, hat sie doch zu der Doppel-und Dreifachbelastung der Frau durch Haushalt, Kindererziehung und Beruf geführt und damit heftige Gewissenskonflikte zwischen der Erfüllung und Verpflichtung in der Familie einerseits und in dem erlernten Beruf andererseits heraufbeschworen. Die Freiheit der Berufswahl erbrachte der Frau eine neue Unsicherheit des Hin- und Hergerissenseins zwischen Mutterpflichten und Selbstverwirklichung.

Es gibt auch Beispiele, die nicht unmittelbar aus dem Traditionszerfall resultieren, etwa das umfangreiche Thema „Freizeitbeschäftigung". Erst der moderne Fortschritt unseres Jahrhunderts ermöglichte das Überangebot an Freizeitkonsumation. Immer raffiniertere Mittel wurden ausgedacht, um Bequemlichkeit und Komfort zu steigern, immer mehr überschüssige, freie Zeit wurde dem zivilisierten Menschen geschenkt. Zeit, mit der er nicht immer weiß, was er anfangen soll, und Bequemlichkeit, die ihn mehr und mehr zur Passivität erzieht. Denken wir etwa an die Fernbedienung der Fernsehgeräte. Ist es nicht symptomatisch für unsere Zeit, daß uns selbst der Gang zum Fernsehapparat abgenommen wird? Die Illusion einer unendlichen Bequemlichkeit lullt uns ein, aber in Wirklichkeit hemmt sie die Entfaltung aktiver und produktiver Beschäftigungen. Daß heute ein neuer Beruf ganz groß im Kommen ist, nämlich der des „Freizeitpädagogen", welcher sozusagen Anregungen gibt, was man mit überflüssiger Zeit anfangen könnte, beweist nur die fortschreitende Verarmung des geistigen Horizontes. Die große Freiheit in der Freizeitgestaltung ließ viele Menschen erneut zu Gefangenen werden – zu Gefangenen des angebotenen Komforts.

Was aber kann sich messen mit der Befreiung der Sexualität, die in unserem Jahrhundert durchgebrochen ist wie ein Wirbelsturm! Auf keinem Gebiet ist größere Unsicherheit zurückgeblieben als auf diesem. Die progressive Übersättigung mit „aufklärenden" Stimulanzien hat in der Bevölkerung den Irrglauben erweckt, daß Potenz und Orgasmus lebensnotwendige Muß-Faktoren seien, was eine Flut von Sexualstörungen nach sich gezogen hat. Die Proklamation der sexuellen Freiheit hat somit eine enorme emotionale Labilität bewirkt, weil natürliche Bedürfnisse künstlich hochgesteigert wurden auf Kosten echter menschlicher Zuneigung und Bindung. Was vielfach blieb ist Unzufriedenheit, Unfähigkeit zu lieben und – Ekel.

Ein gleichwertiges Paradebeispiel ist der freiheitliche Erziehungsstil, der sich in unserem Jahrhundert entwickelt hat. Kaum je hatten Kinder soviel Freiheit und Macht gegenüber ihren Eltern wie heute. In zunehmendem Maße werden sie ohne Führung, ohne Vorbild und fast ohne Verhaltensgrenzen aufgezogen. Und dennoch, niemals hat es eine Verwahrlosung solchen Umfanges gegeben, eine Aggressivität, eine Revolte der jungen Menschen gegen sich und die Umwelt. Wissen Sie, was hinter dieser Brutalität und Opposition unserer Jugend steht? Es ist die bange Frage, wofür eigentlich nun die frei gewordenen Kräfte eingesetzt werden könnten, welches Ziel denn überhaupt noch anstrebenswert erschiene! Der liberale Erziehungsstil hat die Jugendlichen in ihren existentiellen Grundfesten, nämlich in ihrem Seinsverständnis, verunsichert. Aber nicht nur die Kinder, die gesamte Familie ist durch den Wegfall der „sozialen Kontrolle", welche durch den großen Personenkreis an Verwandten und Bekannten im früheren Großfamiliengefüge repräsentiert worden war, in ein Vakuum nicht zu verkraftender Freiheit und Einsamkeit gestürzt. Man lebt in Hochhäusern isoliert, vor Kontakt und Blicken geschützt, so wie man will, aber das Leben verliert an Reizen, die Großstadtwüste treibt zum Wahnsinn.

Unübersehbar haben sich diese Vorgänge in der Kunst der Gegenwart abgebildet. Auch sie fand sich nach der Sprengung der traditionellen Fesseln wieder im Chaos des plötzlich entdeckten Freiraums. Das Formlose wurde die Form des 20. Jahrhunderts, das Unästhetische und Unverständliche wurde zum Symbol des inneren Umbruchs. Die Freiheit von allen Spielregeln wurde die Spielregel Nummer eins des heutigen künstlerischen Lebens.

Werfen wir einen letzten Blick auf das allmähliche Zerreißen der religiösen Bindungen und die Folgen für den heutigen Menschen. Theorien und Philosophien, Hypothesen und Spekulationen wurden geboren und gingen im selben Atemzuge der jeweiligen Modeströmung wieder unter. Das Endprodukt war eine gewisse Ernüchterung, ein Sich-festhalten-Wollen am unumstößlich Sicheren, am Rationalen, am Materiellen. Aber die Entmythologisierung und Entidealisierung unseres Jahrhunderts ist nur die äußere Fassade, hinter der ein permanenter Status innerer Unsicherheit und Skepsis verborgen wird, der unüberwindlich scheint.

Unsicherheit im Freiraum – heißt dies, daß dem Menschen keine Freiheit gegeben sein soll? Nein, es heißt nur, daß eine gewisse *menschliche Reife* unabdingbar notwendig ist, um Freiheit geistig verarbeiten zu können. Der Begriff „Freiheit" ist letzten Endes ein Wertbegriff, und Werte setzen nun einmal voraus, daß sie als solche von einem Individuum wahrgenommen und verstanden werden können. Ohne diese Voraussetzung schwindet ihre praktische Bedeutung. Nehmen wir einmal an, im Fernsehen wird ein sehr wertvoller und tiefsinniger Film gezeigt. Vor dem Bildschirm sitzt ein zweijähriges Kind und – langweilt sich! So wertvoll der Film auch sein mag, für dieses Kind stellt er nichts als eine langweilige Abfolge von zusammenhanglosen bunten Bildern dar. Denn ein Kleinkind bringt eben nicht die Reife mit, welche Voraussetzung dafür ist, daß der Film als wertvoll begriffen werden kann. Und also *ist* er für dieses Kind nicht wertvoll! Genauso ist Freiheit, insbesondere geistige Freiheit, um so mehr ein sinnvoller Wert für Menschen, je reifer das Denken dieser Menschen ist.

Man vergißt manchmal, daß „der Mensch" keine statische Größe, keine Konstante im Weltgeschehen darstellt, sondern ein Wesen in ununterbrochener Entwicklung ist. Und deshalb muß die Frage gestellt werden: Wenn Freiheit eine gewisse geistige Reife voraussetzt, was ist dann solcher Reifeentwicklung förderlich, was könnte ihren Verlauf beschleunigen?

Nun sehen Sie, eine Entwicklung geht nicht in Fesseln voran. Nicht in der Erziehung eines einzelnen Kindes, und auch nicht in der Entfaltung einer ganzen Spezies. Nur indem zuerst Freiheit erlebt und danach zu leben versucht wird, auch wenn der Anfang ein Chaos ist, nur dadurch kann sich ein neues menschliches Reifestadium entwickeln, was wiederum unumgänglich notwendig dafür ist, daß echte menschliche Freiheit einmal sinnvoll verwirklicht werden kann. Deshalb dürfen wir dem Pessimismus, der jeden denkenden Menschen bei der Betrachtung der Gegenwart erfassen muß, nicht nachgeben, denn er verdeckt uns den Blick auf die eigentliche Chance unseres so wirren 20. Jahrhunderts, nämlich die Chance einer möglichen künftigen Reifeentwicklung des menschlichen Geistes.

Was ich in den Sprechstunden meinen Patienten oft sage, das möchte ich in diesem Zusammenhang wiederholen: *Jede Krise hat ihre Chance.*

Auch die Krise, in welche die modernen Generationen durch das gewaltige Drängen und Erzwingenwollen von sogenannter „Freiheit" hineingeschlittert sind, auch diese Krise hat ihre Chance. Vielleicht ist sie sogar Anstoß dafür, daß die gewöhnlich sehr langsame Reifeentwicklung der Gattung „Mensch" einen großen Schritt voran tut und uns um eine ganze Stufe höher zu bringen vermag. Eine Stufe weiter, das wäre das Begreifen der Freiheit als *Verantwortung*. Wäre dies nicht unendlich viel?

Zunächst aber zeichnet sich die Krise im Leid der psychisch Kranken von heute ab, in jener seltsamen Mischung von aggressiven, depressiven und (selbst)süchtigen Menschen, die trotz ihrer meist recht guten äußeren Lebensbedingungen etwas Wesentliches verloren haben und nicht wiederfinden können, und das ist das sichere Bewußtsein, zu wissen, wofür sie leben.

Es war einer der größten Wissenschaftler der Gegenwart, der Wiener Psychiater *Viktor E. Frankl,* welcher schon vor Jahrzehnten erstmals erkannte, daß sich die Psychiatrie heute mit anderen Problemen beschäftigen muß, als zur Zeit seiner Lehrer und Vorgänger: Es herrsche ein weltweites „Sinnlosigkeitsgefühl", das mehr und mehr Menschen erfaßt und mitreißt, ob sie es wollen oder nicht, ob sie dagegen ankämpfen oder nicht. Je mehr Wohlstand, je mehr Luxus, eben je mehr Freiheit die zivilisierten Bevölkerungsschichten eroberten, umso banger stellte sich die Frage für den einzelnen, was er mit all dem Wohlstand eigentlich anfangen solle und ob dieser letztlich der Sinn seines Daseins sein könne.

Die Industrie in ihrem ständigen Zwange, Produktionsgüter abzusetzen, übte unter dem Deckwort „Glück" einen enormen Konsumationsdruck auf das Volk aus: glücklich sei etwa nur, wer mindestens ein Traumhaus mit zwei Badezimmern und einen großen Wagen besitzt (ob er es braucht oder nicht) …

Mit der Sexwelle rollte die „Aufklärungsindustrie" an: wer nicht mindestens einmal am Tag mit Hilfe von Filmen, Magazinen oder diversen Liebestränkchen einen Orgasmus erlebt, versäume sein höchstes Lebensglück. Die Drogenwelle überflutete Jugendliche und gar Kinder und teilte sehr fragwürdiges Glück in Form von Rausch und Halluzinationen aus. Und als momentan letzter Modeschrei überrollt uns eine Welle der Brutalität und Gewalt, Muskelkraft und kriminelle Intelligenz imponieren, und Lebenserfüllung wird in politischen Machtaktionen und sinnlosem Verbrechen gesucht.

Wie vieles wurde in den Dienst des Glücks gestellt, und wie wenig Glück ist in den Herzen der heutigen Menschen tatsächlich zu finden!

Was dem heutigen Menschen so schwer auf dem Gemüt liegt, ist eben die Unsicherheit darüber, was am Ende der langen und hastigen Jagd nach Glück übrigbleiben kann, welchen Sinn aller Streß, aller Prestigegewinn und alle Besitztümer für ihn haben. Die traditionellen Antworten, die religiösen Deutungen zu dieser Frage, sind vielfach im Umbruch der Zeit verschüttet worden, der Glaube kam ins Wanken, auch der Instinkt des Menschen, der selten trügt, verblaßte mit zunehmender Industrialisierung, und die Lebensphilosophie der Gegenwart bringt eher Zweifel als Halt.

Ohne diese Zusammenhänge der modernen Entwicklungen – seien sie äußerer, weithin sichtbarer Art, seien sie innerer, tief verborgener Art – zu überblicken, lassen sich die Notsignale aus den Reihen unserer Mitmenschen nicht erklären und auch nicht beantworten.

In der heutigen psychotherapeutischen Praxis stehen wir zwei großen Gruppen von hilfsbedürftigen (nicht unbedingt „kranken“!) Menschen gegenüber. Die eine Gruppe umfaßt vorwiegend junge Leute, aber auch hin und wieder Vertreter älterer Jahrgänge, die sich etwas von der Flexibilität und Unruhe der Jugendzeit bewahrt haben. Ich nenne sie die *zweifelnden Menschen,* denn Lebenszweifel und innere Unsicherheit sind die Hauptkennzeichen ihrer Problematik. Sie suchen ein Ziel, nach dem sie streben, eine Idee, der sie sich unterordnen, eine Aufgabe, die sie erfüllen könnten, denn sie befinden sich in einer schrecklichen Leere, in einem – wie Frankl es ausdrückt – „existentiellen Vakuum“, alles scheint ihnen negativ und fragwürdig. Im Grunde wissen sie nicht, wozu sie gut sind, sie befinden sich im Stadium der „Suche nach Sinn“. Diese Suche nach Sinn ist gewiß nichts Krankhaftes, im Gegenteil, wahrscheinlich bedeutet sie ein Stadium der „Suche nach Sinn“. Diese Suche nach Sinn ist gewiß nichts Krankhaftes, im Gegenteil, wahrscheinlich bedeutet sie ein Stadium, das von jedem heranwachsenden Menschen zunächst durchlaufen werden muß, damit er sich in seinem späteren, gefestigteren Lebensrhythmus nach persönlichen Zielen und Lebensinhalten orientieren kann.

Aber diese Suche nach Sinn kann, wenn sie im Stadium des permanenten Zweifels steckenbleibt und keine weitere Entwicklung stattfindet, zu sehr schwerwiegenden psychischen Belastungen führen mit all den neurotischen, regressiven oder depressiven Konsequenzen, die der Psychiater kennt.

Fall Nr. 1:
Ein Vater kam mit seinem 22jährigen Sohn zu mir in die Beratungsstelle. Kaum hatten sie Platz genommen, begannen sie schon sich gegenseitig anzuschreien, bevor ich überhaupt erfuhr, worum es ging. So nahm ich mir die beiden einzeln vor. Der Vater berichtete, daß er eine größere Firma besitze und den Sohn für die spätere Leitung vorgesehen habe. Deswegen habe auch sein Sohn eine Kaufmannslehre abgeschlossen, übrigens mit ausgezeichnetem Erfolg. Danach habe er in einer fremden Firma zur Zufriedenheit aller praktiziert, und nun solle er in die Firma des Vaters eintreten. Aber er sei plötzlich völlig desinteressiert am weiteren Verlauf seiner Karriere und an allen väterlichen Geschäften, schließe sich in sein Zimmer ein, sitze grübelnd herum und weigere sich, die Firma des Vaters zu betreten. In seinem Zorn sprach der Vater sogar vom Verstoßen und Enterben.

Der Sohn schwierg zunächst und murmelte nur, ich würde ihn sowieso nicht verstehen. Erst ein paar aufmunternde Worte halfen ihm, sich mir anzuvertrauen. Er sehe nicht ein, wozu er die Firma übernehmen solle, was interessiere ihn deren Fortbestand und Gewinn. Solle er sich ein Leben lang abrackern, um Artikel zu verkaufen, die die Leute ebensogut auch woanders kaufen könnten? Was sei der Sinn des Ganzen, und überhaupt sehe er keinen Sinn in seinem Leben und in dem, was er bisher getan habe. Alles erscheine ihm wertlos und verächtlich, und am liebsten wolle er davonlaufen auf Nimmerwiederkehr.

Wir sehen die Zweifel des jungen Mannes an sich und der Welt, seine Suche nach Sinn, während der Vater durchaus eine Lebensaufgabe gefunden hat, nämlich seine Firma. Aber was für den einen Lebenssinn bedeutet, muß es nicht für den anderen sein, und was zu leicht erworben wird, sinkt im Wert.

Ich riet den beiden, ihre festgefahrenen Beziehungen vorerst etwas zu unterbrechen. Vielleicht würde eine mehrwöchige Auslandsreise des Sohnes diesem helfen, sich über seine eigenen Gefühle und Vorstellungen klarer zu werden. Er solle aber die Reise nicht vorrangig zu seinem Vergnügen antreten, sondern in der festen Absicht, sein

Gewissen zu erforschen und mögliche Ziele für sein Schaffen und Leben herauszufinden. Wäre für ihn eine Arbeit in der väterlichen Firma in irgendeinem speziellen Zusammenhang vielleicht doch denkbar, z. B. beim Aufbau einer Forschungsabteilung oder in der Personalbetreuung u. dgl., oder nicht? Wenn nicht, welche andere Arbeit könnte ihm sinnvoll, aber auch realisierbar erscheinen? Wir schlossen sozusagen einen Kompromiß zwischen Vater und Sohn: Der Vater erklärte sich bereit, die Reise zu finanzieren und durfte dafür von seinem Sohn bei dessen Rückkehr einen ungefähren Lebensplan erwarten. Danach, so versprachen beide, würde der Vater diesen Lebensplan, wie immer er aussehen möge, respektieren, während der Sohn nunmehr mit vollen Kräften an der Verwirklichung seines selbstgesteckten Lebenszieles arbeiten müsse. Das heißt, um dem passiven Stadium der Sinnzweifel entgegenzuwirken, war seine Sinnsuche gewissermaßen terminisiert worden.

Es war nicht leicht, dem Vater diesen Kompromiß abzuringen, dennoch war diese Lösung die beste Chance für beide: für den Vater die Chance, seinen Sohn auch ohne dessen Eintritt in die Firma weiterhin achten und lieben zu können, und für den Sohn die Chance, aus dem Stadium des permanenten Zweifelns heraus und zu seinen persönlichen Lebensaufgaben hinzufinden.

Auch die zweite Gruppe hilfsbedürftiger Menschen, die ich im Gegensatz zu den zweifelnden Menschen die *verzweifelten Menschen* nennen möchte, umfaßt zunächst nicht unbedingt Kranke. Es handelt sich dabei vorwiegend um jene Menschen, die bereits eine feste Sinnorientierung im Leben gedanklich formuliert und akzeptiert hatten, diese jedoch durch einen Schicksalsschlag plötzlich verloren oder aber auch als unzureichend oder enttäuschend erkannten. Es sind Menschen, denen eine Lebensaufgabe genommen oder deren Lebensziel zerstört worden ist. Es sind auch Menschen, die jahrelang nur nach eigenen Vergnügungen strebend oder um Machtgewinn feilschend in einer sinnlosen Raffgier Geld und Vermögen angehäuft haben und plötzlich eines Tages rückblickend erkennen, daß sie sich in etwas verrannt hatten, das im Grunde nichtssagend und nichtsgebend gewesen war.

Die Ernüchterung, die dieser Erkenntnis unmittelbar folgt, könnte wiederum „Chance" sein, könnte also wiederum der Impuls für neue Lebenswege und Lebenseinstellungen sein, für welche es nie zu spät ist, sie kann aber auch – wie wir sehr genau aus der Psychiatrie wissen – in Resignation stagnieren lassen und über tiefe Sinnlosigkeitsgefühle bis zu Suizidgedanken führen.

Stanislav Kratochvil, Psychologe des Amts-Psychiatrischen Krankenhauses in Kromeriz/CSSR, hat am Weltkongreß über mentale Gesundheit in London 1968 eine hochinteressante Theorie zur Frage der Wert- und Sinnorientierung des Menschen angeboten. Aufbauend auf der *Logotherapie* von Viktor Frankl teilt er diejenigen Menschen, die bereits eine gewisse Wertorientierung in ihrem Leben gefunden haben, nochmals in 2 Gruppen ein, die er als „parallelgesichert“ und „pyramidalgesichert“ unterscheidet.

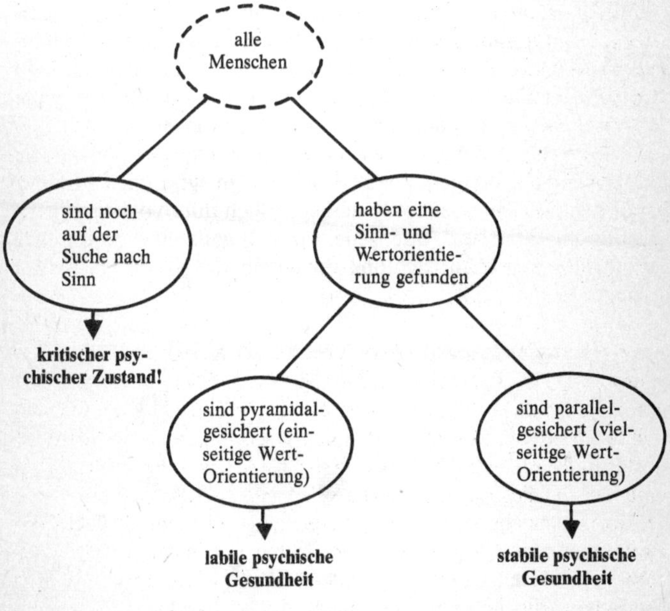

Kratochvil definiert eine Person in bezug auf ihre Wert- und Sinnorientierung als *„parallelgesichert“*, wenn diese Person mehrere etwa gleich starke Inhalte in ihrem Leben kennt, die ihr viel bedeuten. Das heißt, einige große Werte wiegen in der Sinnorientierung dieses Menschen gleich schwer, sie liegen sozusagen parallel nebeneinander. Zum Beispiel kann jemand sowohl in seinem Berufsleben Erfüllung finden als auch in seiner Liebe zur Familie, und vielleicht hat er zusätzlich ein nettes Hobby, welches ihm in seiner

Freizeit Freude bereitet. Vielleicht kommt sogar noch eine tiefe Gläubigkeit, ein heiteres Vertrauen auf Gott hinzu. Das sind eine Menge parallelliegender Werte, die alle zur Sinnerfüllung des Betroffenen beitragen.

Im Gegensatz dazu gibt es eine *pyramidale Wertorientierung,* bei welcher ein großer Wert an oberster Spitze steht, während die restlichen Wertmöglichkeiten unwichtigere, also darunterliegende Positionen einnehmen, so daß die Gesamtheit der sinngebenden Inhalte für diese Person eben die Struktur einer Pyramide nachvollziehen. Zu solcherart „pyramidalgesicherten" Menschen zählen alle jene, welche sich eigentlich nur einer einzigen Aufgabe zu widmen vermögen oder nur Interesse für einen einzigen Lebensbereich bekunden. Zum Beispiel der Mann, der voll in seinem Beruf aufgeht und alles andere rings um sich übersieht und vernachlässigt, oder die Mutter, die nur für ihre Kinder da ist und sich aller übrigen Welt verschließt, oder der Diener Gottes, der allein sein Gebet kennt, aber nicht seine Aufgaben im weltlichen Umfeld. Dazu gehören auch jene, die ausschließlich auf Wohlstand oder Karriere bedacht sind, oder jene, die sich ganz einer politischen oder philosophischen Richtung verschreiben.

Beide Wertanordnungen symbolisch skizziert:

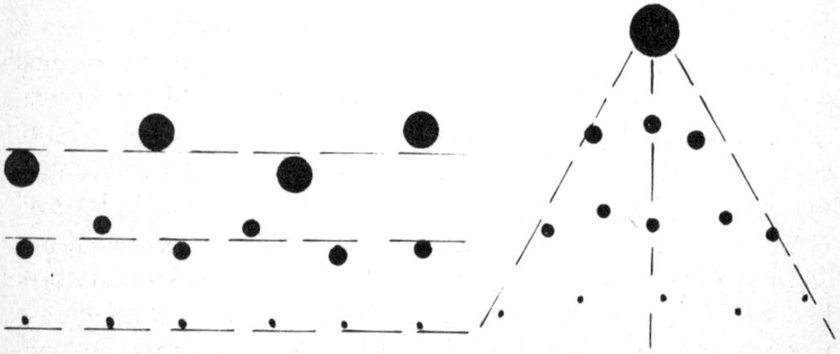

parallele Wert-Orientierung **pyramidale Wert-Orientierung**

Nun sind beide Gruppen von Menschen, die parallelgesicherte wie die pyramidalgesicherte, in Hinblick auf „Sinnerfüllung" zufriedengestellt und glücklich – es ist nicht so, daß sie sich in einer großen Leere, im existentiellen Vakuum befinden. Und doch vermochte Kratochvil nachzuweisen, daß Menschen mit *parallelgesi-*

cherter Wertorientierung innerlich wesentlicher gefestigter sind als Menschen mit einer pyramidalen Wertanordnung.

Er nannte dafür zweierlei Gründe:

1. Fällt bei der pyramidalen Wertanordnung der oberste Spitzenwert, so fällt damit alles, das ganze Lebenskonzept dieses Menschen bricht auseinander.
   Verliert die Mutter, die jahrelang ausschließlich für ihre Kinder gelebt hat, diese, weil sie erwachsen das Haus verlassen und eigene Wege gehen, dann ist kein anderer Wertinhalt mehr da, der den Platz der Kinder einnehmen und die Mutter aufrichten könnte. Oder verliert der Mann, der sein Tun und Wirken ausschließlich auf seinen Beruf konzentriert hat, seine Arbeit, weil er die Altersgrenze erreicht hat und pensioniert wird, dann kommt es oft zu einem plötzlich physischen und psychischen Verfall, zu Überdruß, ständiger Lustlosigkeit und Gereiztheit, weil nichts mehr im Leben dieses Mannes existiert, das sein restliches Leben für ihn lebenswert machen könnte. Oder verliert der extrem religiös zentrierte Mensch durch irgendeinen Schicksalsschlag seinen Glauben, so fällt auch er in die Nacht tiefster Verzweiflung. Wenn der oberste Wert im Leben wankt und zerbricht, dann vermögen die weit untergeordneten, bedeutungsloseren Lebensinhalte keinen Ersatz zu bilden, und die Wunde kann nicht heilen.

Bei der parallelgesicherten Wertanordnung hingegen ist es viel leichter möglich, daß der Verlust eines Wertes durch die verstärkte Hinwendung zu anderen, gleichwertigen Lebensinhalten ausgeglichen und seelisch überwunden werden kann. Der Mann, der zwar seinen Beruf aufgeben muß, aber immer schon ein nettes Hobby sein eigen nennen konnte, wird sich in Zukunft eben noch intensiver mit seinem Hobby beschäftigen, und dadurch wird keine Leere in seinem Tagesablauf entstehen. Oder die Frau, die neben ihren Mutterpflichten auch einen sehr reichen Bekanntenkreis erworben hat, wird sich beim Erwachsenwerden ihrer Kinder eben noch ein wenig mehr ihren Freunden und Bekannten widmen und vielleicht sogar dankbar sein für die Zeit, die sie nun für gemeinsame Ausflüge oder Treffen erübrigen kann. Die intakt gebliebenen Werte der parallelgesicherten Wertorientierung helfen im Notfall zu kompensieren, das Leben neu umzugestalten oder auch bloß – zu überleben.

2. Personen, welche nur einen einzigen Wert in ihrem Leben besitzen bzw. als „wahr“ akzeptieren, zeigen sich schnell fanatisch und intolerant gegenüber anderen Personen, welche gerade die-

sen Wert für sich selbst nicht so hoch einschätzen oder auch gar nicht kennen.

Denken wir nochmals an die Mutter, die sich ausschließlich für ihre Kinder aufopfert: es fällt ihr sicher schwer zu verstehen, daß eine andere Mutter ihr Kind nach der Schule in den Hort gibt, damit sie ihren eigenen beruflichen Verpflichtungen nachkommen kann. Auch der hoch engagierte Politiker wird kaum begreifen können, wie jemand politischen Ideen und Argumenten gegenüber völlig indifferent sein kann. Und gar erst der religiöse Fatantiker ist ständig in Versuchung, seine „unbläubigen" Mitmenschen bekehren zu wollen oder sie zu verurteilen! Menschen mit pyramidaler Wertstruktur finden nur schwer den Weg zu den Nicht-Gleichgesinnten, mitunter lassen sie sich sogar verleiten, auf Menschen mit divergierenden inneren Wertsystemen verächtlich oder aggressiv herabzublicken.

Wieviel einfacher ist das zwischenmenschliche Verständnis bei Personen, die selbst mehrere große Wertbereiche in ihrem Leben besitzen! Ist doch die Wahrscheinlichkeit, daß Werte, die bei fremden Personen an der Spitze rangieren, irgendwo auch unter ihren eigenen Werten zu finden sind, wesentlich größer. Ein Mann zum Beispiel, der Frau und Kind liebt, seinem Beruf mit Freude nachgeht, als Hobby Antiquitäten sammelt oder Blumen im Garten züchtet, der außerdem den Urlaub gerne zum Bergsteigen benützt und abends sogar noch Hausmusik betreibt, ein Mann also mit einem reichen Wertsystem wird auch für vielerlei Verständnis haben können: für den besorgten Familienvater genauso wie für den engagierten Gartenfreund, für den Naturbewunderer genauso wie für den begeisterten Musiker.

Zusammenfassend kann man feststellen, daß Menschen mit einem parallelgesicherten Wertsystem psychisch stabiler sind als Menschen mit einem pyramidalen Wertsystem. Ihre Stabilität beruht auf der *Vielseitigkeit ihrer Sinnerfüllung,* welche einerseits Basis ist für soziales Einfühlungsvermögen und Toleranz, andererseits Rettung sein kann beim Verlust eigener bedeutungsvoller Lebensinhalte.

Somit kann man (nach Frankl) die Menschen in zwei große Gruppen differenzieren: jene, die noch auf der Suche nach Sinn sind (ich habe sie die „zweifelnden Menschen" genannt), und jene, die bereits eine gewisse Sinnerfüllung in einem eigenen, persönlichen Wertsystem gefunden haben. Letztere jedoch kann man (nach Kratochvil) wieder teilen in jene, die als „parallelgesichert", und jene, die als „pyramidalgesichert" zu bezeichnen sind. Aber während parallelgesicherte Personen auch in kritischen Situationen durch ihr vielfältiges Wertsystem mit hoher Wahrscheinlichkeit lebensfähig bleiben, verlieren pyramidalgesicherte Personen selbst bei geringfügigen Anlässen leicht jeglichen Halt und geraten in seelische Not (ich habe sie dann die „verzweifelten Menschen" genannt). Mit diesen beiden Personengruppen, den zweifelnden und den verzweifelten, den „Sinn suchenden" und den „Sinn verloren habenden" muß sich die Psychotherapie von heute in erster Linie befassen. Was wir (außer endogenen psychischen Kranheiten selbstverständlich) in unserer Praxis überwiegend vorfinden, das sind – Zweifel und Verzweiflung.

Vielleicht sollte ich dem Begriff „Verzweiflung" noch einige Erklärungen anschließen. Im skizzierten Schema habe ich ihn definiert mit dem Zusammenbruch einer pyramidalen Wertordnung.

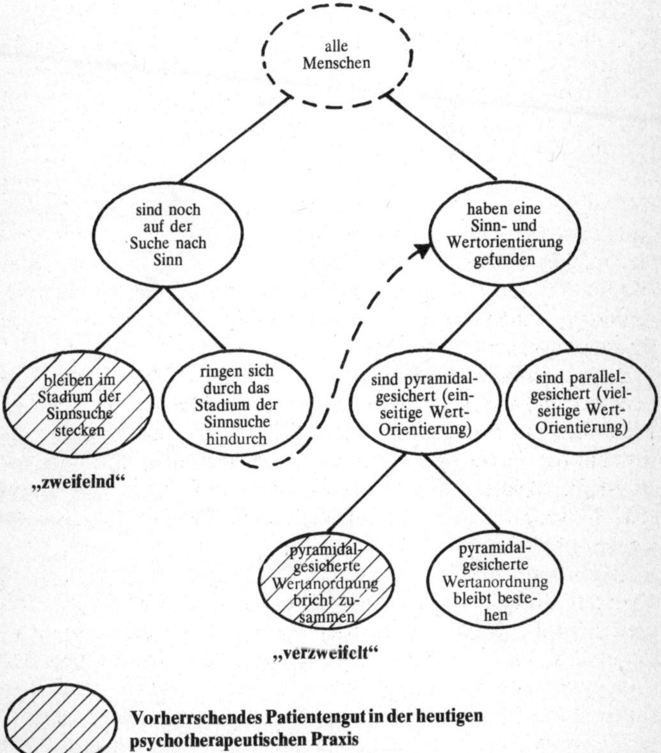

Zum Fall Nr. 1:
Angenommen, in einer solchen Familienkonstallation bedeutet die selbst aufgebaute Firma für den Vater alles, sie ist die oberste Spitze seiner Wertpyramide. Wenn sich nun der Sohn auch nach längerer Bedenkzeit weigert, in diese Firma einzusteigen und sie später zu übernehmen, so heißt das praktisch, daß der Vater mit dem Nachlassen seiner Kräfte die Firma verlieren wird. Da sie nicht in der Familie bleiben kann, wird sie verkauft werden müssen und in fremde Hände übergehen. Die Spitze der Wertpyramide wankt mit zunehmendem Alter des Vaters immer mehr, er weiß, daß sie nicht zu halten ist. Er muß sich früher oder später fragen, ob sein Lebenswerk nicht sinnlos war – wie schmal ist dann der Abstand, der ihn noch von der Verzweiflung trennt?

Auch der Psychotherapeut kann den Sohn nicht dazu zwingen, das Werk des Vaters fortzuführen, auch er kann dem Vater die Firma nicht erhalten. Das einzige, was er versuchen kann, ist, die Wertorientierung des Vaters noch zu erweitern. Er versucht therapeutisch, untergeordnete Werte der Wertpyramide „aufzuwerten", höher an die Spitze heranzuziehen, damit sie tragfähig werden, den unvermeidlichen Abbruch der Spitze zu kompensieren.

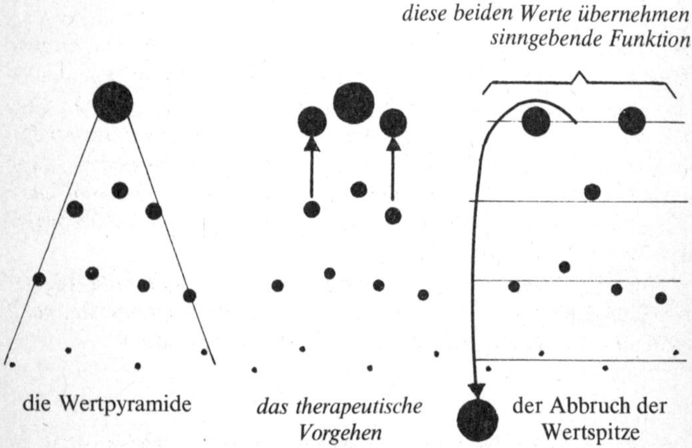

Was also der verantwortungsbewußte Psychotherapeut der Gegenwart bei seinen Patienten oftmals anstreben muß, das ist die allmähliche Transformation einer pyramidalen Wertanordnung in eine parallele; gelingt ihm dies, hat er zugleich den labilen psychischen Zustand seines Patienten in einen stabileren übergeführt.

Glücklicherweise hatte dieser Vater keine so einseitige, nur auf seine Firma bezogene Wertorientierung, wie ich zuerst befürchtet hatte. Dennoch war es angezeigt, mit ihm einige Gespräche zu führen, in denen alle Möglichkeiten gedanklich durchgespielt wurden mit dem Ziel, die jeweils besten Konsequenzen zu finden. Bei diesen Gesprächen stellte sich heraus, daß der Vater ein großer Hundeliebhaber war, der einen besonderen „Kindheitstraum" gehabt hatte: Hundedressur. Er besaß auch einen prächtigen Schäferhund, war aber durch seine Arbeit nie dazugekommen, sich intensiver mit ihm zu beschäftigen. Bei unseren Erwägungen nun, was mit der Firma geschehen solle, falls der Sohn wirklich kein Interesse daran habe, formulierte der Vater spontan die Idee, einen alten Freund von ihm, einen Hundezüchter, anteilmäßig an der Firma zu beteiligen, wohingegen dieser ihn in die Geheimnisse der Hundedressur einweihen und ihm sein Gelände zur Verfügung stellen könnte.

Eine andere, neue Sinnmöglichkeit, die in unseren Gesprächen auftauchte, war ein langgehegtes Interesse des Vaters an Polarforschung und Polarexpeditionen. Er hatte eine komplette Sammlung aller Bücher, die darüber geschrieben worden waren. Allerdings ist heute die Welt klein geworden, und wer über die nötigen Finanzen verfügt, kann sich durchaus als Tourist die Polargegenden ansehen. Als ich dem Vater sagte, daß ich mir eine mehrwöchige Reise zum Nord- oder gar Südpolargebiet als überaus beeindruckend vorstellen könne, war er von dem Gedanken fasziniert und beschloß, eine solche Reise gemeinsam mit seiner Frau ins Auge zu fassen. „Dann werde ich auch Hundeschlitten fahren und die Kraft und Ausdauer der Polarhunde bewundern können!" rief er begeistert wie ein kleiner Junge aus. Selbstverständlich sind das alles erst einmal vage Ideen, aber auch Ideen müssen geweckt werden, wenn sie jemals konkrete Gestalt annehmen sollen.

Beruhigt konnte ich den Vater aus unseren „Sinnfindungsgesprächen" entlassen: wie immer der Sohn sich entscheiden mochte, nach menschlichem Ermessen würde der Vater es überwinden[2].

---

2 Frankl sieht die Aufgabe des Logotherapeuten nicht zuletzt eben auch darin, daß dieser das Wertgesichtsfeld des Patienten erweitern soll, so daß es für die ganze Fülle von Wertmöglichkeiten, die das Leben zu bieten vermag, offen ist. Analog dazu hat Frankl bereits 1950 in seinem Buch „Homo patiens" den Begriff der Verzweiflung definiert als „Vergötzung" eines einzelnen Wertes, der absolutiert wird, was wiederum bedeutet, daß alle anderen Werte diesem einen untergeordnet werden. Die Gefahr dieser Vergötzung kann man mit der Gefahr des Abbrechens der Wertpyramidenspitze nach Kratochvil gleichsetzen.

Nun muß Verzweiflung nicht immer durch den schicksalhaften Abbruch einer Wertspitze zustande kommen; auch dann, wenn Sinnsuche in Sinnleere einmündet, ist Verzweiflung das Ergebnis.

Wer jedoch glauben sollte, daß Verzweiflung in den meisten Fällen hervorgerufen werde durch Not oder Mißerfolg, sei es im sozialen, gesundheitlichen oder beruflichen Bereich, der würde staunen, wenn er Einblick in die Nervenkliniken und psychotherapeutischen Praxen von heute nähme. Die wenigsten Patienten, die er da antreffen würde, befinden sich tatsächlich in einer echten äußeren Notlage. Sie verhungern nicht und erfrieren nicht, sie haben keine außergewöhnlichen Strapazen zu erdulden, sie müssen sich im allgemeinen nicht einmal mit Arbeit überanstrengen. Es kommt natürlich vor, daß eine Organminderwertigkeit oder ein körperliches Gebrechen am seelischen Zerrüttungsprozeß mitbeteiligt ist, doch sind dies Ausnahmefälle.

Die Mehrzahl der Patienten ist hingegen gesund, ohne sich ihrer Gesundheit zu erfreuen, mit Gütern ausreichend ausgestattet, ohne dafür dankbar zu sein, von den Mitmenschen mit Fürsorge und Nachsicht behandelt, ohne es überhaupt zu bemerken, und von allen möglichen Aufgaben entlastet, ohne sich darüber die geringsten Gedanken zu machen.

Patienten sind depressiv und neurotisch, haben Phobien und Zwangsvorstellungen, leiden unter Schlaflosigkeit und Verkrampfung, können mit ihren Partnern nicht auskommen und haben Sexualstörungen, fühlen sich minderwertig und unselbständig, schwach und lebensmüde – und das alles ohne einen äußeren, ersichtlichen Grund, ohne reale Bedrängnis und echten Notstand! Dem gegenüber stehen auch heute noch Arme und Bedürftige, Vertriebene und Heimatlose, Sozialhilfeempfänger, Fabrik-und Gastarbeiter mit großen Familien und hungrigen Kindern, Menschen, die in zu kleinen Unterkünften wohnen und den Kindern kaum das Nötigste zum Leben bieten können – aber sie sind weitgehend psychisch gesund, sie haben sozusagen „keine Zeit“ für Neurosen und Selbstmordgedanken und kein Geld für teure Therapien.

Man wird vielleicht vermuten, daß der letzte Punkt der entscheidende sei, daß diese ärmeren Leute eben kein Geld hätten, um zum Psychiater zu gehen. Aber ich kann solche Bedenken ehrlichen Herzens entkräften, denn ich arbeite seit Jahren in Beratungsstellen des öffentlichen Dienstes, was bedeutet, daß alle Beratungen, Untersuchungen und Therapien kostenlos sind.

Jeder, der Probleme hat, sei es bei der Erziehung seiner Kinder, in der Ehe, in seinem Beruf oder mit sich selbst, kann in solchen Beratungsstellen unentgeltlich Hilfe finden, und dennoch ist die Klientel sehr gemischt und nicht unbedingt die Schicht der Armen und Notleidenden. Gewiß werden aus Schulen, Kindergärten, vom Jugendamt und Gericht auch Klienten aus sozialen Brennpunkten an öffentliche Beratungsstellen überwiesen, doch geht es dann meist um gutachtliche Stellungnahmen zu Umschulungsfragen, Heimeinweisungen oder um andere Entscheidungshilfen, weniger aber um Therapien.

Ratsuchende, die therapeutische Hilfe benötigen, finden sich in der Mittel- und Oberschicht. Es sind Menschen, denen es rein äußerlich gutgeht und die glücklich sein könnten. Daß sie es nicht sind, liegt in zunehmenden Maße daran, daß sie am Sinn ihres Lebens zweifeln, oder daß sie den Sinn ihres Lebens verloren haben. Schon Albert Einstein hat den Satz geprägt: „Wer sein eigenes Leben als sinnlos empfindet, der ist nicht nur unglücklich, sondern auch kaum lebensfähig."

Frankl hat die Zweidimensionalität von Sinnerfüllung und Erfolg in seinem bekannten „Fadenkreuz" symbolisiert:

Erfolg ist nicht gleichbedeutend mit Sinnerfüllung und Mißerfolg nicht mit Verzweiflung. Es gibt sehr viel innere Sinnerfüllung

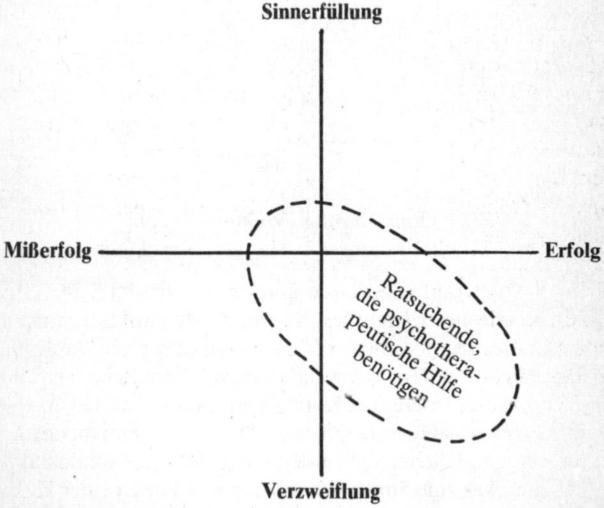

auch bei Menschen, die äußerlich betrachtet durchaus nicht erfolgreich in ihrem Leben waren, oder auch bei kranken Menschen, die ihr Leiden tapfer tragen und trotz allem Schmerz „ja“ zum Leben sagen – Menschen, zu denen wir nur in Bewunderung aufblikken können. Und es gibt andererseits unfaßbar viel Sinnzweifel und innere Leere bei Menschen, die rein äußerlich betrachtet am Gipfel ihres Erfolges stehen.

Die in der Skizze eingezeichnete ungefähre Position des durchschnittlichen Klientengutes stammt nicht aus der logotherapeutischen Theorie, sondern aus einer Statistik über fast 500 ratsuchende Personen: Jede Person wurde nach Abwägung ihrer äußeren Lebensumstände und ihres psychischen Zustandsbildes im Fadenkreuz eingezeichnet. Die größte Dichte befand sich innerhalb der dargestellten Ellipse, also zu 80% im Quadrant Erfolg/Verzweiflung!

Ich habe vor Jahren einen Test entwickelt, mit dessen Hilfe man den Grad innerer Sinnorientierung bei einer Person auf einem genormten Kontinuum messen kann. Dieser Test wurde konstruiert nach den Ergebnissen einer Befragung von 1000 Leuten über diejenigen Werte oder Inhalte, welche sie für sich persönlich als ihren wichtigsten „Lebenssinn“ bezeichnen würden. Auf Grund der Ergebnisse ließen sich neun grob zusammengefaßte Kategorien von Sinnmöglichkeiten im menschlichen Dasein erkennen, die mit kurzen Schlagworten charakterisiert folgendermaßen lauten:

1. Eigenes Wohlergehen („Glück“, Erfolg)
2. Selbstverwirklichung (persönliche Ziele)
3. Familie (Kinder, Partnerschaft)
4. Hauptbeschäftigung (Beruf, Arbeit)
5. Sozietät (Freundschaft, mitmenschliche Beziehung)
6. Interesse (spezielle Neigungen, Hobbies)
7. Erlebnis (Natur, Kunst, Kultur)
8. Dienst an einer Überzeugung (Weltanschauung)
9. Vitale Not (Überwindung von Hunger, Krankheit ...)

Wenn ich Praktikanten ausbilde und sie mit diesem Test vertraut mache, so verstehen sie alle Testfragen, die sich auf die genannten Sinnmöglichkeiten beziehen, alle bis auf jene, welche die Kategorie *vitale Not*“ betreffen. Denn daß jemand seine Lebenserfüllung in der eigenen Karriere, im Kontakt zu nahestehenden Mitmenschen, im Dienst an einer religiösen oder politischen Überzeugung oder in schönen Erlebnissen finden kann, das wird schnell akzeptiert. Aber daß es eine Sinnmöglichkeit, und zwar eine der kostbarsten im menschlichen Leben bedeutet, eine bestehende Notlage entweder unter Einsatz aller Kräfte zu überwinden, oder, wenn sie unüberwindbar sein sollte, sie durch eine innere heroische Einstellung dazu in eine menschliche Leistung zu verwandeln, das muß erst überdacht und angesichts eigener dunkler Stunden erfahren werden[3].

Im Laufe meiner Praxis bin ich zahlreichen Patienten begegnet, die mir bewiesen haben, wessen der Mensch auch in einer aussichtslosen Lage noch fähig ist, und niemals habe ich größere Achtung empfunden als vor einer Handvoll meiner Klienten, die ihr schweres Leid auf bewundernswerte Weise zu meistern vermochten. Hier nur zwei Beispiele:

Da war eine Mutter (Fall Nr. 4), deren einziges, heiß geliebtes Kind geistig behindert geboren worden war, und die Jahre an sich arbeitete, um diese Tatsache innerlich annehmen und bejahen zu können; da war eine junge Frau (Fall Nr. 20), deren Gesicht durch einen Autounfall häßlich entstellt war, woraufhin ihr Mann sich von ihr scheiden ließ, und die trotzdem den Mut zum Leben wiederfand!

Da waren noch manch andere, die ich nicht aufzählen kann, die ich aber nie vergessen werde, weil sie alle ihre kümmerliche und armselige Existenz trotz der größten Schwierigkeiten zu einem sinnvollen und innerlich reichen Leben zu gestalten vermochten. Es sind jene Menschen, deretwegen allein schon wir den Glauben an die Menschheit trotz allem berechtigten Pessimismus nicht aufgeben dürfen!

Not zieht nicht unbedingt den psychischen Zusammenbruch nach sich, so sehr man es auch meinen könnte; Not ist sogar eine *Sinnmöglichkeit* im menschlichen Dasein! Deswegen weiß der verantwortungsbewußte Psychotherapeut mittlerweile, daß es keinesfalls so wesentlich ist, irgendein Kindheitstrauma oder einen frühkindlichen Schock bei seinem Patienten „auszugraben“ bzw.

---

[3] Hier wird das Konzept der „Einstellungswerte“ angepeilt, wie es von Frankl bereits 1946 in seinem Buch „Ärztliche Seelsorge“ eingeführt wurde. Darin wird deutlich gemacht, daß es neben den beiden großen Möglichkeiten, Sinn zu finden, nämlich einerseits im Schaffen und Werken, andererseits im Erleben und Lieben, noch eine dritte solche Möglichkeit gibt, und zwar im Leiden – allerdings nur im unumgänglich notwendigen Leiden. Diese letzte Sinnmöglichkeit ist die theoretische Grundlage für Frankls Behauptung, daß das Leben unter allen Bedingungen und Umständen seinen Sinn behält.

ungünstige Lernbedingungen aus dessen Vergangenheit festzustellen, um gegenwärtige Konflikte dadurch zu lösen, sondern daß es vielmehr darauf ankommt, die innere Sinnorientierung eines Menschen zu erweitern und zu stärken, damit dieser an Notsituationen reift, statt daran zu zerbrechen, und vielleicht gerade in einem unüberwindbaren Leiden zu sich selbst findet und über sich selbst hinauswächst. Die herkömmliche Psychiatrie hat ein halbes Jahrhundert lang versucht, in der Vergangenheit der Patienten nach Gründen zu forschen, warum sie eigentlich „nein" zu ihrem Leben sagen müßten, aber die humanistisch orientierte Logotherapie, die sich seit Jahren mehr und mehr durchsetzt, hat eine andere Zielvorstellung: Sie versucht ihren Patienten Wege aufzuzeigen, wie sie trotz allem, was gewesen ist, „ja" zum Leben sagen können! Ist das nicht eine echte Alternative?

Wir haben festgestellt, daß Not auch eine Sinnmöglichkeit im menschlichen Dasein bedeutet, und wenn sie fehlt, dann besteht eben eine Möglichkeit weniger zur Sinnerfüllung. Nicht umsonst finden sich unvergleichlich mehr Neurosen und Depressionen in einer Wohlstandsgesellschaft als in einer Nation, die ums bloße Überleben kämpft. Und nicht umsonst kommen die heutigen psychisch Kranken vorwiegend aus guten wirtschaftlichen Verhältnissen oder zumindest aus relativ sorgenfreiem Milieu, wie ich schon erläutert habe.

Natürlich kann der Psychotherapeut nicht den Wohlstand reduzieren, um die Neurosen zu dezimieren. Was er allerdings tun kann, ist, seine Patienten zu sensibilisieren für neue Sinnmöglichkeiten, welche bisher von diesen kaum wahrgenommen wurden. Im helfenden Gespräch wird er ihnen Wege und Ziele benennen, die das Spektrum der individuellen Sinnerfassung situationsgemäß erweitern könnten, dennoch – *Sinn geben* kann er nicht. Die letzte Entscheidung darüber, was jeweils sinn- und wertvoll ist, liegt beim Patienten selbst. Als Gleichnis könnte man sich vorstellen, daß der Logotherapeut den Patienten durch die Nacht des Zweifels und der Sinnleere führt, indem er ihm alle erreichbaren Hinweisschilder und Wegweistafeln beleuchtet, wodurch erkennbar wird, welche Wege zu welchem Zielort führen. Die endgültige Wahl der Wege aber bestimmt der Patient allein.

Fall Nr. 2:
Eine 24jährige Frau kam zu mir, weil sie „mit den Nerven völlig fertig" war. Sie hatte wegen eines zu erwartenden Kindes jung geheiratet, und zwar einen Mann aus einer sehr hochgestellten und

einflußreichen Familie. Sie selbst war Halbwaise und hatte sich ihrem Mann und dessen Familie gegenüber immer minderwertig gefühlt. Außerdem hatte man ihr oft das Gefühl gegeben, daß sie keine ganz passende Partie gewesen sei und sich nur durch die Schwangerschaft in die Familie gedrängt habe. Die Ehe ging nicht gut, und sie war vor kurzem geschieden worden, wobei das Kind dem Vater zugesprochen wurde, weil es dessen Familie nachzuweisen gelang, daß sie dem Kind mehr bieten könne als die Mutter mit ihren beschränkten Mitteln. Die junge Frau stand also vor der schwierigen Aufgabe, nicht nur die Vergangenheit innerlich zu bewältigen, sondern auch die Zukunft neu aufzubauen. Aber sie hielt sich dessen nicht für fähig, sie sah nur die Trümmer ihrer Welt und sank in Verzweiflung. Nicht einmal von dem ihr zustehenden Besuchsrecht wagte sie Gebrauch zu machen, weil sie Begegnung mit der Familie ihres Mannes fürchtete; andererseits sehnte sie sich nach ihrem Kinde.

Darin jedoch sah ich einen Ansatzpunkt für die Beratung, denn wenn es um das Kind geht, erwachsen einer Mutter ungeahnte Kräfte, und das war es, was wir brauchten: Kräfte, vor allem geistige Kräfte. Nichts hilft mehr zur inneren Gesundung als die Kraft, dem Schicksal zu trotzen, die „Trotzmacht des Geistes", wie Frankl es formuliert.

Also erklärte ich der jungen Frau, daß es ihr zwar unangenehm sein könne, mit den Verwandten ihres geschiedenen Mannes in Kontakt zu kommen, daß sie aber dem Kinde gegenüber die Verpflichtung habe, es zu besuchen, da es doch nach der Mutter fragen und unter deren plötzlichem Verschwinden leiden würde. Zugleich machte ich ihr den Vorschlag, diesen Verwandten beim Abholen des Kindes in einer neuen Rolle gegenüberzutreten, nämlich nicht in der gehemmten und niedergeschlagenen Verfassung, in der sie sie kannten, sondern eher als selbstbewußte junge Dame, die sich nicht „unterkriegen" läßt. Damit würde sie nicht nur in deren Achtung steigen, sondern auch sich selbst besser fühlen und letzten Endes sogar dem Kind den Besuchstag erleichtern und verschönern. Sie brauche die Rolle ja auch nur zu spielen, und das nur für einen Tag, ihrem Kinde zuliebe. Die junge Frau erklärte sich zögernd einverstanden, und wir „probten" ihren Auftritt.

Nach dem Besuchstag kam sie recht zufrieden wieder, er war gut verlaufen, und sie war auch ein bißchen stolz darauf, daß die Verwandten ihres früheren Mannes verblüfft gewesen zu sein schienen. „Wir könnten auch noch andere Leute aus Ihrem Bekanntenkreis verblüffen", meinte ich dazu, „denn jeder wird annehmen, daß Sie unter der Wucht Ihres Schicksals zusammenknicken – und wird stau-

nen, wenn dies nicht geschieht!" „Aber ich kann doch nicht andauernd eine Rolle spielen, nach der mir innerlich gar nicht zumute ist!" wandte die junge Frau ein. Und nun kam das Beleuchten von Sinnmöglichkeiten, *von Wegen und Zielpunkten. „Wir werden jetzt verschiedene Rollen gemeinsam durchdenken und sie uns intensiv vorzustellen versuchen, bis wir eine gefunden haben, die Ihnen persönlich so gut gefällt, daß Sie diese wirklich gerne übernehmen, ja am liebsten ganz mit ihr verschmelzen möchten." Ich schlug ihr vor, sich zurückzulehnen, die Augen zu schließen und zuzuhören. Dann schilderte ich ihr möglichst anschaulich-konkret verschiedene Lebenspositionen von jungen Frauen ihres Alters, die alle für sie in Frage kämen. Als ich ihr unter anderem den Alltag einer Frau schilderte, die als Helferin in einem Kindergarten arbeitet, mit Bastelzeug beschäftigt mit den Kindern an einem Tisch sitzt, während alle Augen der Kinder darauf gerichtet sind, was da unter ihren geschickten Händen entsteht, oder die in der Küche mithilft, die kleinen Teller und Tassen für die Kinderschar vorzubereiten usw., da rief sie plötzlich aus: „Das fände ich sehr schön, das würde ich gerne machen!"*

Nun ging es nur mehr darum zu überlegen, welche Wege zu diesem Ziel führen könnten und welche Ausweichmöglichkeiten bestünden (z.B. als Hilfskraft in einer Kinderklinik oder als Babysitterin u.a.). Es war erstaunlich, welche Veränderung mit der jungen Frau vor sich ging; sie verlor einen großen Teil ihrer Mutlosigkeit und Bedrücktheit und arbeitete eifrig mit an der Planung der einzelnen Schritte, die zum neuentdeckten Ziel führen sollten.

„Wissen Sie, vielleicht habe ich dann sogar Aussicht, mein eigenes Kind öfters zu sehen, in einen Kindergarten etwa könnte ich es mitnehmen ..." Sowie sie Überlegungen über die Zukunft anstellte, war sie der Verzweiflung entrissen. Sie fand auch tatsächlich bald ein Angebot in einer Kindertagesstätte. Vor dem Vorstellungsgespräch wollte sie nochmals der Mut verlassen, doch wieder bewährte sich unsere „Probe für die zu spielende Rolle". Als sie die Arbeit angetreten hatte, erweiterten wir unsere Zielsuche auf die Zeit nach Arbeitsschluß, auf die einsamen Abende. Sie konnte sich ein Leben ohne Partner nicht vorstellen, sie meinte, in ihrer kleinen Wohnung „fiele ihr die Decke auf den Kopf".

Wieder erwogen wir verschiedene Lösungsmöglichkeiten. Errötend gestand sie mir, daß sie an eine Annonce in der Heiratsrubrik einer Zeitung gedacht hatte. Wir besprachen Für und Wider, und schließlich kam sie zu dem Ergebnis, lieber darauf zu sparen, daß sie sich an ein seriöses Institut für Bekanntschaftsanbahnung wenden könne, als nochmals ein großes Risiko einzugehen.

Aber bereits in der Zeit, in der sie sparte, lernte sie durch Zufall einen jungen Mann kennen, mit dem sie sich anfreundete. Ein halbes Jahr später sandte sie mir eine Hochzeitsanzeige und schrieb dazu die Zeilen:

„Liebe Frau Dr. Lukas! Mir geht es gut, und ich werde vielleicht sogar die Ausbildung zur Kindergärtnerin machen. Hans (mein Mann) hat Kinder sehr gern und unterstützt mich sehr. Auch mein Junge entwickelt sich gut, und meine früheren Schwiegereltern sind jetzt sehr freundlich zu mir. Ich glaube, sie haben eingesehen, daß ich gar nicht so unfähig bin, wie sie dachten. Vielleicht war alles ganz gut, wie es gekommen ist, sonst wäre ich immer nur Hausfrau geblieben und hätte Hans nie kennengelernt. Sie haben mir wirklich in größter Not geholfen und mich immer verstanden. Vielen Dank und herzliche Grüße, Ihre…“

Das war ein einfaches Beispiel, um zu zeigen, wie sehr „Verzweiflung“ und „Erweiterung von Sinnmöglichkeiten“ einander entgegengesetzt sind und sich gegenseitig ausschließen. In der Praxis ist es leider nicht immer so leicht, dem Ratsuchenden und Verzweifelten auf diese Weise zu helfen, denn der Psychotherapeut hat einen mächtigen Gegner: *die Unreife seines Patienten.*

Wir wissen, daß jeder Mensch ein Leben lang lernt und sich somit in einem fortschreitenden Entwicklungsprozeß befindet, der im Alter erst allmählich stagniert. Zugleich mit diesem Lern- und Entwicklungsprozeß geht auch ein Reifungsprozeß vor sich, der nicht durch ein Zunehmen an Wissen, sondern an Erfahrung und Weisheit gekennzeichnet ist.

Wie allgemein bekannt ist, hat man in früheren Zeiten sehr großen Wert auf den Rat der Alten und Ältesten gelegt, und ich meine, nicht ganz zu Unrecht. Alte Leute, die das Leben schon in vielen Variationen kennengelernt haben, mögen vielleicht so manches vergessen oder doppelt und dreifach erzählen, sie mögen auch manches Neue nicht mehr begreifen, aber sie besitzen oftmals ein Maß an Reife und innerer Ausgeglichenheit, das die jungen Leute weit in den Schatten stellt.

Immer wieder habe ich in der Praxis einen engen Zusammenhang zwischen der Sinnorientierung eines Menschen und seinem Reifestadium gefunden. Bezugnehmend auf die Seite 21 skizzierte Einteilung neige ich zur Behauptung, daß die Sinnsuche dem *frühesten Reifestadium* im menschlichen Erwachsenendasein entspricht, die pyramidale Wertorientierung einem *mittleren* Reifestadium gleicht und die parallele Wertorientierung einem *späteren,* eben ausgereiften Entwicklungsstand des Menschen zukommt. Das würde bedeuten, daß die Hauptursache der weltumgreifenden Suche nach Sinn beim heutigen Menschen nicht in einer plötzlich erkannten Sinnlosigkeit unseres Lebens, sondern in einer *Reifeverzögerung unserer Generation,* speziell gegenüber ihren intellektuellen und technischen Fähigkeiten, zu finden sei. Das würde auch bedeuten, daß jeder von uns alle drei Stadien, ausgehend vom Ringen nach Sinn über das Finden einer einzigen besonderen Sinnmöglichkeit bis zum allmählichen Begreifen von vielen persönlichen Lebensaufgaben durchlaufen müßte, und daß nur das *Stehenbleiben* auf einem bestimmten Entwicklungsniveau oder auch das *Zurückfallen* auf ein früheres Reifeniveau zum Ausdruck psychischer Labilität und sogar zum Auslöser psychischer Erkrankung wird.

Durch meine jahrelange Arbeit auch mit Kindern und Jugendlichen bin ich zu der Überzeugung gelangt, daß der gesamte Reifungsprozeß, der fortschreitend zur Festigung eines vielseitigen und positiven Wertsystems im Leben führt, schneller und komplikationsloser vor sich geht, wenn die Eltern bereits in frühen Jahren ihren Kindern eine breitgefächerte und vielschichtige Erziehungsgrundlage bieten. Sie erleichtern dadurch den späteren Sinnfindungsprozeß der heranwachsenden Kinder, die sich ja doch in vielfacher Hinsicht nach dem Vorbild der Eltern richten.

Wird zum Beispiel der Sinn der Arbeit den Kindern durch die Eltern einsichtig gemacht, und erfahren sie nicht nur, daß die Eltern morgens weggehen und abends heimkommen, um Geld zu verdienen, so ist schon eine Wertrichtung gebahnt: das Verstehen des Berufes als Aufgabe. Natürlich ist dies eher auf dem Lande möglich, wenn die Eltern vielleicht gar Tiere halten oder das Feld bestellen, oder auch in Handwerkskreisen, wo die Kinder die fertigen Objekte des väterlichen oder mütterlichen Schaffens direkt betrachten können. Dennoch sollten auch Stadtkinder mehr vom Wirken und Arbeiten ihrer Eltern erfahren, um später einmal selbst mit Ernst und mit Freude an ihren eigenen Beruf heranzutreten.

Ebenso ist es für Eltern angezeigt, die Kinder früh in ihre Interessensgebiete einzuweihen und ihnen dadurch Einblick und Anregung zu vielseitiger Freizeitausfüllung zu schenken. Kinder, die ihre Eltern in der Freizeit immer nur fernsehen, Zeitung lesen oder im Wirtshaus sitzen gesehen haben, kopieren oftmals dieses Verhalten in späteren Jahren, weil ihnen die Alternative fehlt. Ähnlich ist es in allen Lebensbereichen; auch die Keime zur Naturliebe, zum kreativen Gestalten, zum gemeinsamen Spiel, zur Geselligkeit und zum karitativen Denken müssen früh in die Herzen der Kinder gelegt werden.

Soviel Bitteres wird der Jugend von heute nachgesagt, aber wie sollte sie reifen, da ihr doch die wertvolle Erfahrung von Sorge, Kummer und Leid fehlt, welche nun einmal zur Reifeentwicklung wesentlich beiträgt? Unsere Jugend in der industrialisierten Welt kann nichts dafür, daß sie in einer Zeit des Überflusses groß geworden ist und demgemäß diesen ihr in den Schoß gefallenen Überfluß geringschätzt! Nicht bittere Vorwürfe werden sie heilen, sondern höchstens ein Angebot an neuen Sinnmöglichkeien.

Aber „anbieten“ ist nicht „gewähren lassen“, und „Sinn aufzeigen“ ist nicht einfach „Freiheit geben“.

Es ist ein wichtiger Aspekt gesunder Kindererziehung, daß die *Freiheit,* die man dem Kinde gibt, im Verhältnis zu dessen *Reife* steht! Immer wieder begegne ich in der Praxis dem umgekehrten Vorgang, nämlich daß Eltern den Kindern die sogenannte Freiheit zu früh geben. Sie erlauben ihren kleinen Kindern zu machen, was sie wollen, erfüllen ihnen jeden Wunsch unverzüglich und üben jedwede Nachsicht. Wenn diese Kinder dann in die Pubertät kommen, zu arbeitsscheuen Egoisten herangewachsen sind, zu nichts Lust haben, die Schule vernachlässigen und am liebsten den ganzen Tag auf den Straßen herumziehen, dann beginnen die Väter plötzlich streng zu werden, drohen mit Hausarrest, Fernsehverbot und Taschengeldentzug, dann schelten die Mütter, und es gibt sogar Ohrfeigen – dann wird die Freiheit plötzlich eingeschränkt! Dieser reziproke Erziehungsvorgang ist denkbar ungünstig, er kann nicht gut ausgehen.

Das vorpubertäre Kind weiß ja gar nicht, was es mit seiner Freiheit anfangen soll! Es braucht noch dringend Leitlinien und Lebensprinzipien, nach denen es sich orientieren kann, es braucht ebenso dringend leuchtende Wert-Vorbilder und Identifikationsmodelle, es braucht Anregung, Führung und Beispiel in jeder Weise. Ja, wir können davon ausgehen, daß die Basisstrukturen seiner späteren individuellen Sinnmöglichkeiten in dieser Zeit vorgeprägt werden!

Erst der über die Pubertät allmählich hinauswachsende junge Mensch braucht mehr und mehr Freiheit zur Entfaltung seiner Persönlichkeit, und zwar in dem Maße mehr Freiheit, als er auch mehr Verantwortung übernehmen kann.

Und damit kommen wir zurück zu unseren Ausgangsüberlegungen. Freiheit ist nämlich in Wahrheit niemals eine Freiheit *„von et-*

was", sondern immer eine Freiheit *„zu etwas"*. Freiheit im eigentlichen Sinne bedeutet also weder, daß etwas nicht getan zu werden braucht (= eine chaotische Befreiung von Verpflichtungen und Verhaltensrichtlinien), noch daß etwas willkürlich getan werden darf (= ein freies Übertreten von Verpflichtungen und Vereinbarungen), sondern im Gegenteil, echte Freiheit kann nur bedeuten, daß vom Menschen Soll-Strukturen für sich selbst wahrgenommen werden, ohne daß die Kontrolle einer höheren Instanz

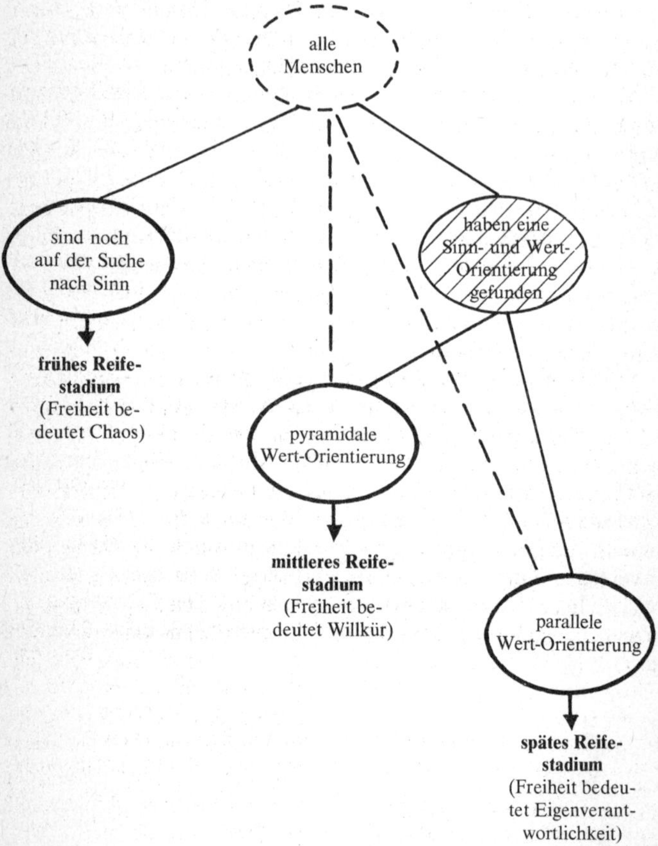

mehr notwendig ist. Es ist die Fähigkeit des Menschen, über sein Denken, Tun und Lassen verantwortungsbewußt selbst zu entscheiden[4].

Nur in Verbindung mit Reife ist Freiheit sinnvoll, nur dann ist sie kein weites, wegloses Feld, auf welchem jemand ziellos umherwandert, wobei ihm alle Wege offenstehen und doch kein einziger Wegweiser die Richtung weist.

Der reife, verantwortungsbewußte Mensch trägt nämlich seine Wegweiser und sein Orientierungsvermögen in sich selbst, er irrt nicht umher im Freiraum, er braucht sogar einen Freiraum, um seine selbstgesteckten, vielfältigen Ziele ohne große Hindernisse erreichen und verwirklichen zu können. Aber dieses innere Orientierungsvermögen (man könnte auch sagen: Gewissen) muß ausgereift sein, es ist unabdingbare Voraussetzung für die Fähigkeit des Menschen, mit Freiheit umgehen zu können!

Wenn die Reife aber fehlt, wenn die Grundlagen in der Erziehung und das Resultat der eigenen Sinnsuche schwach sind, dann kann ein junger Mensch mit einem hohen Maß an Freiheit gar nichts anfangen, er irrt dann durchs Leben wie ein Schiffer über das Meer, dessen Navigationsgeräte ausgefallen und dessen Kompaßnadel abgebrochen ist. Wie es diesem Schiffer schwerfallen wird, ein bestimmtes Ufer anzupeilen, so wird es auch einem solchen Menschen schwerfallen, in seinem späteren Leben Ziele anzustreben und zu verwirklichen, die ihm Wert, Sinn und Halt in seiner Existenz bedeuten könnten.

Vielleicht ist es mir gelungen, diesen großen Zusammenhang zwischen Reifeentwicklung und Verantwortungsbewußtsein einerseits und echter menschlicher Freiheit andererseits, nämlich „Freiheit zu etwas“, und zwar letztlich zum Aufbau einer persönlichen vielfältigen Sinnorientierung, darzustellen. Wie es sich beim heranwachsenden Kinde verhält, welches langsam in die Verantwortung hineinwächst und später Schritt für Schritt durch die Stadien des Zweifels und der Sinnsuche, über einseitige Wertauffassungen bis hin zur ganzen Sinnfülle des menschlichen Daseins gelangt, so könnte es auch im großen, in der gesamten Menschheitsentwicklung sein!

---

[4] Frankl stellt wiederholt den Begriff der Freiheit den Begriffen der Willkür und der Verantwortung gegenüber und weist stets darauf hin, daß Freiheit in Willkür auszuarten droht, sofern sie nicht in Verantwortlichkeit gelebt wird. Ja, er legt sogar seinen amerikanischen Studenten ans Herz, die Freiheitsstatue mit einer Verantwortlichkeitsstatue zu ergänzen („Leiden am sinnlosen Leben“, Herderbuch Nr. 615, S. 114).

Die zivilisierten Menschen der Gegenwart haben trotz – oder vielleicht gerade wegen – ihrer Divergenz zwischen zuwenig Reife und zuviel Freiheit eines entdeckt, das ich für sehr wichtig halte, sie haben nämlich tatsächlich entdeckt, daß Genuß und Wohlstand allein nicht glücklich machen, sondern daß es die wichtigste Voraussetzung für innere Zufriedenheit ist, einen Sinn im eigenen Tun und Wirken erspüren zu können. Das allein ist ein enormer Fortschritt in der Erkenntnisentwicklung des Menschen, auch wenn wir heute noch mitten im „Ringen nach Sinn“, mitten in der Krise stecken. Darum möchte ich dieses erste Kapitel mit einem Hinweis auf jenen Hoffnungsschimmer beenden, der meines Erachtens unser so fragwürdiges 20. Jahrhundert durchzieht:

Die große innere Zerrissenheit und Unzufriedenheit unserer Generation, die verzweifelte Suche des modernen Menschen nach dem Sinn des Daseins könnte zum Impuls für eine beschleunigte Reifeentwicklung der gesamten Menschheit werden, auf daß der „homo sapiens“ eines Tages imstande sein möge, seine Existenz nach Sinn und Werten aufzubauen und nicht nach Faktoren wie Willkür, Macht, Egoismus und Gewinn. Wahrscheinlich muß jeder von uns seinen Teil zu dieser Entwicklung beitragen, aber vielleicht fällt es leichter, wenn wir daran denken, daß *die Krise des Menschen von heute die Chance des Menschen von morgen* ist!

Entwicklung und Anliegen der Logotherapie

Wenn in diesem Buch davon die Rede sein soll, daß die innere Sinnerfüllung eines Menschen die wichtigste Voraussetzung für seine seelische Gesundheit ist, und umgekehrt, daß ein seelischer Gesundungsprozeß durch das Ansichtigwerden eines persönlichen Lebenssinnes in Gang gesetzt werden kann, dann müssen wir uns einer ganz speziellen Form der modernen Psychotherapie zuwenden: *der Logotherapie von Viktor Frankl.*

Nach dem letzten Krieg und nach den harten Nachkriegsjahren setzten zugleich mit dem steilen wirtschaftlichen Aufschwung in der westlichen Welt neue Symptome in der Psychopathologie ein. Um genau zu sein: Solche Symptome hat es zu früheren Zeiten auch schon gegeben, doch ließen sie sich damals als Neurosen interpretieren, welche entweder auf eine Unterdrückung des Sexualtriebs oder eine Unterdrückung des Machthungers oder auch auf ungünstige Lernprozesse zurückgehen würden. Doch in unserer modernen Wohlstandszeit ließen sie sich damit nicht mehr erklären. Die jungen Menschen der letzten 30 Jahre hatten zunehmend mehr sexuelle Freiheit, sie genossen mehr Macht als je zuvor, sie hatten im Durchschnitt wesentlich bessere Ausbildungsmöglichkeiten als die jungen Menschen früherer Generationen, aber – sie waren nicht glücklich.

Viele Wissenschaftler, Ärzte und Psychologen der westlichen, aber sogar auch der östlichen Welt haben unabhängig voneinander festgestellt, daß seit ein paar Jahrzehnten eine neue Problematik vorherrscht, eine, die mit herkömmlichen Begriffen schwer einzuordnen ist, und sie alle haben früher oder später das Umsichgreifen jenes Syndroms bestätigt, das Frankl bereits um 1950 beschrieben und als „existentielle Frustration" bezeichnet hat.

Diese existentielle Frustration manifestiert sich in Langeweile, Gleichgültigkeit, Sinnlosigkeitsgefühlen, innerer Leere, Ziellosigkeit, Apathie, Mißmut und Unzufriedenheit mit dem Leben. Sie beherrscht junge Menschen, die in der Diskothek über ihrem Glas Bier sitzen, sich vom Lärm der Musikbox berieseln lassen und stundenlang ins Leere starren. Sie beherrscht die Haschischraucher, die aufgeputscht nächtelang in sinnloser „Diskussion“ aneinander vorbeireden. Sie beherrscht die Burschen und Mädchen, die wahllos miteinander koitieren und doch nichts mehr dabei empfinden. Aber sie beherrscht nicht nur junge Menschen!

Auch Erwachsene leiden unter existentieller Frustration. Sie wechseln ihre Berufe, versuchen hier etwas, versuchen dort etwas, nichts freut sie. Oder sie jagen hinter Geld und Besitz her, und wenn sie dies angehäuft haben, dann fragen sie sich, was sie damit anfangen sollen. Sie flüchten aus der Realität in Träume, in Alkohol, sie schlagen die Sonntage vor dem Fernseher tot und suchen in abnormen Sexualtechniken eine Befriedigung, die sie nirgends finden. Sie sind in allem und jedem gesättigt und am Ende sagen sie: „Das Leben kotzt mich an!“

Die existentielle Frustration, also das Sinnlosigkeitsgefühl, tritt im allgemeinen mit einem Leergefühl vergesellschaftet auf, und auch für dieses Phänomen hat Frankl einen – heute bereits allgemein verbreiteten – Ausdruck geprägt, nämlich „das existentielle Vakuum“. Dieses zieht, wie in vielen sozialkritischen Untersuchungen nachgewiesen worden ist, besonders gefährliche Konsequenzen nach sich: Depression, „sexuelle Inflation“, Süchtigkeit und Kriminalität. Auch die in jüngster Zeit beängstigende Tendenz zum Sektenwesen kann als eine solche Folgereaktion des existentiellen Vakuums angesehen werden. Viktor Frankl, der Begründer der Logotherapie, hat nicht nur als erster all diese Zusammenhänge erkannt, er zeigte auch auf, warum die herkömmlichen Methoden der Psychotherapie an das neue Zeitsymptom nicht herankamen. Hinsichtlich des weltweiten Sinnlosigkeitsgefühles handelte es sich nicht mehr um eine Frage der psychotherapeutischen Methodik, ja es war nicht einmal eine Frage der Symptominterpretation allein, sondern das *Menschenbild* war es, das korrigiert werden mußte!

Frankl hat das psychologische Menschenbild als ein irreales Zerrbild des Menschen aufgezeigt, in welchem die wichtigste Dimension fehlt, nämlich die *geistige Dimension,* die er als die „spezifisch menschliche Dimension“ definiert. Natürlich ist der Mensch auch wie das Tier abhängig von seinen Bedingungen und Bedürfnissen, von seinen Trieben, von seiner Umwelt und von seinen Lernprozessen; aber er steht zugleich eine ganze Stufe darüber, indem er diese Abhängigkeiten und Bedingungen erkennen und durchschauen kann, indem er Stellung zu ihnen nehmen kann, indem er ihnen sogar trotzen kann. Auf dieser höheren Stufe, in der geistigen Dimension, in welcher kognitive Reflexionen, Einstellungen und Willensvorgänge existieren, in dieser Ebene gelten die alten Motivationsgesetze der Psychoanalyse und der Verhaltenstherapie nicht mehr.

In dieser Ebene geht es dem Menschen nicht vorrangig um Triebbefriedigung und inneres Gleichgewicht, um minimalen Anstrengungsdruck und höchsten Lustgewinn, wie es die alten Theorien angenommen hatten, hier sind andere Steuerungskräfte am Werk, da konstituiert sich ein *„Wille zum Sinn"*, wie Frankl es formuliert, ein Sinnbedürfnis.

Das heißt, wenn jemand sich ein Ziel steckt, sich einer Aufgabe widmet oder sich mit Interesse in eine Sache vertieft oder auch liebend einem anderen Menschen begegnet, dann ist er gerne bereit, auch Opfer auf sich zu nehmen, Triebe zu unterdrücken oder auf Lustgewinn zu verzichten. Und trotzdem kann er glücklich sein, weil er innerlich erfüllt ist, weil er eben weiß, *wozu* er sein Opfer bringt bzw. den Verzicht leistet. Umgekehrt hingegen gilt: Wenn jemand alle seine Triebe ausleben kann, keinerlei Leistung oder Verzicht von ihm gefordert wird und er in einem Zustand besten Wohlergehens lebt, er aber selbst keinen Sinn in seinem Leben sehen kann, dann verfällt er der existentiellen Frustration, dann wird er psychisch krank bis hin zu schwerer neurotischer Depression. Ohne eine Revision des Menschenbildes wären diese unleugbaren Tatsachen unverständlich geblieben.

Das neue Menschenbild, das Frankl als Hintergrund seiner Logotherapie entworfen hat, wird nun diesem existentiellen Sinnbedürfnis des Menschen gerecht. Der Logotherapeut übersieht keineswegs die psychische und psychophysische Kondition des Menschen, auch nicht die Kraft der Triebe, die Bedeutung der Kindheit oder der Umwelt und Lernvergangenheit. Aber das alte Konditionierungsschema wird durch die Annahme einer geistigen Dimension des Menschen ergänzt, innerhalb welcher der Mensch sich eine Aufgabe setzen kann um ihrer selbst willen, und nicht, um seine inneren Spannungen zu lösen, und innerhalb welcher er diese Aufgabe erfüllen kann, weil er sie für richtig oder wichtig erachtet, und nicht, weil er damit seine Wünsche befriedigen oder den Druck seines sozialen Anspruchsniveaus verringern kann. In der Logotherapie wird also die negative Formel, der Mensch sei „nichts als" (ein höherentwickeltes Tier, ein Zufallsprodukt...) ersetzt durch die positive Formel, der Mensch sei *„wesentlich mehr als"*...

Zu diesen Ausführungen möchte ich ein Gleichnis heranziehen, welches das neue logotherapeutische Menschenbild verdeutlichen soll:

Stellen Sie sich vor, Sie befinden sich im Konzertsaal und lauschen einer Klaviersonate von Beethoven. Damit diese wunderbare Musik erklingen kann, braucht man natürlich ein Klavier, denn ohne Instrument kann die schönste Komposition nicht zum Ausdruck kommen. Das heißt, das Klavier bedingt zwar die Musik, es bewirkt sie aber nicht – und so ungefähr ist es auch mit unserem Körper. Er ist notwendig für unsere menschliche Existenz, aber nicht hinreichend. Für das Ertönen der Beethovensonate braucht man außerdem einen Klavierspieler bzw. seine Fähigkeit, die Noten fehlerfrei abzuspielen; ohne den Pianisten kann die Komposition ebenfalls nicht zum Ausdruck kommen. Aber wiederum ist es so, daß Klavier und Klavierspieler zusammen noch immer nicht ausreichen, eine Beethovensonate hervorzubringen. Der Klavierspieler kann zwar Tasten des Instrumentes anschlagen, aber ohne Kompositionsvorlage fehlt die *Sinngestalt,* die sinnvolle Aneinanderreihung der Töne, denn wahllos angeschlagene Töne ergeben keine harmonische Klangstruktur. Diese Fähigkeit des Klavierspielers, Tasten anzuschlagen, ähnelt unseren psychischen Funktionen, welche durchaus unseren Körper steuern können, jedoch nur auf niedriger Basis ohne höheren Sinnzusammenhang. Die psychischen Funktionen erhalten uns am Leben, wie der Klavierspieler ohne Noten das Instrument ertönen lassen kann. Nun aber kommt das geistige Element in unser Gleichnis: die Komposition. Sie allein läßt aus Klavier und Klavierspieler eine sinnvolle Einheit verschmelzen, sie erst macht das Klavier wichtig als Träger der Melodie, sie erst gibt dem Pianisten die Macht, eine Idee in akustische Schönheit, umzusetzen. Sie ist vergleichbar mit der geistigen Existenz des Menschen, durch welche erst Körper und psychische Kräfte in ein sinnvolles Zusammenspiel gebracht werden. Wenn die Komposition zu Ende geht, verklingt auch der letzte Ton im Konzertsaal, Klavier und Klavierspieler werden wieder zu Einzelfaktoren, der Zusammenhang ist gelöst.

Ahnen Sie jetzt, welch waghalsige Reduktion das psychologische Menschenbild darstellt? Es ist dasselbe, als würde man sagen: Musik ist „nichts als“ Tastenanschlagen, oder Musik ist „nichts als“ klingende Stahlsaiten.

Der Logotherapie war es vorbehalten, sich gegen dieses reduktionistische Denken auszusprechen und zu bekennen, daß der Mensch „wesentlich mehr“ ist als nur elektro-chemische Substanz, durchwirkt mit psychischen Funktionsmustern, nämlich daß er zusätzlich eine geistige Dimension besitzt, welche Körper und Psyche zu einem sinnvollen Ganzen vereint, wie die Komposition die klingenden Saiten des Instruments und die geschickten Finger des Spielers zu einem harmonischen Gefüge koordiniert.

Dieses neue Menschenbild eröffnet eine völlig neuartige Symptominterpretation: Die weltweite existentielle Frustration kann demnach als massive Unterforderung der geistigen Dimension des Menschen gesehen werden, die völlig genügt, um seelische Krankheitsbilder hervorzurufen, auch wenn der Betreffende in Wohlstand und Überfluß lebt. Das Zitat von Schopenhauer, daß der Mensch ständig zwischen zwei Extremen hin- und herpendle, nämlich *zwischen Not und Langeweile,* hat in der Logotherapie eine bedenkenswerte Bestätigung gefunden. Not bedingt Sorge, Unterernährung, frühe Alterung, schlechte hygienische und ärztliche Versorgung usw.; Not bedeutet somit *physische Gefährdung* des Menschen, aber Langeweile bedingt existentielle Frustration und Sinnleere im menschlichen Leben und das heißt: *psychische Gefährdung!*

Fall Nr. 3:
Ein gutsituierter Mann wandte sich an mich mit der Frage, wo er für seine 48jährige Frau Hilfe finden könne. Sie, die nie einen Tropfen Alkohol angerührt habe, würde in letzter Zeit immer öfter zu einem Glas Wein greifen, insbesondere heimlich, wenn er nicht zu Hause war. Und dies sei sehr oft der Fall, denn er sei Vertreter für eine Weinfirma in leitender Position; er müsse den Einzelhandel kontrollieren und reise daher viel umher.

Das Gespräch mit seiner Frau erschloß folgende Lebenssituation: Ihr 27jähriger Sohn sei in der Zentrale der Weinfirma in Frankreich tätig und kommt nur selten nach Deutschland. Der Vater treffe ihn manchmal auf seinen Dienstreisen, aber die Mutter bekomme ihn nur 1- bis 2mal im Jahr zu Gesicht. In den letzten 3 Jahren haben sie sich ein schönes Haus am Waldesrand gebaut, und die Frau war mit den Handwerkern, dem Aussuchen der Innenausstattung und diversen Einrichtungsarbeiten beschäftigt. So habe sie mit sehr viel Geschmack und Detailarbeit eine Bauernstube und ein Jagdzimmer zusammengestellt, welche im Bekanntenkreis sehr bewundert würden. Nun aber sei das Haus komplett fertiggestellt und im Grunde für zwei Personen ein wenig groß, zumal der Mann, wie gesagt, kaum zu Hause sei. Die Frau wandere allein durch die weiten und kunstvoll eingerichteten Räumlichkeiten und habe nichts Besonderes zu tun; da erfasse sie ein Gefühl der Beklemmung, eine Vision der absoluten Überflüssigkeit und Leere, die sie nur „mit einem Glas Wein“ hinunterspülen könne.

Solange ein Sohn im Haus gewesen war, der versorgt werden mußte, oder solange ein Haus im Rohbau stand, welches zur Vollendung gebracht werden mußte, solange konnte die Frau einen Sinn in ihrem Dasein erblicken, und solange blieb sie psychisch gesund. Aber mit der Selbständigkeit des Sohnes und der Vollendung des Hauses wurde ihr die Grundlage ihrer geistigen Existenz entzogen und kein Ersatz geboten, denn der teuerste Besitz ist kein Ersatz für die Zufriedenheit in einem sinnerfüllten Dasein!

Ich entschloß mich, dem Mann in einem Gespräch unter vier Augen die Wahrheit zu sagen, und unterbreitete ihm danach folgenden Vorschlag: Solange seine Frau zu Hause im „goldenen Käfig“ säße, sei sie in Gefahr, der Depression oder dem Alkoholismus zu verfallen. Deswegen schiene es mir besser, er würde sie auf seine Dienstreisen mitnehmen und ihr irgendeinen kleinen Teil der Verantwortung übertragen, z.B. daß sie die jeweiligen Unterkünfte aussuche, Abendprogramme zusammenstelle oder vielleicht sogar Kundenlisten für ihn führe und anderes. Er solle es etwa damit begründen, daß er auch nicht mehr der Jüngste sei und eine hilfreiche Begleitung brauche, die ihm manches abnehmen würde. Der Mann rief entsetzt aus, dies wären zu viele Strapazen für seine Frau, welche von zarter Gesundheit sei, doch ich vertrat eher die Ansicht, daß auch das „Beschäftigen mit der eigenen Gesundheit“ Ausdruck der existentiellen Frustration war und bei einer Sinnerweiterung im Leben seiner Frau in den Hintergrund treten würde. Schließlich versprach mir der Mann widerstrebend, meinen Vorschlag zu versuchen.

Ich hörte so lange nichts von den beiden, daß ich sie fast vergessen hatte. Da saß plötzlich eines Tages der Mann mit einem riesigen Blumenstrauß im Vorraum unserer Beratungsstelle und bat um ein paar Minuten Gespräch. Er müsse seinen Dank zum Ausdruck bringen, denn seit er seine Frau auf seine Reisen mitnehme, sei sie wieder fröhlich geworden und bei bester Gesundheit. Außerdem würde sie sich nach jeder Fahrt so richtig auf zu Hause freuen, jetzt würden sie beide zum ersten Mal ihr schönes Heim wirklich genießen. „Was ist mit dem täglichen Gläschen Wein?“ fragte ich. „Welches Gläschen Wein?“ stutzte der Mann, „ach so, daran denken wir gar nicht mehr! Hie und da ein gemeinsames Gläschen, mehr interessiert uns nicht.“

Ich habe bereits die markantesten Folgen der existentiellen Frustration aufgezählt, nämlich Neigung zur Depression, Süchtigkeit, wahlloser Sexualität und Kriminalität, wobei die ersten beiden Symptome eher weibliche Personen, die letzten beiden eher männliche Personen befallen. Lassen Sie uns nochmals überlegen, wie es zu den einzelnen Symptomen kommt.

Daß Sinnlosigkeitsgefühle und innere Unausgefülltheit zu Depressionen führen können, ist einleuchtend. Wer sich selbst sagen muß, daß sein Leben keinen Sinn hat, daß er „nichts als" ein Häufchen Materie ist, das bis zum Vergehen dahinvegetiert, wer ferner Bilanz zieht und feststellt, daß im Durchschnitt mehr traurige oder indifferente Stunden als fröhliche Stunden im Leben vorkommen, der muß doch zu dem Schluß kommen, daß sich das Leben nicht lohnt, daß er es genausogut abkürzen kann. Denn nur dem Selbsterhaltungstrieb zuliebe am Leben zu bleiben, entbehrt offensichtlich jeder Vernunft. Ein sinnloses Leben ist ein wertloses, ein unvernünftiges Leben – es gehört zum Spezifikum des Menschen und nur des Menschen, dies zu erkennen.

Auch die anderen drei Folgeerscheinungen der existentiellen Frustration werden durch das neue Menschenbild verständlich. Wahllose Sexualität soll die innere Unausgefülltheit mit Lustgefühlen überdecken, Drogen sollen einen Scheinsinn vermitteln, und Kriminalität impliziert Scheinziele, wenn auch destruktiver Art. Untersucht man die Geschichte der Menschheit, dann findet man die genannten Phänomene immer gehäuft in Verbindung mit Wohlstandsgesellschaften. Mein Geschichtsprofessor hat einmal darauf hingewiesen, daß an Feinheit und Struktur des jeweils modischen Kleiderstoffes Wohlstand und Verfall eines Volkes ablesbar sei: Je dünner und durchsichtiger die Kleiderstoffe wurden (auch schon in der Antike), desto reicher und desto näher am eigenen Untergang war ein Volk. Sollte diese Hypothese auch auf die heutige Zeit übertragbar sein?

Durchsichtige Kleider, das bedeutet großzügige Sexualität, verstärkt Jagd nach Lust und – paradoxerweise – stärkere Unfähigkeit zu lieben. „Je mehr es einem um die Lust geht, um so mehr vergeht sie einem auch schon", pflegte Frankl seinen Studenten zu sagen: und tatsächlich: Je mehr man die Lust gewaltsam zu erzwingen versucht, desto weniger kann man sie erreichen, ein in Kliniken, Arztpraxen und Beratungsstellen wohlbekanntes Paradoxon, das sich auch in der heutigen hohen Fallzahl hinsichtlich Frigidität und psychogener Impotenz bestätigt. Läßt sich die „Unfähigkeit zu lieben" aus dem existentiellen Vakuum herleiten! Selbstverständlich, denn wer imstande ist, einen Partner von ganzem Herzen zu lieben, der gerät gar nicht so tief in existentielle

Frustration, da er in dieser Liebe zumindest *einen* Sinn in seinem Dasein gefunden hat.

Auch die zunehmende Drogensüchtigkeit ist eine Form der Jagd nach Lust, die genausowenig zum Ziel führt. Zwar ist im Drogenrausch das Sinnlosigkeitsproblem scheinbar gelöst, denn die verzerrt wahrgenommene Welt eröffnet neue Formen und Dimensionen, doch um so bitterer ist die Rückkehr in die Wirklichkeit. Und noch viel bitterer ist es mitanzusehen, wie junge Menschen an den wahren Aufgaben und Zielen im Leben vorübergehen und sich mit der Scheinwelt des flüchtigen und gefährlichen Rauches begnügen.

In der Kriminalstatistik ist nachgewiesen worden, daß sich die Art der Verbrechen in unserer Zeit seltsam geändert hat. Den Dieb aus Hunger und den Einbrecher aus Not gibt es kaum mehr; heute werden Waren aus Kaufhäusern gestohlen, die in der Wohnung der Diebe sowieso überflüssig herumliegen, heute werden Steine in fremde Windschutzscheiben geworfen, ohne daß die Täter die Opfer je gekannt haben, heute werden alte Leute für 5 DM umgebracht. Es sind zum überwiegenden Teil sinnlose Verbrechen, deren einziges Motiv die Lust an der Ausführung für den Täter ist, eine Lust, mit der er ein als inhaltlos erlebtes Dasein füllen möchte.

Allerdings gibt es auch Verbrechen aus fehlgeleitetem Engagement, wie es die blutigen Akte der Terroristen sind. Verzweifelt wird ein Ziel mit allen Mitteln zu erreichen versucht, auch über den Weg der Vernichtung – erinnert das nicht an die Gefahren der pyramidalen Wertorientierung? Zielbewußtsein und Verantwortungsbewußtsein müssen kongruent bleiben; wenn sie auseinanderklaffen, wird gefährlicher Fanatismus daraus.

Das waren einige Hinweise zur Symptominterpretation auf breiterer Basis, auf Gesellschaftsebene sozusagen – im engeren Rahmen finden wir sie in jeder psychotherapeutischen Praxis. Nachgewiesenermaßen liegt bei ca. 20% aller psychisch Kranken eine schwere existentielle Frustration vor (in der Logotherapie spricht man dann von „noogener Neurose“), und bei den übrigen 80% spielen Depressionen, Sexualneurosen, Süchtigkeiten und Psychopathien anteilmäßig eine große Rolle, also Störungsbilder, die eben auch eine latente Beziehung zur existentiellen Frustration haben. Deswegen brauchen wir heute eine Therapieform, die sich den Nöten der Zeit stellt. Frankl, der Begründer der Logotherapie, hat in seinem jahrzehntelangen Schaffen nicht nur das wissenschaftliche *Menschenbild* korrigiert und adäquate *Symptominter-*

pretationen auf breiter Gesellschaftsebene genauso wie im engen praxisnahen Rahmen angeboten, er hat als Psychiater und Arzt auch eine sehr effektvolle *Methodik* zur Behandlung der existentiellen Frustration und ihrer Folgen entwickelt. Und von dieser Methodik, dem Prinzip der „Gesundung durch Sinnerfüllung" soll im folgenden die Rede sein.

Wir werden die Methodik von verschiedenen Seiten betrachten, aus der empirischen, praktischen, therapeutischen und philosophischen Perspektive kritisch beleuchten, sie prüfen, messen und wägen, bis wir abschätzen können, welchen Wert sie für uns besitzt und welches Gewicht ihr im Maßstab unserer Zeit zukommt. Ich will mutig genug sein, die Möglichkeiten der Logotherapie aufzuzeigen, aber ich will auch ehrlich genug sein, ihre Grenzen zu bekennen. Der Mut wird mir Gegner bringen – die Ehrlichkeit möge sie wieder versöhnen!

Prämissen und Methoden wissenschaftlich untersucht

Früher hat es zum Aufbau einer neuen psychotherapeutischen Methodik genügt, entsprechend viele Fallbeispiele aufzuschreiben und an Hand derer die Erfolgsquote nachzuweisen. Die psychoanalytische Literatur zum Beispiel stützt sich überwiegend auf Krankengeschichten.

Die Logotherapie muß sich heute jedoch nicht mehr so sehr gegen die Psychoanalyse behaupten, als vielmehr mit der Verhaltenstherapie auseinandersetzen, die an Bedeutung zunimmt. Die Verhaltenstherapie weist aber in ihrer Literatur nicht nur Fallgeschichten auf, sondern kann auf eine große Menge von sehr exakt durchgeführten und unter mannigfaltigen Bedingungen variierten Kontrolluntersuchungen mit durchaus verobjektivierbaren Schlußfolgerungen zurückblicken. Da nun die Logotherapie auch zur Verhaltenstherapie Stellung nehmen muß, ist es für sie unerläßlich, vom wissenschaftlichen Standpunkt aus ein annähernd ebenso gutes Fundament an statistischer Signifikanz nachweisen zu können.

Damit will ich nicht sagen, daß Fallbeispiele wertlos seien, es ist jedoch ein Unterschied, ob man wissenschaftliche Forschungs- und Pionierarbeit leistet, oder ob man als praktischer Psychologe oder Arzt in der konkreten Aufgabensituation des beruflichen Alltags steht. Für ersteres braucht man in der Skepsis der Gegenwart Fakten, Daten und Korrelationen, für das zweite braucht man ganz simpel Anleitungen, Anweisungen und exemplarische Hilfen. Als aktiver Logotherapeut ist man allerdings beides: man ist der Psychotherapeut, der sich dieser modernen und menschenwürdigen Methode aufgeschlossen fühlt und sie anwenden will, und man ist zugleich Forscher und Pionier, denn vieles an dieser neuen Richtung ist noch unerprobt und ausbaufähig und bedarf neuer Wege, neuer Versuche und neuer Ideen.

Ich habe angedeutet, daß die Verhaltenstherapie, die mittlerweile über ihre anfängliche Konditionierungsthesen hinaus auch den kognitiven Aspekt miteinbezieht, eine sehr exakte, wissenschaftlich saubere und objektive Validierung besitzt. Nicht zu Unrecht werden Sie dann fragen, wieso ich eine fast ebenso exakte Validierung der Logotherapie darlegen möchte – es kann doch vom hypothetischen Ansatz her nur eine der beiden Theorien „wahr" sein?

Diese Annahme ist jedoch ein Trugschluß, und zwar wegen der *unterschiedlichen Dimensionalität* des Arbeitsfeldes beider Behandlungsformen. So effektiv und gültig die Verhaltenstherapie ist, so effektiv und gültig ist auch die Logotherapie, und beide arbeiten in einer menschlichen Ebene, aber es ist nicht dieselbe Ebene des Menschseins!

Da in der Logotherapie die geistige Dimension des Menschen axiomatisch vorausgesetzt wird, entsteht, wenn man den ganzen Menschen betrachtet, ein *dreidimensionales Menschenbild,* das in drei Ebenen zerfällt: in die geistige (oder „noetische") Ebene, in die psychologische (auch soziologische) Ebene und in die biologische (auch physiologische) Ebene.

Das dreidimensionale Menschenbild der Logotherapie

Nur Mensch	**geistige (oder noetische) Ebene** *freie Stellungnahme zu Gegebenheiten*	„Geist"
Mensch und Tier	**psychologische (soziologische) Ebene** *stark manipulierbare Abhängigkeit von Gegebenheiten*	„Psyche"
Mensch, Tier, Pflanze	**biologische (physiologische) Ebene** *wenig manipulierbare Abhängigkeit von Gegebenheiten*	„Körper"

So wie sich die weiterentwickelte Verhaltenstherapie auf psychologischer Ebene bewährt, so bewährt sich die Logotherapie auf geistiger Ebene, und dort, wo der Verhaltenstherapeut an seine Grenzen kommt, dort beginnt die Arbeit des Logotherapeuten.

Wir sind uns gewiß darüber einig, daß diese Auffächerung menschlicher Realität ein Arbeitskonstrukt ist, das die Erfassung der multiplen Gesamtheit „Mensch" in all ihrer Variabilität erleichtern soll – und nicht mehr. Eine echte Trennungslinie zwischen psychischer und geistiger Ebene existiert nicht. Und deswegen darf es auch keine scharfe Trennungslinie zwischen Verhaltenstherapie und Logotherapie geben, und keinen Kompetenzkampf, sondern letzten Endes nur eine fruchtbare Symbiose.

Logotherapie
geistige (oder noetische) Ebene

Verhaltenstherapie
psychologische (soziologische) Ebene

Medizin. Therapie
biologische (physiologische) Ebene

Die drei Seins-Ebenen des Menschen in bezug zu adäquaten Therapieformen

Der Psychotherapeut von heute, der wegen unterschiedlichster und vielfältigster Probleme aufgesucht wird, kann nicht mit Logotherapie allein auskommen. Es gibt funktionale Störungen wie Bettnässen, abnorme Gewohnheiten, Tics oder Kommunikations- und Kontaktstörungen, Wahrnehmungs- und Gedächtnisstörungen oder schulisches und berufliches Versagen und diverse Konfliktlagen, bei welchen ein verhaltenstherapeutisches Trainingsprogramm indiziert ist. Aber genauso wie der Psychotherapeut von heute nicht mit Logotherapie allein auskommt, genauso kann er auch nicht *ohne* Logotherapie auskommen, wenn er seinen Patienten wirklich umfassend helfen will. Denn viele psychische Störungen haben ihre Wurzeln tief im existentiellen Vakuum, und mehr und mehr haben wir es in unseren therapeutischen Gesprächen mit Seins- und Sinnfragen bzw. mit noogenen Neurosen zu tun.

Wir Psychologen und Psychotherapeuten müssen endlich über den seit Jahrzehnten andauernden Methodenstreit hinauswachsen und begreifen, daß Kombinationen von Methoden durchaus sinnvoll und wünschenswert sind, sofern sie nicht auf kontraduktorische Menschenbilder zurückgehen. Frankl zitiert gerne den folgenden Satz eines Kollegen: „Der Psychotherapeut soll nicht *einer* Methode angehören, sondern vielmehr sollten alle Methoden *ihm* angehören!" Dieser Satz könnte der Leitstern jeder psychologischen und ärztlichen Fortbildung sein, denn statt Exklusivansprüche zu erheben und Schulenkontroversen heraufzubeschwören, müssen wir Fachleute das „Miteinander“ suchen, um das „Gegeneinander“ zu überwinden.

Auch die Zukunft der beiden großen Systeme, der Verhaltenstherapie und der Logotherapie, liegt in der Bereitschaft beider Vertreter, einander zu ergänzen und miteinander zu kombinieren; nur so kann die bei aller Auffächerung doch fraglos bestehende Einheit und Ganzheit des Menschen auch in der konkreten psychotherapeutischen Arbeit gewahrt bleiben.

Was nun die *empirische Validierung der Logotherapie* betrifft, müssen wir eines festhalten: Das Arbeitsfeld der Logotherapie bietet dem wissenschaftlichen Forscher den höchstmöglichen Schwierigkeitsgrad überhaupt in bezug auf objektive Daten und Gesetzmäßigkeiten im Humanbereich. Um dies verständlich zu machen, möchte ich nochmals das Schema der Dreidimensionalität des Menschen zu Hilfe nehmen.

Trotz aller Übergänge dürfen wir ruhig annehmen, daß zwischen den einzelnen Ebenen Qualitätsstufen liegen. Will man diese Stufen etwas vereinfacht definieren, dann muß man der untersten, biologischen Ebene „das Leben“ zuordnen (wobei die Wesenheit von Pflanze, Tier und Mensch angesprochen ist), der mittleren, psychologischen Ebene „das Erleben“ zuordnen, wozu Fühlen, Empfinden, aber auch instinktives oder konditionales Reagieren

Mensch { *geistige (oder noetische) Ebene*
Denken, Wollen, Entscheidungen,
Einstellungen, Sinnerfahrungen

INDIVIDUALITÄT
↑

Mensch
Tier { *psychologische (soziologische) Ebene*
Emotionen, Triebe, Instinkte,
(soziale) Lernerfahrungen

SUBJEKTIVITÄT
↑

Mensch
Tier
Pflanze { *biologische (physiologische) Ebene*
Organisches Leben und Fortpflanzung

Die drei Seins-Ebenen des Menschen
nach Wesensqualitäten differenziert

gehören (was von der Wesenheit her nur Tieren und Menschen zukommt), und der obersten, geistigen Ebene „den Willen“ zuordnen, der bewußtes Denken und Planen, freies Entscheiden und Sich-zu-etwas-Einstellen sowie das Erkennen von Sinnmöglichkeiten umfaßt (alles Attribute, die ausschließlich dem Menschen gegeben sind).

Ich möchte aus dieser Schichten-Katalogisierung kein Definitionsproblem machen, sondern daran nur die Schwierigkeiten einer empirischen Validierung der Logotherpaie verdeutlichen. Beim genaueren Überdenken dieses Arbeitskonzeptes erkennt man nämlich, daß von einer Stufe zur anderen, von unten her gesehen, ein *Verlust an Gesetzmäßigkeiten* besteht und eine *Zunahme an „freiem“ Spielraum* auftaucht.

In der untersten Ebene, in der die elektro-chemischen und physikalischen Lebensvorgänge ablaufen, gibt es nicht allzuviel Plastizität. Eine gewisse Variationsbereitschaft ist anscheinend in der Natur immer und überall gegeben, aber darüber hinaus kann doch die Biologie und auch die Medizin, die hauptsächlich in dieser Ebene operiert, recht beständige Aussagen machen. Zusammensetzung und Aufbau von Gewebe und Zellen, Störanfälligkeit von Organen, Substanz von Knochen und Muskeln oder Bahnen von Gefäßen und Nervensträngen sind in sehr hohem Maße konstant. Die dazugehörigen Thesen lassen sich nach dem Ursache-Wirkungs-Prinzip in Laboratorien wissenschaftlich überprüfen, weil die Substanz der biologischen Materie klar vor Augen liegt – und sei es durch das Objekt eines Elektronenmikroskopes.

Schon wesentlich schwieriger gestaltet sich die Forschung auf der zweiten Ebene menschlichen Seins, in der psychologischen und soziologischen Dimension. Nicht nur ist die Substanz der psychischen Vorgänge unsichtbar und muß über Projektionen und Manifestationen mühevoll gemessen und abgeschätzt werden, es kommt zu den endlich gefundenen Gesetzmäßigkeiten auch noch ein enormer Spielraum hinzu, nämlich der Faktor der *Subjektivität*. Wahrnehmungen, Empfindungen, Gefühle und Triebintensitäten enthalten nun einmal ein so hochdosiertes Maß an Subjektivität, daß sich die namhaften Biowissenschaftler der letzten Jahrzehnte mit Vorliebe in die reine Verhaltensforschung geflüchtet haben – allzu viele frühpsychologische Thesen sind schon an der Subjektivität psychischer Erlebnisse und Reaktionsmuster gescheitert! Und trotzdem sind auch auf dieser mittleren Ebene des Menschseins erstaunlich regelmäßige Zuordnungen gefunden worden. Es war größtenteils das Verdienst der Verhaltenstherapie,

Abhängigkeiten und Wenn-Dann-Beziehungen aufzudecken, die uns heute in die Lage versetzen, auch hinsichtlich psychischer Vorgänge gewisse Voraussagen machen zu können; denken Sie nur an die primären und sekundären Konditionierungsprozesse oder an entwicklungs- und soziogenetische Einflüsse in bestimmten Lebensphasen. Dennoch ist die empirische Forschung im psychologischen Bereich wesentlich schwieriger als im biologischen Bereich, und ihre Ergebnisse sind entsprechend umstrittener.

Steigen wir schließlich noch eine Stufe höher in die Ebene der geistigen Dimensionen des Menschen. Hier wird der freie Spielraum plötzlich so groß und unübersichtlich, daß wir uns fragen müssen, ob und welche Abhängigkeiten überhaupt noch bestehen. Zum Faktor der Subjektivität gesellt sich der Faktor der *Individualität,* das Moment der Freiheit taucht auf, nämlich jener einzigartigen Freiheit des Menschen und nur des Menschen, zu Gegebenheiten Stellung zu nehmen, ja sogar den eigenen Bedingungen und Abhängigkeiten zu trotzen. Aber lassen wir vorläufig das kritische Problem der „Willensfreiheit" zur Seite, es genügt völlig die kaum bezweifelbare Komponente der Individualität, um geradezu per definitionem klarzulegen, daß die empirische Erforschung von Kausalitäten und Validitäten in dieser Ebene mit herkömmlichen Mitteln nicht durchführbar ist.

Und doch gibt es bei aller Freiheit, bei aller Subjektivität und Individualität *eine* Gesetzmäßigkeit innerhalb der geistigen Dimension des Menschen, und das ist die These vom „Willen zum Sinn", um den von Frankl geprägten Ausdruck zu gebrauchen, oder, wie ich es nennen möchte: das Sinnpostulat. Das ist unsere Behauptung, daß es zur Gesundheit, zum Wohlbefinden, zur inneren Zufriedenheit eines Menschen unauflösbar dazugehört, daß er sein Tun und Wirken als sinnvoll aufzufassen vermag, daß er ein Ziel vor Augen hat, das er anstreben kann, oder ein Wertideal, das er verwirklichen kann, eben daß er in seiner Existenz überhaupt einen Sinn sieht und nicht bloß gedankenlos vor sich hinlebt bis zum Tod. Das ist sie, die einzige Bedingung, die wir im geistigen Selbstverständnis des Menschen, im Bereich der höchsten Variabilität noch aufstellen können, die sich aus der vielfältigsten menschlichen Dokumetation herauskristallisiert hat.

Das ist aber auch die Hypothese, die trotz höchstmöglichem Schwierigkeitsgrad sorgfältig validiert werden muß, denn mit ihr steht und fällt Anliegen und Gültigkeit der Logotherapie. Läßt sich der enge Zusammenhang zwischen dem Sinnpostulat und der intakten Gesamtpersönlichkeit beim Menschen nicht nachweisen, wie soll dann eine „Gesundung durch Sinnerfüllung“ erklärt und gerechtfertigt werden? Wenn es allerdings gelingt, diesen Nachweis zu erbringen, wenn sich also eindeutig zeigen läßt, daß eine reiche Sinnorientierung unerläßlich ist zur Gesundheit und Stabilität des Menschen, dann ist damit nicht nur das Fundament der Logotherapie geschaffen worden, sondern auch ein Hinweis statuiert auf das Fehlpotential anderer Psychotherapieformen, welche diesen existentiell wesentlichen Gesichtspunkt nicht berücksichtigen.

Nun, ich habe erwähnt, daß ich vor Jahren einen psychologischen Test entwickelt habe, dem eine Befragung von 1000 zufällig

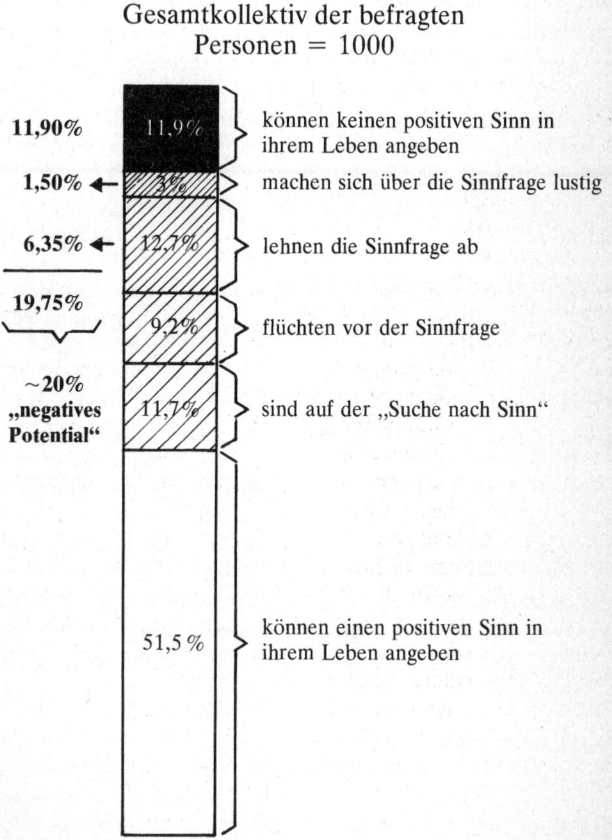

auf der Straße getroffenen Personen vorausging. Diese Befragung diente nicht nur der Testkonstruktion, sondern in erster Linie als Voruntersuchung zum Sinnpostulat. Die Leute wurden gefragt, ob sie persönlich ihr eigenes Leben als sinnvoll bezeichnen würden und welchen Sinn sie in ihrem Leben sehen könnten. Nachdem die Antworten sehr sorgfältig signiert worden waren, erbrachte das Ergebnis, daß nur rund die Hälfte aller Personen einen positiven Sinngehalt in ihrem Leben angeben konnte, während rund 12% nicht den geringsten Sinn in ihrem Leben zu finden vermeinten. Wie aus der prozentualen Aufschlüsselung auf Seite 57 ersichtlich ist, waren die Ergebnisse der Umfrage ziemlich erschütternd. Außer denjenigen Personen, die überhaupt keinen positiven Sinn benennen konnten, waren noch andere, die sich über die ihnen gestellte Frage lustig machten, die sie zu beantworten ablehnten, oder die ohne Kommentar weitergingen, sozusagen die Flucht ergriffen. Man kann aus dem 2. und 3. Feld von oben, also aus dem Prozentsatz derjenigen, die die Sinnfrage spöttisch oder kategorisch abgelehnt haben, mindestens die Hälfte als eigentlich zum obersten Prozentsatz von 11,9 zugehörend einschätzen, denn ein zynisches oder abweisendes Verhalten zur Sinnfrage mag vielfach innere Sinnleere verdecken. Zieht man nun diese Prozentsätze von „Sinnlosigkeitserleben" zusammen, so erhält man ein *negatives Potential von rund 20%,* was bedeutet, daß ein Fünftel der Bevölkerung in irgendeiner Form existentiell frustriert ist und keinen rechten Sinn im Leben sehen kann. Dieser Prozentsatz deckt sich erstaunlich mit anderen Untersuchungen im klinischen Raum, welche ergaben, daß rund 20% aller Neurosen noogen bedingt sind. Aus diesem Zahlenmaterial allein geht schon hervor, daß in der psychotherapeutischen Praxis nicht ohne Logotherapie auszukommen ist, denn kein Psychotherapeut kann es sich leisten, ein Fünftel seiner Patienten inadäquat zu behandeln!

Nach dieser Befragung wurden die Antworten der 51,5% aller Personen, die einen positiven Lebenssinn darlegen konnten, inhaltlich in verschiedene Kategorien aufgeschlüsselt (vgl. S. 30) und insofern zur Testkonstruktion verwendet, als daraus eine Anzahl von Feststellungen ableitbar war, die Personen mit positiver Sinnerfüllung eher bejahen, und Personen in existentieller Frustration eher verneinen. Nach Überprüfung aller statistischen Relevanzen wurde somit ein Test gewonnen, der bei jeder beliebigen Testperson anzeigt, wie engagiert sie an positiven Lebensinhalten ist bzw. wie gefährdet in Richtung „noogene Neurose" sie sein könnte.

In einer umfangreichen wissenschaftlichen Untersuchung, die

fast zwei Jahre dauerte, überprüfte ich nun 340 Personen, wovon 285 einer Normalstichprobe angehörten, während 55 Patienten der psychiatrischen Universitätsklinik in Wien waren. Alle diese Personen wurden auch mit anderen hochwertigen Testverfahren auf ihr allgemeines psychisches Zustandsbild untersucht, wobei sehr strenge Kriterien angelegt wurden, um die Reliabilität und Aussagekraft der Testbefunde sicherzustellen.

Die Korrelation zwischen dem von mir konstruierten Test zur Erfassung der persönlichen Sinnorientierung („Logo-Test") und den Psychohygiene-Skores der anderen Testverfahren entsprach voll den Thesen des logotherapeutischen Menschenbildes, ja es konnten insgesamt 90 signifikante Beweise zur statistischen Verifizierung erbracht werden.

Die wichtigsten, fundamentalen Korrelationen sollen graphisch veranschaulicht werden, wobei die Verbindungslinien zwischen den einzelnen Faktoren Signifikanzen am 1%-Fehlerniveau darstellen, das heißt mit 99% Wahrscheinlichkeit wahr sind. Alle drei Zuordnungsschemata veranschaulichen die Validierung des *Basistheorems der Logotherapie,* welches besagt, daß die innere Gesundheit und Stabilität eines Menschen in Zusammenhang damit steht, wie sinnerfüllt sein Leben für ihn ist.

I

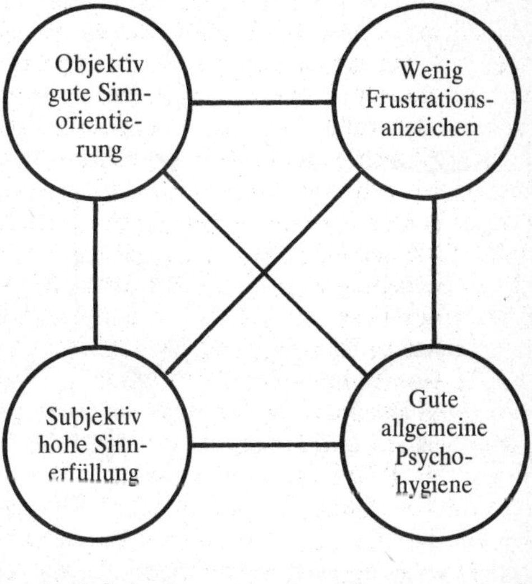

Gesamtkollektiv der getesteten Personen = 340

II

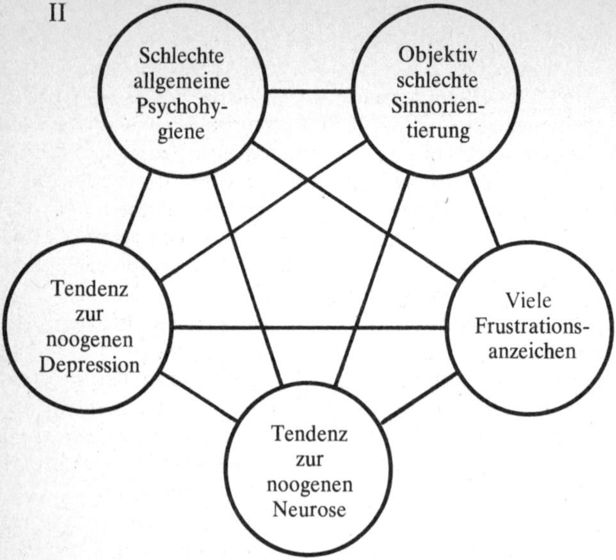

Gesamtkollektiv der getesteten Personen = 340

III

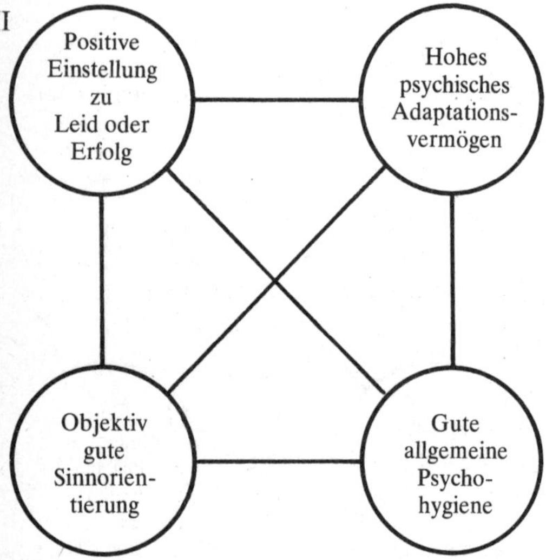

(Nähere Angaben zur Untersuchung enthält das Buch „Der Wille zum Sinn“ von V. Frankl, Verlag Hans Huber, 1972.)

Die einzelnen Faktoren, die das Ergebnis einer per Computer durchgeführten Faktorenanalyse waren, sind in den Skizzen nur mit Schlagworten gekennzeichnet, doch bietet es sicher keine Schwierigkeit, sich die gesamte dazugehörige Begriffssphäre vorzustellen.

Im dritten Korrelationsschema taucht die Bedeutung der gesunden Einstellung zu Leid oder Freude auf, denn auch die gesunde Einstellung des Menschen korreliert mit guter Psychohygiene und guter Sinnorientierung am 1% Fehlerniveau! Dies ist ein überaus bedeutsamer Hinweis für die praktische Therapie, von dem noch zu sprechen sein wird.

Die Aussagen der Korrelationen betreffen keine zufälligen Gleichzeitigkeiten, sondern *einander bedingende* Faktoren; das Fehlen eines davon zieht mit hoher Wahrscheinlichkeit auch das Fehlen der anderen nach sich. Hier haben wir eine Gesetzmäßigkeit innerhalb der geistigen Dimension des Menschen, die einzige, die bei aller „individuellen Freiheit" nachzuweisen ist, die Grundlage der Logotherapie: das Sinnpostulat.

Aus den signifikanten Ergebnissen dieser und anderer empirischer Untersuchungen läßt sich ein *theoretisches Gerüst* der Logotherapie konstruieren. Es sieht so aus:

Axiom

Es existiert eine „geistige Dimension" des Menschen

daraus folgt

1. Prämisse

Das Menschenbild ist dreidimensional
(denn an der körperlichen und psychischen Dimension
besteht wohl kein Zweifel);

daraus folgt

2. Prämisse

Jeder der drei Dimensionen hat eine andere Bedingtheit

a) Innerhalb der biologischen Dimension besteht fast völlige, das heißt kaum manipulierbare Abhängigkeit von Gegebenheiten;
b) innerhalb der psychologischen Dimension besteht eine sehr flexible, das heißt stark manipulierbare Abhängigkeit von Gegebenheiten;
c) innerhalb der geistigen Dimension besteht die Möglichkeit freier Stellungnahme zu Gegebenheiten (Einstellungen).

3. Prämisse

Die drei Dimensionen bilden eine unauflösbare Einheit

daraus folgt

4. Prämisse

Keine Dimension darf in der Psychotherapie
unberücksichtigt bleiben!

Dies ist eine sehr folgenschwere Aussage, denn sie enthält nichts weniger als die Verpflichtung (nicht Rechtfertigung!) des Psychotherapeuten, sich *auch* mit der Sinnfrage zu beschäftigen.

„Auch" ist nicht „ausschließlich", es weist auf den Ergänzungscharakter der Logotherapie hin. Diese Prämisse widerspricht jeglichem Exklusivanspruch, sie bringt schlicht zum Ausdruck, was eigentlich selbstverständlich sein müßte, nämlich, daß jede Behandlung eines Menschen ganzheitlich erfolgen und zumindest peripher alle Dimensionen umfassen sollte. Der Seelsorger kann sich nicht auf religiöse Weisheiten beschränken, wenn ein Mitglied seiner Gemeinde mit Familienproblemen zu ihm kommt, der Arzt kann sich nicht auf die Amputation eines Fußes beschränken, wenn ein Jugendlicher von Knochenkrebs befallen wird, und der Psychologe kann sich nicht auf Testinterpretationen beschränken, wenn sein Klient den Sinn der eigenen Existenz in Frage stellt.

Gewiß, ich kenne den Einwand, daß niemand seine Kompetenzen überschreiten darf, aber es darf sich auch niemand hinter seinen Kompetenzen verschanzen, wenn es gilt, einem Menschen in Not zu helfen. Natürlich wird der Seelsorger kein Beim amputieren, der Arzt nicht testen und der Psychologe nicht das himmlische Heil verkünden. Aber jeder Vertreter dieser Berufe hat die tiefe Verpflichtung, auf die echten Anliegen seiner Klienten und Patienten einzugehen und den „Hilferufen" wenn nicht auf fachlicher, dann auf menschlicher Basis zu antworten. Fühlt er sich wirklich nicht zuständig, dann ist es das mindeste, daß er seine Patienten und Klienten dorthin weiterleitet, wo diese adäquate Hilfe finden können. Allerdings kommen wiederholt Leute zu mir in die Beratung, die bereits bei zahlreichen Stellen gewesen sind und immer nur weitergeschickt wurden, weil keiner „kompetent" war.

Fall Nr. 4:
Eine 34jährige Mutter kam mit ihrem geistig behinderten Kind zu mir mit der Frage, was sie noch tun könne, um das Kind möglichst zu

fördern. Der Bub war 8 Jahre alt, konnte jedoch kaum stehen, kroch am Boden umher und stieß unartikulierte Laute aus; morgens wurde er in einen Sonderkindergarten abgeholt und abends wieder gebracht. Nun hatte die Mutter den Eindruck, daß er im Kindergarten absolut nichts dazulerne und in seiner Entwicklung stehenbliebe, was sie mit großer Angst erfülle. „Was soll denn aus ihm werden, wenn er gar keine Schule besuchen kann, wir Eltern werden auch nicht ewig leben!" schluchzte sie unter Tränen. Das ausführliche Gespräch mit ihr und die Beobachtung des Kindes ergab für mich die Gewißheit, daß alles Menschenmögliche für dieses Kind getan wurde, mehr war in seinem Entwicklungsstadium auf Grund der cerebralen Schädigung nicht „herauszuholen". Im tiefsten Inneren wußte das auch die Mutter, denn sie war bereits bei zehn verschiedenen Beratungsstellen gewesen, um sich zu informieren, was sie noch tun könne, und hatte überall erfahren, daß weitere Bemühungen aussichtslos wären. Natürlich hätte ich sie auch wieder wegschicken können mit dem Hinweis, daß ich für Hirnschädigungen nicht „kompetent" bin.

Aber ich vermutete, daß die eigentliche Not der Mutter eine andere war, nämlich das Sich-nicht-abfinden-Können mit dem schweren und so ungerechten Schicksal, ein geistig behindertes Kind zur Welt gebracht zu haben. Als ich in dieser Richtung behutsam nachfragte, kam das ganze Leid dieser gequälten Mutter zu Tage, die nicht wahrhaben wolle, was immer unübersehbare Wahrheit wurde, nämlich daß keine Hoffnung auf Rehabilitation oder Normalisierung bestand. Es gab nur ein therapeutisches Ziel: die arme Frau mußte lernen, ihr Leid zu akzeptieren und innerlich zu bejahen. Dann würde sie nicht mehr von Institution zu Institution laufen und vergebens bei „nicht kompetenten" Fachleuten Hilfe suchen, sondern dann würde sie zusammen mit ihrem behinderten Kind innerlich Frieden finden, Ruhe, vielleicht sogar – Glück. Und so gestalteten sich unsere Gespräche anders als erwartet, es ging nicht um eine mögliche Förderung des Kindes, es ging um die geistige Einstellung der Mutter zu ihrem Kind. Ein Ringen nach Sinn wurde daraus, ein geistiger Kampf um eine Interpretation des Schicksals, die trotz seiner Härte verständlich wäre; eine Lösung mußten wir suchen auf die schreckliche Frage: Warum?

Unsere Gespräche zogen sich über eine lange Zeit, aber eines Tages kam die Wendung. „Wissen Sie", sagte die Mutter zu mir, „ich habe eigentlich keine Angst mehr vor der Zukunft. Andere Mütter müssen ihre Kinder zunehmend hergeben, wenn diese größer werden, ich dagegen darf mein Kind immer behalten, solange ich lebe. Und danach wird auch für es gesorgt werden. Mein Mann und ich haben uns auf ein langes gemeinsames Leben mit unserem Sohn eingerichtet – wir werden nicht allein sein. Und wir werden auch immer wissen, wofür wir da sind, nicht wahr?" Wenn auch ihre Augen einen feuchten Schimmer hatten, so war doch ein Lächeln auf den Lippen der Mutter, und ich wußte, daß ich sie nun beruhigt aus der therapeutischen Betreuung entlassen konnte. Sie hatte begonnen, die Behinderung ihres Kindes anzunehmen und innerlich zu bejahen.

Es gibt noch eine 5. und 6. Prämisse im theoretischen Gerüst der Logotherapie, die beide einiger Erläuterungen bedürfen. Die 5. Prämisse betrifft die sogenannten *Freedback-Mechanismen,* was so viel bedeutet wie „Rückfütterung", Rückauswirkung, Folgen von Aussagen oder Handlungen, die auf den Aussagenden oder Handelnden zurückfallen.

Die Einkalkulation von Feedback-Mechanismen stellt das Bindeglied zwischen Verhaltenstherapie und Logotherapie dar, denn keine psychotherapeutische Schule hat je soviel mit Feedback-Mechanismen gearbeitet wie diese beiden. Da die Verhaltenstherapie vorwiegend auf der mittleren, der psychologischen Ebene des Menschen agiert, bilden sich die Feedback-Mechanismen in ihrem Menschenbild als „positives oder negatives Reinforcement" (Verstärkung) ab. Nickt zum Beispiel der Therapeut immer dann zustimmend, wenn die Mutter etwas Gutes über ihr Kind erzählt, dann ruft seine Zustimmung bei der Mutter den Feedback hervor, öfter ihr Kind zu loben; man sagt, der Therapeut „verstärkt" die Mutter, Gutes über ihr Kind zu erzählen. In der Verhaltenstherapie ist diese Technik ein wesentlicher Bestandteil der gesamten Methodik: Feedbackmechanismen werden gezielt eingesetzt, um *Verhaltensänderungen* hervorzurufen.

Die Logotherapie nun, die ja die psychologische Dimension transzendiert und auch die geistige Dimension des Menschen in die Behandlung miteinbezieht, arbeitet mit Feedback-Wirkungen im geistigen Bereich, wo diese keine Verhaltensänderung, sondern eine Änderung des *Selbstverständnisses* nach sich ziehen.

Was bedeutet dies? Es ist einfach die Tatsache, daß vieles, das wir aus der Umwelt erfahren, nicht nur rein kognitiv zur Kenntnis genommen wird, sondern auch die Selbst-Interpretation beeinflußt. Sagt der Arzt einem Kranken, daß dessen Zustand sehr ernst sei, so wird diese Aussage nicht nur eine Information sein, sondern Auslöser für Mutlosigkeit beim Kranken werden, der vielleicht jede Hoffnung aufgibt und dadurch seinen eigenen Gesundungsprozeß untergräbt. Wissen Sie, was dann geschieht? Die Aussage des Arztes stimmt auf einmal nicht mehr, denn der Zustand des Kranken ist durch die neue Selbst-Interpretation nicht mehr „sehr ernst“ sondern „hoffnungslos“.

Ein anderes Beispiel: Journalisten veröffentlichen die Ergebnisse einer Befragung, aus denen hervorgeht, daß jeder 4. Student bereits Drogen ausprobiert habe. Welche Wirkung wird diese Information auf das Selbstverständnis von Studenten wohl haben, die diese Veröffentlichung lesen? Werden nicht manche unter ihnen denken: „Was denn, so viele Kollegen haben Erfahrung damit, dann kann es doch nicht so schlimm sein, dann möchte ich es auch einmal probieren!“? Und eines Tages wird es nicht jeder 4., sondern schon jeder 3. Student sein, der Rauschgift versucht hat.

Hier wird jenes Phänomen deutlich, das Frankl unter dem Begriff der *„Feedback-Paradoxie“* aufgezeigt hat:

Eine wahre Tatsache, einem Menschen zur Kenntnis gebracht, kann durch eine dadurch hervorgerufene Änderung des Selbstverständnisses des Menschen zur Unwahrheit werden, und umgekehrt; eine Unwahrheit, einem Menschen zur Kenntnis gebracht, kann plötzlich durch dessen Änderung im Selbstverständnis zur Wahrheit werden.

Ein simples Beispiel zu dieser Umkehrung der Feedback-Paradoxie sind Placebo- und Suggestionseffekte.

Fall Nr. 5:
Eine Mutter kam wegen ihrem 8jährigen Jungen, der täglich mit dem Bus zur Schule fahren mußte und seit einiger Zeit behauptete, im Bus werde ihm übel und er könne nicht mehr zur Schule fahren. Die Familie lebt auf dem Lande und war auf den Schulbus angewiesen, eine näher gelegene Schule gab es nicht. Ärztlicherseits wurde abgeklärt, daß keinerlei organischer Grund für die zeitweise Übelkeit vorliege; der Arzt meinte, es handle sich um einen Fall von Schulangst. Nachdem ich mehrere Gespräche mit der Lehrerin und dem Kinde geführt hatte, kam zutage, daß der Junge seinen Sitznachbarn fürchtete, welcher ihn im Unterricht oft hänselte, seine Bleistifte versteckte und Hefte beschmierte. Das Problem ließ sich innerhalb der Schule lösen, die Kinder wurden auseinandergesetzt, und der Junge fand einen Freund, mit dem zusammen er sich seinem früheren Sitznachbarn auch in den Pausen gewachsen fühlte. Aber – die Übelkeit bei der täglichen Busfahrt blieb bestehen, sie war bereits „konditioniert“.

Nun versuchte ich folgende Methode: Ich nahm eine Schachtel mit Saccharin-Tabletten, gab sie dem Jungen mit sehr ernstem Gesicht und behauptete fest, es handle sich um sicher wirkende Tabletten ge-

gen Übelkeit im Bus. Er müsse eine Woche lang täglich vor der Abfahrt 1 Tablette einnehmen und dürfe sie ja nicht vergessen, dann werde er völlig beschwerdefrei zur Schule kommen. In der nächsten Woche brauche er nur mehr jeden 2. Tag eine Tablette zu nehmen, in der darauffolgenden Woche jeden 3. Tag und dann könne er ganz damit aufhören, dann sei er „geheilt". Er müsse jedoch genau die Anweisungen befolgen, sonst könnten die Tabletten nicht helfen.

Zusätzlich bat ich ihn, während der Busfahrt zur Schule die vorbeifahrenden Autos zu beobachten und mir an jedem Tag die gleichmäßigste Autonummer, die er gesehen habe, in einer Liste zu notieren. Ich würde dies für eine andere Sache brauchen, und er bekäme als Dank eine Prämie für die schönsten Nummern in Form kleiner Überraschungspäckchen. Dieses Ablenkungsmanöver (bei welchem er vor lauter Autonummern-Beobachten die Übelkeit vergessen sollte – wir werden bei der Methode der „Dereflexion" noch auf diese Taktik zu sprechen kommen!) zusammen mit der Suggestion, welche nichts anderes war als eine Änderung im Selbstverständnis auf Grund einer unwahren Aussage, bewirkte ein schnelles Verschwinden der Übelkeit, die auch nie mehr auftrat. Die unwahre Aussage ist auf Grund der Feedback-Mechanismen wahr geworden, die Saccharin-Tabletten haben tatsächlich gegen Übelkeit geholfen! Die Überzeugung des Kindes, es könne ihm gar nicht mehr übel werden, war stärker als die Konditionierung der psychosomatischen Beschwerden.

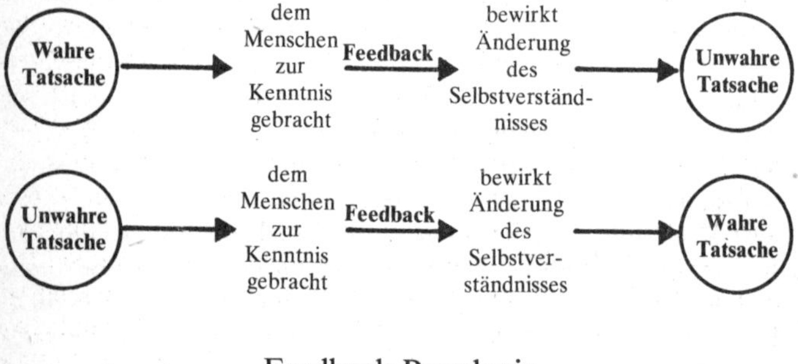

Feedback-Paradoxie

Selbstverständlich ist es nicht möglich, die Methode der Feedback-Ausnutzungen generell in der Medizin anzuwenden. Wenn ich jemandem, der an Lungenkrebs leidet, sage, er sei gesund, so wird ihn das nicht heilen. Feedback-Prozesse in therapeutischer Form gibt es auf *biologischer* Ebene nicht, wenn auch ein Analogon existiert, welches das Leben und seine Entwicklung überhaupt erst ermöglicht: das Prinzip der Regelkreisprozesse. Alle organischen Funktionen sind in eine homöostatische Regulation eingegliedert, die auf Feedback-Mechanismen beruht. Ein beliebiges Beispiel dafür ist der Wasserhaushalt des Körpers: Genau nach Außentemperatur, Aufnahme und Bedarf wird vom Organismus so viel Flüsigkeit ausgeschieden, wie überflüssig bzw. zur Schweiß-Verdunstung notwendig ist; ändert sich die Außentemperatur, wird auch die Flüssigkeitsabgabe im Feedback sofort korrigiert. Biologische Feedbackmechanismen erfolgen also unwillkürlich und automatisch und halten lebensnotwendige Vorgänge konstant.

In *psychologischer* und *geistiger* Ebene können Feedback-Mechanismen ebenfalls automatisch ablaufen, sie zielen jedoch nicht auf eine Konstanz, sondern auf eine Variation von Gegebenheiten ab, in psychologischer Sicht auf eine Verhaltensänderung, in noetischer Sicht auf eine Gesinnungs- oder Interpretationsänderung. Ein Beispiel aus der Experimentalpsychologie soll aufmerksam machen auf die große Bedeutung solcher Feedback-Auswirkungen im Umgang mit Menschen auf höher-dimensionaler Basis:

Es gibt eine berühmtgewordene Untersuchung von Jacobson und Rosenthal, welche Hunderte von Schulkindern auf ihre Intelligenz testeten und ihren Intelligenzquotienten feststellten. Diese Ergebnisse hielten sie geheim, wählten jedoch durch das Los von jeder Schulklasse einige der getesteten Kinder aus und gaben den zugehörigen Lehrern fälschlich bekannt, daß es sich bei diesen zufällig ausgewählten Kindern um die intelligentesten Kinder der Klasse handle. Mehr taten sie nicht. Nach drei Jahren wiederholten sie die Intelligenzmessung bei allen Kindern und stellten zu ihrem nicht geringen Erstaunen fest, daß im Durchschnitt gerade jene Kinder, die sie den Lehrern fälschlich als „am intelligentesten" bezeichnet hatten, in ihrer Intelligenzleistung gegenüber den anderen Kindern tatsächlich signifikant angestiegen waren. Diese Untersuchung hat ein großes Unbehagen unter den Psychologen ausgelöst, welche bis dahin mit ihren Aussagen über Intelligenzquotienten ziemlich freigiebig gewesen waren; sie fragten sich nämlich plötzlich, ob sie nicht so manches Kind (oder auch manchen Erwachsenen) durch ihre Testung und IQ-Bekanntgabe zum „Dumm-sein" auf Lebenszeit verurteilt hatten!

Man hat die Ergebnisse von Jacobson und Rosenthal dahingehend interpretiert, daß sie durch eine *Transfer-Feedback-Wirkung* zustandegekommen seien, also durch eine Übertragung des Feedbacks. Schließlich war nicht den Kindern gesagt worden, daß sie besonders intelligent seien, sondern den Lehrern war die falsche Information gegeben worden. Diese scheint bei den Lehrern ein verändertes Erwartungsniveau hinsichtlich der Kinder hervorgerufen zu haben. Vielleicht beschäftigten sie sich unbewußt intensiver mit diesen Kindern, holten sie öfters zur Tafel, hoben ihre positiven Leistungen mehr hervor oder verlangten zusätzliche Denkarbeit von ihnen. Das muß bei den ausgewählten Kindern wiederum eine Feedback-Wirkung erzeugt haben, indem sie das erhöhte Vertrauen der Lehrer in ihre Intelligenz mit einer echten intellektuellen Höherentwicklung beantwortet haben – alles selbstverständlich unbewußt und unwillentlich!

Meine ursprüngliche Überzeugung, daß der Psychologe nur die Wahrheit und nichts als die Wahrheit sagen dürfe, ist durch diese und andere wissenschaftliche Beweise über Feedback-Zusammenhänge ins Wanken geraten. Ich habe gelernt, daß wir eine große Verantwortung hinsichtlich unserer Aussagen tragen, und daß es manchmal sogar besser ist, die Wahrheit ein wenig korrigiert zu formulieren, um eine gewünschte Korrektur zu erreichen, als die Wahrheit unverblümt auszusprechen und damit eine Verschlimmerung der Sachlage zu produzieren.

Diese Verantwortung umfaßt auch die Darstellung des Menschenbildes in der Wissenschaft. Wird beispielsweise von der Psychologie ein Menschenbild entworfen, in welchem Kindheitserlebnisse ein Leben lang dominieren und präformieren, wie viele Menschen mit unglücklichen Kindheitserlebnissen *müssen* dann von sich glauben, belastet oder gestört zu sein – und werden es erst dadurch wirklich! In der Logotherapie werden solche „Feedback-Neurosen" *iatrogene* Neurosen genannt, und es wird immer wieder davor gewarnt, sie durch unbedachte Äußerungen zu erzeugen. Das Menschenbild, das wir Psychotherapeuten unseren Patienten vor Augen führen, wirkt ein auf deren Selbstverständnis! Geben wir eine mechanistische Deutung der Symptome, so richten wir die Gedanken unserer Patienten auf mechanistische Vorgänge, geben wir eine analytische Deutung, so richten sich die Überlegungen unserer Patienten auf das Erkennnen und Ausleben von Triebbedürfnissen, geben wir eine logotherapeutische Deutung des Menschenbildes, so erziehen wir unsere Patienten zum Ansichtigwerden von Aufgaben und Werten im Leben und vielleicht auch – zur Verantwortlichkeit.

Die Logotherapie behauptet nicht: Das Leben des Menschen *hat* einen Sinn, und sie behauptet nicht: Die Motivation des Menschen *ist* vorwiegend sinnorientiert. Sie weiß aber, daß Menschen, die ihr Leben als sinnvoll einschätzen und darin Werte, persönliche Aufgaben und Ziele finden können, psychisch gesund und stabil sind, während Menschen, deren Leben leer und inhaltlos erscheint, psychisch und geistig krank werden und verzweifeln. *Deshalb* zeichnet die Logotherapie ein Menschenbild mit einer geistigen Dimension, innerhalb welcher ein Wille zum Sinn, ein Streben nach Zielen und ein Bewußtsein der Verantwortlichkeit existieren, damit nämlich dieses Bild des Menschen – wahr oder nicht – im Selbstverständnis der Menschheit einen positiven Feedback hervorrufe und dadurch in der Selbst-Interpretation des Menschen *Wahrheit werde.*

Dies alles ist die Bedeutung der 5. Prämisse, die lautet:

5. Prämisse

Jede der drei Dimension hat andere Feedback-Auswirkungen.

a) Innerhalb der biologischen Dimension erzeugen Feedbackmechanismen Regelkreisprozesse zur Aufrechterhaltung des Lebens;
b) innerhalb der psychologischen Dimension erzeugen Feedback-Mechanismen Reinforcementprozesse und führen zu Verhaltensänderungen;
c) innerhalb der geistigen Dimension erzeugen Feedback-Mechanismen Änderungen des Selbstverständnisses des Menschen und führen zu neuen Selbst-Interpretationen.

Und die letzte und wichtigste Prämisse der Logotherapie lautet:

6. Prämisse

Für jede der drei Dimensionen
gilt das Homöostaseprinzip in anderer Weise.

a) Innerhalb der biologischen Dimension gilt das Homöostaseprinzip immer,
b) innerhalb der psychologischen Dimension gilt das Homöostaseprinzip meistens;
c) innerhalb der geistigen Dimension gilt das Homöostaseprinzip nicht.

Homöoastase bedeutet „Gleichgewicht“, und das nicht nur im körperlichen, sondern vor allem im psychischen Bereich. Es geht um das Entladensein von Spannungen, um das Ausgeglichensein von Bedürfnis und Befriedigung, von Triebregung und Abreaktion. Ein Lebewesen ist mit sich und seiner Umwelt in völligem Gleichgewicht, wenn es „wunschlos“ zufrieden ist.

Nahezu alle Theorien über den Menschen haben in der Aufrechterhaltung des inneren Gleichgewichts das harmonische Zusammenspiel aller Funktionen und damit ein sehr erstrebenswertes therapeutisches Ziel gesehen. Es war Frankl, dem Begründer der Logotherapie, vorbehalten zu entdecken, daß im geistigen Bereich „Gleichgewicht“ kein anstrebenswerter Zustand ist, sondern eher einen Gefahren-Indikator für existentielle Frustration darstellt. Denn Homöoastase im geistigen Bereich ist „vollkommene Zufriedenheit“, und das ist „Ziellosigkeit“, da ein Ziel nur dann gesetzt wird, wenn der gegenwärtige Zustand eben *nicht* ganz zufriedenstellend ist, so daß eine Änderung erforderlich scheint. Besteht hingegen keinerlei Notwendigkeit, irgend etwas zu ändern, zu schaffen, zu vollenden, zu erleben oder wenigstens tapfer und aufrecht zu ertragen, ja dann – könnte auch die Notwendigkeit des Weiterlebens in Frage gestellt werden!

Frankl spricht von einer *„gesunden Noodynamik“*, einem Spannungsfeld zwischen Sein und Sollen, das die geistige Lebensvorgänge in Fluß hält und dem bloßen Mit-sich-selbst-und-der-Welt-im-Gleichgewicht-Sein gegenübersteht.

Gleichgewicht ist enorm wichtig im gesamten lebendigen Raum, für den Menschen aber ist es zu wenig.

Damit wollen wir das theoretische Gerüst der Logotherapie verlassen und uns endlich der praktischen Methodik zuwenden. Ich habe bereits angedeutet, daß man in der heutigen psychotherapeutischen Praxis mit Logotherapie allein nicht auskommt, daß man aber genauso wenig *ohne* Logotherapie auskommt. Werfen wir einen Blick auf das Zahlenmaterial, das ich in den letzten sieben Jahren gesammelt habe.*

Von etwas mehr als 1500 Personen griff ich bei über einem Drittel zu logotherapeutischen Techniken und Methoden, weil sie vom Symptombild her indiziert waren, bei rund der Hälfte der Personen waren andere Verfahren angebracht. Aber auch bei dieser Hälfte kann ich nicht garantieren, daß nicht Elemente aus dem logotherapeutischen Gedankengut miteingeflossen sind! Denn das Schöne an der Logotherapie ist, daß sich ihre systemimmanenten Behandlungsformen sehr wohl mit anderen Therapieformen kom-

---

* Zum Zeitpunkt der 2. Auflage dieses Buches ist das hier dargestellte Zahlenmaterial bereits etwas überholt. Durch die rasche Weiterentwicklung der Logotherapie in jüngster Zeit sind ihre Methoden inzwischen wesentlich vielfältiger einsetzbar als früher.

Gesamtkollektiv der bearbeiteten Fälle ~ 1500 Personen

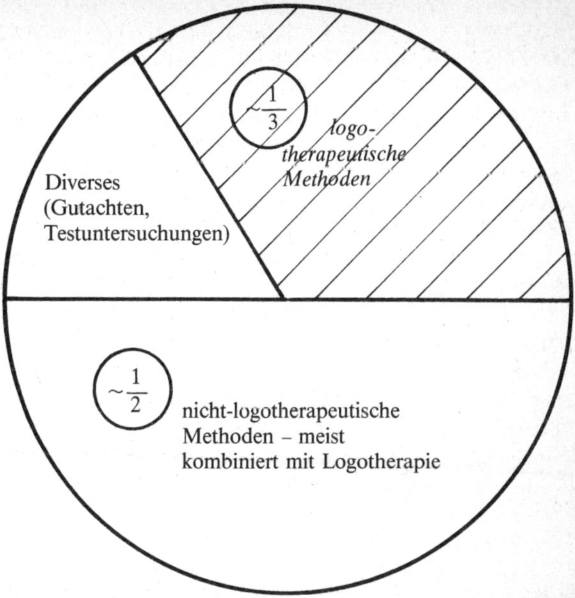

binieren lassen. Wenn der Therapeut die geistige Dimension seines Patienten im Auge behält, dann kann er ruhig auch einen verhaltenstherapeutischen Verstärkungsplan durchführen – warum nicht? Jeder Patient freut sich über ein zeitweises Reinforcement! Und wenn der Therapeut auch mit paradoxen Formeln Angst reduzieren kann (eine wichtige logotherapeutische Technik), so erweist es sich doch mitunter von Vorteil, eine schrittweise Annäherung an das angstbesetzte Hindernis anzuraten, statt den Patienten sofort einer Situation höchster Beklemmnis auszusetzen. Und wenn der Therapeut auch in vielen Fällen Einstellungsänderungen herbeizuführen versucht (auch eine der zentralen Methoden der Logotherapie), so kann es doch nützlich sein, den Patienten sich zunächst alles „von der Seele reden zu lassen" im Sinne einer Gesprächspsychotherapie oder gar einer freien Assoziation.

Die Logotherapie ist nicht dogmatisch, sie ist offen, wie es noch keine Psychotherapieform war; ihre Effektivität ist nicht abhängig von speziellen Techniken, die orthodox angewandt werden müssen; das Besondere an der Logotherapie ist, daß sie ein Arbeits- und Grundkonzept gibt, das den wie immer gearteten Behandlungsplan wie ein roter Faden durchzieht. Der Rest ist Technik, Improvisation, Fingerspitzengefühl, das richtige Wort im richtigen Augenblick.

Wenn ich also behaupte, bei einem Drittel meiner Patienten und Klienten Logotherapie angewandt zu haben, so ist dies eine sehr strenge Kalkulation, denn im Grunde war es gewiß ein viel höherer Prozentsatz des Klientengutes, bei dem meine logotherapeutische Erfahrung in irgendeiner Kombination zum Tragen kam.

Diese Kombinationsverfahren sind in der Praxis eine herrliche Sache, für eine exakte wissenschaftliche Untersuchung jedoch ergibt sich daraus die Schwierigkeit, daß nach Wiederherstellung des Patienten nicht mehr eindeutig feststellbar ist, auf Grund *welcher* Methode das Therapieziel erreicht wurde. Dennoch glaube ich, daß ich einige aufschlußreiche Daten aus meinen verschiedenen Kontrollstatistiken wiedergeben kann.

Übersichtshalber seien die logotherapeutischen Methoden in vier Gruppen eingeteilt mit folgenden Überschriften:

a) die Einstellungsmodulation
b) die paradoxe Intention
c) die Dereflexion
[d) die Suggestion.]

A) Die Einstellungsmodulation

Die Wichtigkeit der Einstellung eines Menschen zu sich selbst, zu anderen, zu einer Sache, zum Leben, zu was immer, war eine echte Sensationsentdeckung auf dem Gebiete der Psychotherapie. Gerade bei einer Klientel aus jenem Zwischenbereich zwischen psychisch gesund und psychisch krank, wie sie die psychologischen Beratungsstellen, aber auch nervenärztliche Praxen und Krankenhäuser kennen, ist die persönliche Einstellung zum Leben und zur vorliegenden Problematik nahezu ausschlaggebend, ja oft ist es erst die ungesunde und unglückliche Einstellung, die die innere Not so akut macht, und nicht das Problem an sich.

Kein Mensch ist ohne Probleme, und jeder trägt seine großen und kleinen Sorgen im Herzen, aber nicht jeder wird davon psychisch krank, im Gegenteil: Probleme und Sorgen dienen, motivationstheoretisch gesehen, eigentlich der Aktivierung menschlicher Kräfte, sie stellen die Bedingungen, unter welchen der Mensch zeigen kann, wessen er fähig ist. Erinnern wir uns dabei an die Kategorie „vitale Not" (Seite 32), die sich als eine der Sinnmöglichkeiten im menschlichen Dasein erwiesen hat! Eine ungesunde Einstellung kann aber diese Kräfte, die der Überwindung von Sorgen und Not dienen, blockieren und damit den Menschen in eine passive Rolle drängen, in welcher er seinen Problemen und Schwierigkeiten sozusagen wehrlos ausgeliefert ist.

Andererseits gibt es auch die „Sonnenseite des Lebens", das Glück, die Sorgenfreiheit, den Wohlstand. Auch diese Stadien sollten, motivationstheoretisch interpretiert, eine Aktivation auslösen, nämlich insofern, als sie Mittel zu einem höheren Zweck sein könnten. Im Zustand der Gesundheit, des Wohlstandes und des hohen Lebensstandards läßt sich vieles aufbauen und schaffen, viel mehr, als wenn um das tägliche Brot gekämpft werden muß oder eine Krankheit ans Bett fesselt. Selbst fremdes Leid läßt sich damit besser lindern.

Jedoch auch hier kann eine ungesunde Einstellung die Aktivierung der Kräfte blockieren und den Menschen in die passive Rolle des Nur-genießen-Wollens hineindrängen, welche innerlich nicht zufriedenstellt, wie die weltweite existentielle Frustration gezeigt hat.

Eine ungesunde Einstellung ist immer in irgendeiner Form mit Passivität gekoppelt. Auch mit Negation, mit Resignation, oft mit Verzweiflung. Oft auch mit innerer Stagnation und letzter Gleichgültigkeit. Ich selbst fürchte bei meinen Patienten diese absolute Gleichgültigkeit mehr als die tiefste Verzweiflung, denn ich weiß, daß sich für einen suizidgefährdeten Menschen, der zu verzweifeln droht, fast immer noch ein Argument dagegen finden läßt, aber ein Suizidgefährdeter, der sein Leben aus Gleichgültigkeit wegwerfen möchte, ist – nicht zu retten.

Wenn der Therapeut seine Sensibilität in dieser Hinsicht ein wenig schult, hört er jede ungesunde Einstellung im Gespräch mit dem Ratsuchenden sofort heraus.

Fall Nr. 6:
Eine Mutter, die sagt: „Mit diesem Kind hier habe ich nur Probleme. Es ist nämlich das Kind aus meiner geschiedenen Ehe, sein Vater hat nichts getaugt, und das Kind wird genauso!" ist ein gutes Beispiel dafür. Die negative Einstellung zu dem Kind von dem nunmehr verhaßten Manne genügt völlig, um das Kind zu einem Problemkind

werden zu lassen. Die unglückliche Einstellung der Mutter hält das Kind in einer aussichtslosen Lage fest, es kann sich in den Augen der Mutter gar nicht positiv entwickeln. Dazu kommt ein gefährlicher „Teufelskreis", denn die ungesunde Einstellung der Mutter kann über Feedback-Wirkungen echte Verhaltensstörungen beim Kinde hervorrufen, die wiederum die Mutter in ihrer Auffassung, das Kind mache nur Schwierigkeiten bestärken.

Fall Nr. 7:
Ein anderes Beispiel ist ein junger Mann, der zum zweiten Mal seinen Arbeitsplatz verloren hat, und der von sich selbst behauptet: „Aus mir wird doch nichts, meine Geschwister erreichen alle viel mehr als ich, ich bin eben ein Versager!" Diese Resignation blockiert jede Willensanstrengung des jungen Mannes, aber gerade nur ein großer Aufwand an Willenskraft und Durchhaltevermögen könnte ihn aus dem Dilemma herausführen.

Fall Nr. 8:
Eine Ehefrau klagt: „Mit meinem Mann kann ich nichts besprechen, der versteht mich nicht!" Diese Einstellung steht jeder Möglichkeit eines Einander-Näherkommens im Wege, sie nimmt die Chance für einen neuen Anfang der ehelichen Kommunikation.

Sie werden erstaunt sein zu erfahren, wie viele Probleme allein durch eine Umänderung einer negativen in eine positive Einstellung („Einstellungsmodulatioon") zu mildern oder zu lösen sind. Von 300 Personen, die logotherapeutisch erfolgreich behandelt wurden, habe ich in einer großen Reihenuntersuchung den jeweiligen Anteil der verschiedenen Behandlungstechniken abgeschätzt und in Beziehung zum Therapieerfolg bzw. zur Besserung der Symptomatik gesetzt. Dabei gab es für die logotherapeutische Behandlungstechnik 2 Kriterien:
a) rein oder in variierter Form angewandt;
b) in Kombination mit beliebigen anderen Verfahren angewandt,
und für den Therapieerfolg 3 Kriterien:
a) die Erfolgsintensität (sehr gut, gut, mittel, schlecht),
b) die Zeitdauer bis zum erzielten Erfolg (in Wochen),
c) die Rückfallneigungsintensität (nach Wochen, die der Therapieerfolg angehalten hat), soweit mir bekannt.

Nun die entsprechenden Daten zur Einstellungsmodulation: Von den 300 Personen aus der Reihenuntersuchung sind behandelt worden:

12% mit reiner oder variierter Einstellungsmodulation,
25% mit Einstellungsmodulation in Kombination
37%, das ist mehr als ein Drittel aller Personen!

Der Therapieerfolg wurde folgendermaßen eingeschätzt:

Erfolgsintensität:
Sehr gut = 1, gut = 2, mittel = 3, schlecht = 4.

Therapiedauer:
Durchschnittliche Wochenzahl vom Erstgespräch bis zum Therapieabschluß bei *allen* mit dieser Technik behandelten Personen.

Rückfallneigung:
Durchschnittliche Wochenzahl vom Therapieabschluß bis zur Therapie-Wiederaufnahme *nur* bei den rückfällig gewordenen Personen (Prozentsatz rechts neben der Zahl, bezogen auf 300).

Technik	Erfolgs-intensität	Schnellig-keit	Rückfall-neigung
Einst. mod. rein / var.	2,1	3,3	18 bei 3 %
Einst. mod. komb.	1,4	4,8	41 bei 5 %
			8 %

Aus den Vergleichszahlen geht hervor, daß die Einstellungsmodulation einen guten bis sehr guten Erfolg bringt, welcher in ca. 1 Monat zu erreichen ist und unterschiedliche Rückfallneigung besitzt, jedenfalls in Kombination mit anderen Verfahren besser zu sichern ist. Von den 37% der mit Einstellungsmodulation behandelten Personen war nur bei ca. 8% eine Therapie-Wiederaufnahme (aus verschiedenen Gründen) notwendig.

Es ist vielleicht ein wenig irreführend, zu sagen, daß bei einem Achtel der behandelten Personen „nur" Einstellungsmodulationen vorgenommen wurden. In der Tat ist es gar nicht so leicht, die Einstellung eines Patienten zu verändern, denn das menschliche Denken ist vielfach recht zähflüssig und wenig flexibel. Dazu kommt, daß es keine festen Schablonen für das praktische Vorgehen bei der Einstellungsmodulation gibt, es gibt nur ein anzupeilendes Ziel. Und das Ziel selbst gibt oftmals die Direktiven zur Zielerreichung.

Ziel ist es, die Einstellung des Patienten bzw. Ratsuchenden in bezug auf einen bestimmten Inhalt oder Denkkomplex in eine positive, psychohygienisch gesunde und dem Sinnverständnis des Menschen angemessene Einstellung überzuführen.

Zum Fall Nr. 6:
Manchmal genügen die besseren Argumente zur Einstellungskorrektur. Man kann zum Beispiel der Mutter, die im „Problemkind" die schlechten Eigenschaften ihres ehemaligen Mannes sieht, verdeutlichen, daß sich Anlagen zwar vererben können, jedoch nicht so gewertet, wie sie es sich vorstellt. Eigenschaften, Begabungen oder Neigungen mögen sich anlagemäßig vererben, aber nicht als gute oder schlechte *Qualitäten. Diese Wendung ins Sozial-Wünschenswerte oder Nicht-Wünschenswerte erfolgt erst sekundär durch Erziehung und Umwelteinflüsse, und diese könne sie als Mutter vorwiegend selbst steuern. Das heißt, man belegt ihr, daß ein Fehlverhalten des Kindes nicht durch die Abstammung vom Vater prädestiniert sein kann, sondern daß sie selbst das Schicksal des Kindes noch weitgehend in der Hand hat, und es ihrer Verantwortung obliegt, das Beste daraus zu machen.*

Zum Fall Nr. 7:
Manchmal aber genügen Argumente nicht, dann muß man schon mit der ganzen eigenen Überzeugungskraft dahinterstehen, ja wenn es sein muß, suggestive Hilfen geben. Zum Beispiel könnte man dem jungen Mann, der wegen seines zweimaligen Versagens resignieren will, mit Nachdruck erklären: „Jeder Mensch ist für gewisse Aufgaben besonders geeignet und für andere weniger. Wir werden jetzt herausfinden (zum Beispiel durch eine psychologische Untersuchung), wofür Sie geeignet sind, also auf welchem Gebiet Ihr richtiger Platz wäre. Haben wir dies festgestellt, dann werden wir mit viel Energie versuchen, einen Arbeitsplatz für Sie zu finden, der in dieses Gebiet hineinreicht – und Sie werden sehen, dann können Sie gar nicht mehr versagen!" Auf diese Weise weckt man Mut und Zuversicht.

Zum Fall Nr. 8:
Manchmal muß man bei der Einstellungsmodulation sogar zu primitiven Tricks greifen. Zum Beispiel könnte man der Ehefrau, die fest behauptet, ihr Mann verstünde sie nicht, den Auftrag geben, sie solle bis zur nächsten Therapiestunde alle positiven Eigenschaften ihres

Mannes in einer Liste zusammenstellen. Es kann vorkommen, daß die Frau das nächste Mal einen Zettel mitbringt, auf dem steht: „Er ist treu, trinkt nicht, beschäftigt sich viel mit den Kindern, ist sparsam …" und bei der Betrachtung dieser Liste laut überlegt: „Eigentlich kann ich ja froh sein, einen solchen Mann zu haben, wenn ich sehe, wie andere Ehemänner sind –!" Schon ist durch die geänderte Einstellung eine ganz neue Ausgangsbasis für die Eheberatung gegeben.

B) Die paradoxe Intention

Bei dieser rein logotherapeutischen Methode[5], die in der Psychiatrie weltweite Anerkennung gefunden hat, wird die Selbstdistanzierungsfähigkeit des Menschen gezielt eingesetzt, um Angst- und Zwangsmechanismen zu durchbrechen. Selbstdistanzierungsfähigkeit und Selbst-Transzendenz sind die beiden stärksten Machtpotentiale des menschlichen Geistes, sie bilden die Energiequelle, durch die wir unser Selbst verlassen und uns der übrigen Welt zuwenden können, sie eröffnen die Pforten nach „außen", den Blick auf die Unendlichkeit dessen, was außer uns selbst existiert. Kein uns bekanntes Wesen der Schöpfung besitzt diese Energiequelle außer dem Menschen; sie ist ein Äquivalent seiner geistigen Dimension.

Beides, die Selbstdistanzierungsfähigkeit und die Selbst-Transzendenz sind zugleich Urquellen der menschlichen Gesundheit, die sehr wohl zu Heilungszwecken mobilisiert werden können und müssen. Denn jede Trübung des Blickes nach „außen" bewirkt zugleich eine krankhafte Retrospektion nach „innen", ein „Kleben"

---

[5] Die Methode der „paradoxen Intention" hat Frankl bereits in den späten 20er Jahren praktiziert und Ende der 30er Jahre darüber publiziert. In Buchform stoßen wir auf sie allerdings erst 1947, und zwar in der „Psychotherapie in der Praxis", wo Frankl der Methode auch schon ihren Namen gegeben hat. Inzwischen ist die „paradoxe Intention" ein wichtiger Bestandteil der Psychotherapie geworden, insbesondere in jenen wissenschaftlichen Kreisen, die um die Lerntheorie bzw. Verhaltenstherapie zentriert sind. In der lerntheoretisch orientierten Fachliteratur wird diese logotherapeutische Methode nicht nur immer wieder zitiert, sondern auch durchaus positiv bewertet – freilich ohne daß auf ihre Herkunft von der Logotherapie hingewiesen oder gar auf ihr theoretisches Grundkonzept eingegangen würde. In diesem seinen Grundkonzept hat Frankl nämlich immer wieder darauf hingewiesen, daß es seiner Ansicht nach zwei spezifisch humane Phänomene gibt, die er als „Selbstdistanzierungsfähigkeit" und als „die Fähigkeit zur Selbst-Transzendenz" bezeichnet; und was bei der Anwendung der „paradoxen Intention" mobilisiert wird, meint er, sei eben die Selbstdistanzierungsfähigkeit des Menschen – nicht zuletzt in Form der spezifisch menschlichen Fähigkeit zum Humor!

am Selbst, das die geistige Freiheit beschränkt und die Chancen zur sinnorientierten Selbstentfaltung verbaut. Ein Tier ist sich selbst genug, ein Mensch niemals.

In der Logotherapie wird die Fähigkeit zur Selbstdistanzierung in der Methode der „paradoxen Intention" und die Fähigkeit zur Selbst-Transzendenz in der Methode der „Dereflexion" verwendet.

Paradoxe Intention bedeutet soviel wie „umgekehrter Wunsch". Der Patient wird nämlich angeleitet, sich genau das zu wünschen, was er in seinen Ängsten und Zwängen so krankhaft fürchtet und von dem er verzweifelt loszukommen versucht. Das, wovor er flüchtet, holt ihn immer ein, und je mehr der Patient gegen seine Ängste ankämpft, desto mehr ist er ihnen ausgeliefert. Wünscht er sich hingegen das Gefürchtete, unterstützt durch humoristische Formeln, die ihm diesen „paradoxen" Wunsch erleichtern, dann – verschwindet die Angst. Das Schwierige ist bloß, den umgekehrten Wunsch zu initiieren, denn niemand ist geneigt, dasjenige herbeizusehnen, was er fürchtet!

Ein gutes Beispiel dafür sind alle Fälle von Prüfungsangst: Die übermäßige Angst verschlechtert stets das Prüfungsergebnis, weil sie den konzentrierten Denkablauf stört. Der Prüfling versagt durch die Angst vor dem Versagen. Gemäß der paradoxen Intention müßte der Betroffene nun angehalten werden, sich ein möglichst schlechtes Prüfungsergebnis zu wünschen und sich dementsprechend vorzunehmen, bei der Prüfung nur Unrichtiges zu Papier zu bringen. Damit es ein bißchen humoristisch klingt, könnte er bei sich selbst denken, er wolle einen „Durchfall-Rekord" aufstellen insofern, als kein anderer Prüfling mit einer so hohen Fehlerzahl „durchfallen" solle wie er. Eine solche paradoxe Haltung könnte er natürlich nicht ernst nehmen, sie würde ihn höchstens zum Lachen bringen – aber schon darüber lachen zu können würde ihn emotional freispielen für die höchstmögliche Konzentration in der Prüfung. Durch den paradoxen Wunsch schwindet die Angst, und die Prüfung fällt entsprechend der Leistung aus, weil keine Angst-Blockade das Ergebnis verschlechtert. Wie aber schafft man es, sich vor Angst zitternd schlechte Noten zu wünschen? Man schafft es nur durch die Selbstdistanzierung vom Symptom, und man distanziert sich von seiner Angst, indem man sie auslacht. Das ist kurz gefaßt das Prinzip der paradoxen Intention, welche zwar einiges therapeutisches Geschick verlangt, um bei Angst- und Zwangsneurosen eingesetzt werden zu können, welche aber auch unglaubliche Erfolge zu erzielen vermag.

Zur Demonstration des praktischen therapeutischen Vorgehens bei der Anwendung der paradoxen Intention möchte ich nachstehend einen Bericht von Mohammed Sadiq zitieren:

„Frau N., eine 48 Jahre alte Patientin, litt an Zittern, und zwar in dem Maße, daß sie außerstande war, eine Schale Kaffee oder ein Glas Wasser zu halten, ohne etwas zu verschütten. Auch konnte sie weder schreiben noch ein Buch ruhig genug halten, um lesen zu können. Eines Morgens ergab es sich, daß wir (Dr. Sadiq und die Patientin) einander allein gegenübersaßen und sie wieder einmal zu zittern begann. Daraufhin beschloß ich, die paradoxe Intention zu versuchen, und zwar richtig mit Humor. So begann ich denn: Wie wär's, Frau N., wenn wir einmal ein Wettzittern veranstalteten? Sie: Was soll das heißen? Ich: Wir wollen einmal sehen, wer schneller und wer länger zittern kann. Sie: Ich habe nicht gewußt, daß Sie ebenfalls an Zittern leiden. Ich: Nein, nein, keineswegs; wenn ich aber will, dann kann ich zittern. (Und ich begann – und wie.) Sie: Oh, Sie können's ja schneller als ich. (Und lächelnd begann sie, ihr Zittern zu beschleunigen.) Ich: Schneller, los, Frau N., Sie müssen viel schneller zittern! Sie: Aber ich kann ja nicht – hören Sie auf, ich kann nicht mehr weiter.

Und sie war wirklich müde geworden. Sie stand auf, ging in die Küche und kam zurück – mit einer Schale Kaffee. Und sie trank sie aus, ohne auch nur einen Tropfen zu verschütten. Wann immer ich sie seither beim Zittern ertappe, brauche ich bloß zu sagen: Nun, Frau N., wie wär's mit einem Wettzittern? Woraufhin sie zu sagen pflegt: Schon recht, schon recht.

Und das hat noch jedesmal geholfen."

(Entnommen aus dem Büchlein „Das Leiden am sinnlosen Leben" von Viktor E. Frankl.)

Aus dem Beispiel geht hervor, wie *schnell* diese Psychotechnik Hilfe und Erleichterung in der akuten Krankheitsproblematik bringt. Offen bleibt die Frage, wie *anhaltend* diese Symptomreduzierung ist. Nun, meinen Erfahrungen nach ist sie am anhaltendsten von allen Methoden, und zwar deshalb, weil der Patient schnell lernt, damit umzugehen, und sich dadurch immer wieder selbst helfen kann, sollte ein Rückfall eintreten. Außerdem kommen die Rückfälle sukzessiv seltener, weil sie einfach nicht mehr gefürchtet und durch diese Furcht „produziert" werden.

Gemäß der Reihenuntersuchung an 300 erfolgreich behandelten Patienten habe ich bei ca. 30% der Personen paradoxe Intention angewandt, und zwar bei 10% in reiner oder variierter Form und bei 20% kombiniert mit anderen Verfahren. Diese Methode ist besonders gut zu kombinieren mit Entspannungstechniken wie Autogenem Training oder Progressiver Relaxation, aber auch mit medikamentöser Unterstützung und allen Formen von Selbständigkeitstraining und Aufbau von Selbstbewußtsein.

Die Einschätzung hinsichtlich Erfolg, Schnelligkeit und Rückfallneigung sieht folgendermaßen aus:

Erfolgsintensität:
Sehr gut = 1, gut = 2, mittel = 3, schlecht = 4.

Therapiedauer:
Durchschnittliche Wochenzahl vom Erstgespräch bis zum Therapieabschluß bei *allen* mit dieser Technik behandelten Personen.

Rückfallneigung:
Durchschnittliche Wochenzahl vom Therapieabschluß bis zur Therapie-Wiederaufnahme *nur* bei den rückfällig gewordenen Personen (Prozentsatz rechts neben der Zahl, bezogen auf 300).

Technik	Erfolgs-intensität	Schnellig-keit	Rückfall-neigung
parad. Int. rein / var.	2,5	4	67 bei 2 %
parad. Int. komb.	1,3	8	keine 2 %

Aus der Tabelle ersieht man den guten und kurzfristig erreichbaren Therapieerfolg dieser Methode, der hohe Konstanz aufweist. Bei den 20% des mit kombinierter paradoxer Intention behandelten Patientengutes (61 der 300 Personen) fand nach meinen Informationen keinerlei Rückfall statt, von den anderen 10% nur bei einem Fünftel, jedoch nach verhältnismäßig langen Epochen.

Vor Jahren, als ich selbst noch wenig Erfahrung in der Handhabung dieser Methode besaß, habe ich zusammen mit verhaltenstherapeutisch arbeitenden Kollegen eine Vergleichsstatistik an je 44 Personen mit Phobien durchgeführt, wobei es um eine Gegenüberstellung der verhaltenstherapeutischen Methode der „Desensibilisierung“ und der logotherapeutischen Methode der „paradoxen Intention“ ging.

Die Personen wurden gebeten, Rating-Skalen über ihre subjektive Angstintensität vor und nach der Therapie und über ihre Be-

	1	2	3	4	5	6
	Durchschnittl. Angstintensität vor der Therapie (Skala 0–10)	Therapiedauer bis zum 1.sichtbaren Erfolg (durchschnittliche Stundenzahl)	Therapiedauer bis zur völligen Normalisierung (durchschnittliche Stundenzahl)	Zahl der Rückfälle (innerhalb eines Jahres)	Durchschnittl. Angstintensität nach der Therapie (Skala 0–10)	Rating-Skala für die Mitarbeit der Patienten
Desensibilisierung	8,81	26	74	8 davon wieder Normalisiert: 1	5,76	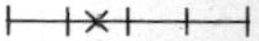 ungern – gern
Paradoxe Intention	8,95	12	51	10 davon wieder normalisiert: 5	4,20	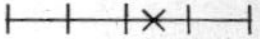 ungern – gern

Vergleich der Therapiedauer und Rückfallrate von 44 Patienten, die erfolgreich mit *Paradoxer Intention* behandelt wurden, mit 44 Patienten, die erfolgreich mit systematischer *Desensibilisierung* behandelt wurden.

reitschaft zur Mitarbeit auszufüllen, ferner wurden die Stundenzahlen sowohl bis zum ersten erheblichen Erfolg als auch bis zur Normalisierung und die Rückfallzahlen gemessen und vermerkt.

Aus der Vergleichstabelle ist das große Plus der paradoxen Intention ersichtlich: sie benötigt eine wesentlich kürzere Therapiezeit, um zu einem mindestens ebenso guten Therapieerfolg zu führen. Die relativ hohe Rückfallrate in dieser Untersuchung glaube ich mit meiner geringen Erfahrung von damals erklären zu können[6].

Es gibt nämlich einige Regeln, die bei der Durchführung der paradoxen Intention zu beachten sind. So müssen die therapeutischen Kontakte ab Therapiebeginn in sehr rascher Folge durchgeführt werden, um wirksam zu werden. Beginnen sich die ersten Erfolge einzustellen, kann die Kontaktintensität mit dem Patienten verringert werden, weil der Patient lernt, mehr und mehr selbst mit der Methode umzugehen; wenn er gemerkt hat, daß die Angst sich langsam löst, ist seine Mitarbeit gesichert. Rückfälle treten vorwiegend dann auf, wenn der Patient mit der Anwendung der paradoxen Intention zu spät beginnt, das heißt, wenn ihn die Angst bereits erfaßt hat. In dem Moment, da die Angst mit all ihren vegetativen Begleiterscheinungen einsetzt, ist der Patient außerstande, sich das Gefürchtete zu wünschen, selbst die humorvollste Formel schafft die Distanzierung nicht mehr. Doch im Lauf meiner Arbeit habe ich entdeckt, wie man auch diese Situation wieder in den Griff bekommen kann.

Fall Nr. 9:
Eine Patientin hat mir einmal erzählt, daß ihr die paradoxe Intention am besten nach einem warmen Wannenbad gelinge. Wenn sie morgens bade, könne sie nahezu den ganzen Tag mit Hilfe der paradoxen Formeln beschwerdefrei sein. Wenn sie aber morgens wenig Zeit

---

[6] Sehr ähnliche statistische Ergebnisse hat auch Michael Ascher bei zahlreichen Untersuchungen mit „paradoxer Intention" nachweisen können, wobei sich immer wieder die Güte und Rückfallresistenz dieser logotherapeutischen Psychotechnik bestätigt hat (L. M. Ascher: „Paradoxical Intention. An Experimental Investigation." in „Handbook of Behavioral Interventions", hrsg. von A. Goldstein und E. B. Foa. John Wiley, New York 1978; L. M. Ascher: „Employing Paradoxical Intention in the Behavioral Treatment", Scandinavian Journal of Behaviour Therapy 6, 28, 1977; L. M. Ascher and Jay S. Efran: „Use of Paradoxical Intention in a Behavior Program", Journal of Consulting and Clinical Psychology, 547, 1978; und L. M. Ascher and Ralph M. Turner: „A controlled Comparison of Progressive Relaxation, Stimulus – Control, and Paradoxical Intention Therapies", Journal of Consulting and Clinical Psychology, 1978.)

habe, sich abhetze und schwitzend vom Einkaufen nach Hause käme, dann wäre die Angst plötzlich da, ehe sie an ihre Formeln denken könne. Sie spüre dann, wie ihr Herz rase, und könne unmöglich mehr wünschen, es „solle so schnell schlagen, daß ihr ganzer Brustkorb zerspringt" (paradox intendierend), weil sie ernsthaft glaube, ihre letzte Stunde sei gekommen, und daher Todesängste ausstehe.

Diese Erzählung hat mich gelehrt, daß sich eine Entspannung des Körpers durch das warme Bad offenbar positiv auf die Anwendung der paradoxen Intention auswirkt. Daraufhin habe ich der Frau geraten, bei dem mit starker Angst verbundenen (psychogenen) Herzklopfen ein warmes Bad zu nehmen und eine Nachbarin zu bitten, dabeizusein, damit sie sich nicht suggeriere, sie werde im Bad von einer Herzattacke überrascht werden und hilflos ertrinken. Nach dem kurzen Bad solle sie sich ruhig entspannt aufs Bett legen, einige Minuten ruhen, und dann beim Aufstehen die paradoxe Intention üben, ehe sie wieder an ihr Tagewerk gehe. Das ging überraschend gut. Später lernte die Patientin auch das Autogene Training, und wir konnten das doch recht umständliche Wannenbad durch die Wärmeübung ersetzen. Und eines Tages brauchte die Patientin weder Wärmeübung noch paradoxe Intention mehr – sie war geheilt.

Daraus läßt sich die wichtige Schlußfolgerung ziehen, daß man die paradoxe Intention entweder rechtzeitig (vor Eintreten der Angst) oder aber, im Zustand der bereits eingetretenen Angst, sekundär nach Ruhigstellung des Patienten anwenden kann. Die Kombination „Paradoxe Intention – Autogenes Training" hat sich als ideale Behandlungsmethodik für Phobien und Zwangsmechanismen erwiesen, da sie sowohl *vor* Symptomausbruch als auch *während* der Symptomattacke wirksame Hilfen zur Erleichterung und vegetativen Stabilisierung des Patienten bietet. Die Anwendung der paradoxen Formeln selbst ist demnach *nur* im entspannten körperlichen und psychischen Zustand sinnvoll; besteht ein solcher nicht, muß er mit Hilfe anderer Verfahren annähernd hergestellt werden.

C) Die Dereflexion

Das ist die Methode, die die Fähigkeit zur Selbst-Transzendenz im Menschen benützt zu seiner Heilung. Sehr bewährt hat sie sich bei Schlaf- und Sexualstörungen, in der Suchtkrankenhilfe und auch – soweit dies möglich ist – in Fällen überhöhter Egozentrik und

Selbstsucht. Substantiell geht es darum, den Patienten von einer krankhaften Selbstbeobachtung zu befreien, indem andere Inhalte vorrangig im Blickfeld erscheinen. Es ist das herrliche „Sich-selbst-vergessen-Können", das allein schon den halben Therapieerfolg ausmacht, das mittels dieser Methode gelingen soll. Die Dereflexion ist praktisch eine therapeutische Aufmerksamkeitsregulierung, denn es genügt nicht, an einen bestimmten Inhalt *nicht* zu denken, die Aufmerksamkeit muß zugleich auf einen anderen, positiven Inhalt hingelenkt werden. Dereflexion steht deshalb immer in Verbindung mit einer Erweiterung und Bereicherung der Sinnorientierung; die Ablösung vom Selbst ist die Hinwendung zum Nicht-Selbst. Werfen wir wieder einen Blick auf die Ergebnisse der Reihenuntersuchung an 300 Patienten: Reine oder variierte Dereflexion wurde bei 5% der Personen angewendet, Dereflexion in Kombination mit anderen Verfahren bei 15%. Die Einschätzung des Therapieerfolges stellt sich in den verschiedenen Skalen folgendermaßen dar:

Erfolgsintensität:
Sehr gut = 1, gut = 2, mittel = 3, schlecht = 4.

Therapiedauer:
Durchschnittliche Wochenzahl vom Erstgespräch bis zum Therapieabschluß bei *allen* mit dieser Technik behandelten Personen.

Rückfallneigung:
Durchschnittliche Wochenzahl vom Therapieabschluß bis zur Therapie-Wiederaufnahme *nur* bei den rückfällig gewordenen Personen (Prozentsatz rechts neben der Zahl, bezogen auf 300).

Technik	Erfolgs-intensität	Schnellig-keit	Rückfall-neigung
Derefl. rein / var.	2,8	10	19 bei 2 %
Derefl. komb.	1,6	13	33 bei 3 %
			5 %

Die Erfolgsintensität dieser Methode ist also gut, die Therapiedauer etwas länger und die Rückfallneigung etwas stärker als bei der Paradoxen Intention. Allerdings ist auch die Durchführung der Dereflexion sehr abhängig von der Erfahrung des Psychotherapeuten; mit zunehmender Praxis findet er neue Wege, sie gezielter und mit höherer Konstanz einzusetzen.

Fall Nr. 10:
Ein 16jähriger, sehr unglücklicher Jugendlicher suchte bei mir Rat. Er hatte den Verdacht, homosexuell zu sein, weil er eine kurze perverse Beziehung hinter sich hatte. Im Gespräch zeigte sich, daß er überhaupt kaum Kontakt zu Mitmenschen hatte, weil er männliche Personen mied aus Angst, das unglückliche Erlebnis könne sich wiederholen, und weibliche Personen ebenfalls mied in der Annahme, er würde zu ihnen doch keine positive Beziehung finden. Diese Kontaktschwäche wiederum bewirkte, daß er gar nicht in die Lage kam, eine normale zwischenmenschliche Kommunikation zu Gleichaltrigen aufzubauen, er zog sich in zunehmendem Maße in sich selbst zurück und wurde immer scheuer, unsicherer und auf seine Selbstdiagnose fixierter.

Ich machte ihm zunächst den Vorschlag, ab sofort das Geschlecht der Mitmenschen unbeachtet zu lassen und in den anderen Leuten nur Individuen zu sehen, die als Menschen denken, fühlen, hoffen und leben wie er. Zur Substitution seiner krampfhaften sexuellen Überlegungen und Selbstbeobachtungen sollte er zwei Wochen lang versuchen, jeden Tag irgendeinem Mitmenschen eine kleine Freude zu bereiten, egal wer es auch sei. Ich hoffte dabei nicht nur auf ein Stückchen Selbstvergessen, sondern auch auf den positiven sozialen Feedback aus der Umwelt, der ihn offener und aufgeschlossener für seine Mitmenschen machen sollte.

Aber der junge Mann leistete Widerstand. „Wieso soll ich anderen Menschen Freude bereiten, die anderen denken doch auch nicht daran, wie sie mir Freude bereiten können?" wandte er ein. Er machte ein echtes Motivationsproblem daraus, und es bedurfte vieler Gespräche, um den jungen Mann zu überzeugen, daß er niemals Sympathie oder gar Liebe von anderen erwarten könne, wenn er nicht zuerst bereit wäre, dasselbe von sich aus zu geben. Schließlich war er bereit, es zu versuchen. Ich gab ihm noch die Instruktion, die Reaktionen der Umwelt auf seine kleinen Angebote genau zu registrieren und mir jeweils zu berichten – die Beobachtung anderer Leute sollte ihn von der Selbstbeobachtung ablenken. Er erstattete mir auch wirklich eifrig Bericht und freute sich wie ein Kind, wenn seine Bemühungen anerkannt wurden. Auf diese Art merkte er gar nicht, daß es eines Tages ein junges, hübsches Mädchen war, dem er zufällig geholfen hatte, mitten im Regen einen widerspenstigen Schirm aufzuspannen, der verbogen war. Beide gingen in ein Café, weil es so stark regnete und – trafen sich ein anderes Mal wieder. Plötzlich hatte der junge Mann „keine Zeit mehr", zur Therapiestunde zu kommen, er war mit seinen Rendezvous voll beschäftigt. Aber ich glaube, er brauchte die Therapiestunden auch gar nicht mehr, denn an Homosexualität dachte er bei seiner neuen Jugendliebe bestimmt nicht.

Dereflexion läßt sich sehr schön mit jeder Art von gezieltem Reinforcement kombinieren, das heißt, wenn die Hinwendung zum neuen Inhalt erfolgreich ist oder belohnt wird, so gelingt die Abwendung vom krampfhaften Um-sich-selbst-Kreisen um so besser. Das *positive* Angebot ist der Kern der dereflektorischen Substitution, und die Symptomreduzierung ist eigentlich nur ein Nebenprodukt – aber was für eines!

D) Die Suggestion

Die drei bisher besprochenen Methoden sind auf dem Boden der Logotherapie überhaupt erst entwickelt worden. Die Suggestion jedoch hat es bereits seit undenklichen Zeiten gegeben. So werden Sie sich vielleicht fragen, was die Suggestion mit der Logotherapie zu tun hat bzw. was sie in einer Aufzählung von Methoden, die im Rahmen der Logotherapie verwendet werden, zu suchen hat. Vor allem aber werden Sie sich fragen, ob denn nicht ein Widerspruch zwischen der suggestiven Fremdbeeinflussung und dem Bild der geistigen Freiheit des Menschen besteht? Selbstverständlich ist da ein Widerspruch, weswegen die Anwendung suggestiver Hilfen ethisch auch nur dann vertreten werden kann, wenn die „geistige Dimension" vorübergehend „blockiert" ist und im therapeutischen Geschehen sozusagen erst „freigeschaufelt" werden muß. Das, was jede Mutter macht, wenn ihr Kind schreiend und tränenüberströmt zu ihr gelaufen kommt, nämlich beruhigend auf es einreden und danach erst fragen, was es denn überhaupt gegeben habe, genau das macht der Therapeut in der Suggestion. Man kann zum Beispiel keine Einstellungsmodulation vornehmen, wenn der Patient überhaupt nicht zuhören kann, weil er sich in vollster Erregung befindet. Man braucht auch keine paradoxen Formeln auszuprobieren, wenn der Patient nahe vor dem Kollaps steht. Und man kann schon gar nicht dereflektorisch vorgehen, wenn der Patient dem nächsten Glas Schnaps oder der nächsten „Spritze" entgegenfiebert.

Die Suggestion operiert in der mittleren, in der psychologischen Ebene menschlichen Daseins, und doch kann sie einen Wegbereiter zur Aktivierung der geistigen Kräfte bedeuten. Da diese geistigen Kräfte identisch sind mit der *Willenskraft* des Menschen, so habe ich auf logotherapeutischer Basis ein „suggestives Willenstraining“ entworfen, das immer dann sinnvoll einzusetzen ist, wenn das Durchhaltevermögen eines Patienten zu gering ist, um irgendeinen Therapieplan, der seine Mithilfe erfordert, konsequent durchzuführen. Die suggestiven Inhalte müssen selbstverständlich dem Eigenstreben des Patienten enstammen und zu dessen psychischer Gesundung beitragen, anders wären sie nicht zu verantworten.

Was ich nicht suggeriere, ist das Therapieziel selbst, denn das soll sich der Patient bei klarem Bewußtsein erarbeiten; seine Entscheidungsfreiheit muß immer gewahrt bleiben. Manche Therapeuten verwenden suggestive Hilfen nach einer Entziehungskur bei Süchtigen, indem sie bei entspanntem Zustand der Patienten die Erregung vor der Drogeneinnahme simulieren und dann die formelhafte Vorsatzbildung suggerieren: „Ich brauche keinen Stoff mehr, ich rühre nie wieder eine Spritze an ...“ und ähnliches.

Diese Therapie-Konstellation ist deswegen ungünstig, weil sich die Patienten dieselben Vorsätze, die in der Suggestionstherapie benützt werden, selbst schon unzählige Male vorgenommen haben und immer wieder gescheitert sind; sie erwarten daher auch in der Therapie nichts anderes als ein Eben-wieder-nicht-durchhalten-Können, was prompt eintritt. Beim „suggestiven Willenstraining“ ist im suggerierten Text keine Rede von Stoff, Spritzen u. dgl., das Therapieziel wird nicht berührt. Im Gegensatz dazu soll die geistige Freiheit und Willenskraft ganz im Sinne des logotherapeutischen Menschenbildes aufgebaut und klar bewußt werden, der Text enthält also Formulierungen folgender Art:

„Ich bin meinen Trieben und Gefühlen nicht untertan. Ich habe einen freien Willen, und ich werde meinen Willen festigen und stärken, um damit mein Leben neu zu gestalten, um mein Leben sinnvoll zu gestalten, nach meinen wahren Vorstellungen und Zielen, ich fühle diesen meinen innersten Willen, er erwacht in mir immer mehr und mehr, er gibt mir die Kraft durchzuhalten, ich werde mein Leben meistern, trotz aller Schwierigkeiten meistern, je schwieriger es wird, um so stärker werde ich sein ...“ usw.

Gibt man dem Patienten dazu die feste Versicherung, daß sich sein Wille tatsächlich stärken wird, so hat er eine gute Chance, ihn auch wirklich dann einzusetzen, wenn er ihn braucht, selbst gegen

Verlockungen von Stimulanzien und Halluzinogenen. Werfen wir wieder einen Blick auf unsere Reihenuntersuchung: Von den 300 Patienten wurde bei 3% mit reiner Suggestion gearbeitet und bei 10% suggestive Technik mit anderen Verfahren kombiniert. Insgesamt 13% war zwar kein großer Anteil im Patientengut, aber es handelte sich um jenen Anteil, dessen Symptombild das höchste Maß an Therapieresistenz und daher die schlechteste Prognose besaß, so daß auch ein geringerer Therapieerfolg in Dankbarkeit angenommen werden mußte.

Erfolgsintensität:
Sehr gut = 1, gut = 2, mittel = 3, schlecht = 4.

Therapiedauer:
Durchschnittliche Wochenzahl vom Erstgespräch bis zum Therapieabschluß bei *allen* mit dieser Technik behandelten Personen.

Rückfallneigung:
Durchschnittliche Wochenzahl vom Therapieabschluß bis zur Therapie-Wiederaufnahme *nur* bei den rückfällig gewordenen Personen (Prozentsatz rechts neben der Zahl, bezogen auf 300).

Technik	Erfolgs-intensität	Schnellig-keit	Rückfall-neigung
Suggest. rein	2,4	9	11 bei 2 %
Suggest. komb.	2,9	15	18 bei 4 %
			6 %

Die Suggestion bringt gute bis mittelmäßige Therapieerfolge in relativ kurzer Zeit bei einer mittleren Rückfallneigung, die bei reiner Suggestion recht hoch, bei kombinierten Verfahren günstiger ist.

Die Suggestionsmethode ist also immer dann indiziert, wenn es sich beim Patienten um eine stark labile, unsichere, unselbständige Persönlichkeit handelt, oder auch bei Kindern, Behinderten, Süchtigen; denn erstens sind diese Personen allgemein sehr suggestibel, und zweitens brauchen sie so viel Willensstärkung wie nur möglich, um überhaupt in die Lage versetzt zu werden, selbständig Entschlüsse zu fassen oder Entscheidungen zu treffen, und diese dann auch durchzuhalten. Sehr gut kombinationsfähig ist die Suggestionsmethode mit jeder Form von Selbständigkeitstraining (Assertive-Training), das ja auch auf den Aufbau einer selbstsicheren und reiferen Persönlichkeit abzielt.

Wenn wir nun die *gesamte Methodenskala* an Hand der erwähnten Reihenuntersuchung noch einmal im ganzen betrachten, so fällt eines auf: Die Kombinationen von logotherapeutischen Methoden untereinander oder mit anderen Verfahren überwiegen, sie bringen in höchstem Maß zufriedenstellende Therapieerfolge bei durchaus akzeptabler Therapiedauer und verhältnismäßig geringer Rückfallneigung. Was sich hiermit in Zahlen ausdrückt, das ist einfach die Notwendigkeit, die Logotherapie in die Psychotherapie zu integrieren und ihr den Platz zu geben, der ihr zukommt, nämlich:

a) sie voll einzusetzen, wo sie angebracht ist und ausreicht, und
b) sie ergänzend heranzuziehen, wo andere Verfahren angebracht sind, aber nicht ausreichen.

Reihenuntersuchung an 300 mit Logotherapie behandelten Personen hinsichtlich der angewandten Methoden:

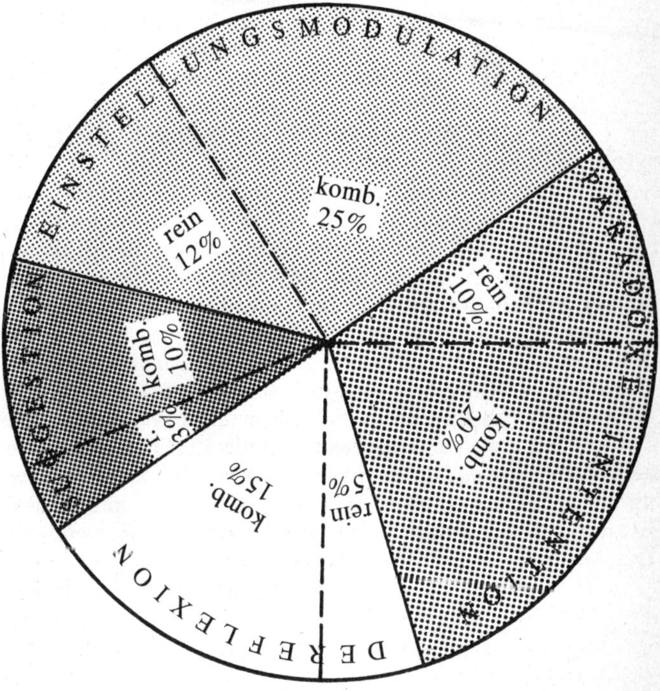

Alle wissenschaftlichen Untersuchungen über Prämissen und Methoden der Logotherapie haben ein stabiles Fundament gelegt, auf welchem die heutige Psychotherapie aufbauen kann. Ein Fundament ist kein vollkommenes Gebäude, aber es ist eine Garantie für die Tragfähigkeit des Untergrundes. Die Logotherapie ist statistisch eindeutig validiert worden, und zwar nicht nur von mir, sondern von vielen anderen Kollegen und Kolleginnen, vor allem im amerikanischen Raum. Dennoch möchte ich am Ende dieses Kapitels nicht versäumen darauf hinzuweisen, daß die statistische Aussage allein nicht alles bedeutet, auch wenn unser heutiges Denken sehr „zahlengläubig" geworden ist. Deshalb kann man, was die „Wissenschaftlichkeit" der Logotherapie anbelangt, die manches Mal in Zweifel gezogen wird, guten Gewissens sagen, daß ihre Dosierung gerade hoch genug ist, um die Fachwelt aufhorchen zu lassen, aber auch gerade niedrig genug ist, um für den Patienten noch ein Mindestmaß an „schlichter Menschlichkeit" zu reservieren. Frankl wurde einmal vorgeworfen, er wirke wie ein „Prediger" und nicht wie ein Wissenschaftler. Darauf habe ich folgendes geantwortet: Das, was wie eine Predigt wirkt, ist das Beste, was Frankl zu geben hat, nämlich über Statistiken, hochgelehrte Definitionen und hypothetische Konstrukte hinaus ein „Wachrütteln" des Sinn- und Wertbewußtseins einer Generation, die an sich selbst verzweifelt! Wissenschaft allein hat Verzweiflung noch nie geheilt, auch nicht im 20. Jahrhundert.

Der aktive Logotherapeut ist nicht nur Berater, Arzt und Wissenschaftler, er ist auch Forscher und Pionier, und als solcher steht er oft allein da mit seiner schweren Verantwortung für die ihm anvertrauten Menschen, allein mit einer Methodik, die er erst aus eigener Kraft umformen muß zu einem Werkzeug der Heilung. Während des Umformungsprozesses jedoch wird er erkennen, daß die schönste Technik zuwenig ist und ein Funke Menschlichkeit schwerer wiegt als der komplizierteste Behandlungsplan, und er wird ringen um das richtige Wort im richtigen Augenblick, wird Rückschläge ernten und neue Wege finden. Zutiefst in seinem Innersten aber wird er immer wissen, daß er mitwirkt an einer gewaltigen Aufgabe, die als neue Chance der Krise dieses Jahrhunderts entsprungen ist – an der *Rehumanisierung der Psychotherapie*[7].

---

[7] Die Forderung nach einer „Rehumanisierung der Psychotherapie" wurde von Frankl bereits 1958 in seinem Büchlein „Das Menschenbild der Seelenheilkunde" explizit erhoben.

Therapeutischer Umgang mit Versagen und Angst

Wenn wir uns den konkreten Möglichkeiten ärztlicher, seelsorgerischer und psychotherapeutischer Hilfeleistung zuwenden, dann müssen wir auch bekennen, daß zwar der Anspruch erhoben wird, es aber kaum je gelingen mag, den *ganzen* Menschen im Heilungsprozeß gleichermaßen zu erfassen (vgl. die 4. Prämisse der Logotherapie!). Ein Patient stellt sich uns vor, ein kranker, ein hilfesuchender Mensch, krank vielleicht im Körper, vielleicht in den psychischen Funktionen, vielleicht in der geistigen Selbstinterpretation, und eines fließt ins andere, und jede Dimension seines Menschseins wirft ihre Lichter und ihre Schatten in die anderen Dimensionen des gleichen Menschseins, und alles ist verflochten ineinander in einem unentwirrbaren Netz von Rückkopplung und Biofeedback-Mechanismen. Den Therapeuten gibt es nicht, der imstande wäre, ein Hilfsprogramm für seinen Patienten zu erstellen, das alle Dimensionen erreicht, alle Feedback-Schaltungen berücksichtigt, kurz den ganzen Menschen erfaßt und – heilt.

Unsere Arbeit muß immer Stückwerk bleiben; selbst wenn wir von der Symptombehandlung abgehen und uns auf den schwankenden Boden der Ursachenforschung vorwagen (oder soll man besser sagen: zurückwagen?), selbst dann können wir bestenfalls Hypothesenbruchstücke des lebendigen Menschen, mit dem wir konfrontiert sind, zusammenzimmern und auch diese nur am mehr oder weniger fragwürdigen Behandlungserfolg auf ihre Wahrscheinlichkeit hin überprüfen.

Dieses Kapitel soll mit einer Warnung beginnen, denn manchmal muß man sich daran erinnern, daß es schon viel ist, wenn eine Therapie nicht auf anderer Ebene mehr Schaden zufügt, als sie in der angewandten Ebene Nutzen erbringt. Hier ist ein Beispiel, das zeigt, was passieren kann, wenn man die engen Verknüpfungen der verschiedenen Menschseinsebenen nicht genug gegenseitig berücksichtigt.

Fall Nr. 11:
Eine meiner Patientinnen, eine 53 Jahre alte Frau, wurde mir von ihrem Hausarzt wegen starker psychosomatischer Verkrampfungen und Lähmungsanfälle geschickt. Die Vorgeschichte war folgende: Diese Frau hatte einen drei Jahre dauernden nervenzermürbenden Unterhaltsprozeß gegen ihren geschiedenen Mann geführt, der sich trotz seiner Wohlhabenheit offenbar weigerte, seiner früheren Frau Lebensunterhalt zu zahlen. Er argumentierte wohl damit, daß sie arbeiten gehen könne, weil die Kinder aus dem Haus seien. Die Frau jedoch behauptete, daß sie mit ihren 53 Jahren nirgends mehr einen Arbeitsplatz bekäme, zumal sie nie berufstätig gewesen war und nichts gelernt hatte.

Der Prozeß hatte sich schon über die 1. und 2. Instanz hingezogen, und in der 3. Instanz hatte der Richter Mitleid mit der älteren, hilflosen Frau. In dem echten menschlichen Wunsch, ihr zu helfen, beauftrage er einen Arzt des Gesundheitsamtes, die Frau genau zu untersuchen und alle Gesundheitsschäden, die er nur finden könne, in einem Gutachten deutlich herauszustellen. Die Tendenz war klar: er sagte sich, daß ein Mensch mit 53 Jahren bei genauerer Durchleuchtung bestimmt irgend etwas wie z.B. Altersabbauerscheinungen, Bandscheibengeschichten, vielleicht einen labilen Kreislauf oder (im Fall einer Frau) Klimakteriumsbeschwerden aufweise. Mit solch einem Gutachten, welches diverse Krankheitssymptome beschreibt, könnte er als Richter argumentieren, daß der Gesundheitszustand der Klägerin eine tägliche 8-Stunden-Arbeit bedenklich erscheinen ließe und ihr daher eine völlig Abhängigkeit von der eigenen Arbeitsleistung nicht zuzumuten sei.

Wie gesagt, alles war sehr gut gemeint, aber in dem Hilfsprogramm des Richters (wenn man es so bezeichnen kann) war nur eine Seite im Dasein dieser Frau betrachtet worden, nämlich die sozialwirtschaftliche Notlage, in der sie sich befand. Etwaige Feedback-Prozesse in der geistig-psychischen Dimension blieben unberücksichtigt.

Die Auswirkung war, daß die Frau, die sich bis dahin relativ stabil und gesund gefühlt hatte und auch die ärztlichen Untersuchungen nicht so ganz ernst genommen hatte, im Gerichtssaal plötzlich von dem Mediziner, der das Gutachten vorlas, erfuhr, daß sie anscheinend schwer krank sei, einen Herzmuskelschaden habe, der Blutdruck nicht stimme, gewisse Werte im Blut erhöht oder zu niedrig seien, eine Verkrümmung der Wirbelsäule im unteren Teil bestehe mit Knochenveränderungen irreparablen Ausmaßes, daß die Schilddrüse leicht vergrößert sie und daher Verdacht auf dieses oder jenes bestehe – dazu kam eine Menge schrecklich klingender lateinischer Vokabeln, die sie gerade dadurch, daß sie sie nicht verstand, in größte Panik versetzten. Unter diesem Schock verkrampfte sie sich im Zwerchfellbereich so sehr, daß sie einen psychogenen Erstickungsanfall erlitt und im Gerichtssaal zusammenbrach.

Der herbeigeholte Arzt, der natürlich gar nicht in der Lage war, die Zusammenhänge zu durchschauen, verordnete statt Beruhigungsmittel stimulierende Injektionen, welche nur weitere Krämpfe verursachten, woraufhin die Frau vom Notarztwagen unter dem Verdacht auf Tetanie ins Krankenhaus gebracht wurde.

Sie hat schließlich den Prozeß gewonnen, aber sie war seither monatelang krank, lief von einem Arzt zum anderen und keiner konnte einen echten internistischen Grund für ihre Symptomatik finden. Bis ihr Hausarzt auf die Idee kam, daß ihr vielleicht psychotherapeutisch geholfen werden könne, und sie an mich überwies.

Natürlich brauchte auch ich einige Zeit, bis ich die Genese dieser Verkrampfungszustände klären konnte, dann jedoch gelang es innerhalb weniger Wochen, die Patientin mit einer Kombinationstherapie von Psychopharmaka, Autogenem Trainung und Paradoxer Intention wiederherzustellen.

Leider gleiten auch Ärzte manchmal in die Rolle jenes Richters ab, der es sehr gut gemeint hat, aber in seiner Vorgangsweise monodimensional orientiert gewesen ist. Frankl warnt wiederholt vor der Gefahr, „iatrogene Neurosen“ bei Patienten zu erzeugen, indem durch die Konzentration des Arztes auf rein körperliche Aspekte unbedachte Äußerungen fallen, die für den Patienten Anlaß zu so großer Angst und Besorgnis bedeuten, daß er sich in eine völlig unnötige Neurose hineinsteigern kann.

Wie oft ergeht es erst den Psychologen so, die psychologische Meß- und Testwerte bekanntgeben, ohne die Folgen einzukalkulieren und dadurch tiefgehende Schädigungen bei ihren Klienten hervorrufen! Mögen sie doch in Zukunft behrzigen, daß es unmöglich ist, in *einer* Menschseinsebene allein zu agieren und daß schon ein einziges Gespräch Einfluß nehmen kann auf das gesamte Seinsverständnis eines Menschen und Rückwirkungen zeitigt, seien sie körperlicher, psychischer oder geistiger Art.

Aber die Warnung erstreckt sich nicht nur auf uns Fachleute, sie muß auch an die Pädagogen und Eltern weitergegeben werden. Wie oft höre ich den Ausspruch über ein Kind, das irgendwann versagt hat: „Wir haben immer schon gewußt, es wird es nicht schaffen“ oder „Wir haben gar nichts Besseres erwartet!“, und nie kann ich mich des Verdachtes erwehren, daß es gerade dieses „Es-immer-schon-gesagt-Haben“ oder das „Es-nicht-anders-erwartet-Haben“ gewesen ist, das zum Versagen des Kindes beigetragen hat! Wenn ein Kind oftmals hört, für dieses oder jenes sei es zu dumm, zu langsam oder zu faul, dann dringt das Gehörte tief ein in sein Selbstverständnis, wird psychisch und geistig zur Kenntnis genommen und lenkt seine Entwicklung ganz selbstverständlich in diese Richtung. Suggestivmomente und Feedback-Mechanismen sind bestimmt stärker wirksam, als wir heute glauben oder auch nur für möglich halten.

Nun, diese engen Verknüpfungen in allen Seinsebenen des Menschen sind nicht nur eine Gefahr für Ärzte, Seelsorger, Psychologen und Pädagogen, sie sind auch eine gewaltige Chance, und es war das unbestreitbare Verdienst der Logotherapie, diese Chance als erste erkannt zu haben.

Ich sagte anfangs, daß es kaum je gelingen mag, den *ganzen* Menschen zu erfassen; nun kann ich hinzufügen, daß es sehr wohl gelingen kann, der menschlichen Pluralität *zumindest annähernd* gerecht zu werden. Gewöhnliche ärztliche Techniken wie Operation, Medikation, Bestrahlung und Bäder bewegen sich allein in der biologischen Ebene, gewöhnliche psychologische Techniken, wie Psychoanalyse, Verhaltenstherapie, Gestalttherapie usw. agieren in der psychologischen Ebene – und welche Methode wagt sich schon in die geistige Ebene vor? Diesen Bereich hat man jahrhundertelang dem Einfluß der Religionen überlassen, aber heute ist dieser Einfluß in unvergleichlich geringerem Maße gegeben, der Durchschnittsmensch unserer Wohlstandsgesellschaft fällt vielfach einer inneren Leere anheim, also dem, was in der Logotherapie das „existentielle Vakuum“ genannt wird. Lebensstandard und Bankkonto können auf die Dauer eine geistige Inhaltslosigkeit nicht überdecken, traditionelle Werte, die in Brüche gingen, können nicht mehr gekittet werden und die Lebensphilosophie der Gegenwart gibt, von zwei Weltkriegen geprägt, wenig Halt.

Es kann nicht oft genug wiederholt werden: *Logotherapie allein* ist eingeschränkte Psychotherapie – *Logotherapie integrativ* ist die optimale Chance, der menschlichen Pluralität und Mehrdimensionalität annähernd gerecht zu werden. Jeder Logotherapeut betrachtet seine spezifische Arbeit als eine Art Überbau, als eine zusätzliche und unabdingbare Hilfsmöglichkeit für seine Patienten in einem Bereich, in welchem die anderen Therapieformen an ihre Grenzen stoßen. Umgekehrt muß er dort, wo die Logotherapie nicht zuständig ist, verwandte oder auch fremde Methoden zu

Hilfe nehmen, um adäquate Problemlösungen zu finden. Daraus folgt der sehr wichtige Grundsatz, daß der Logotherapeut *nicht nur logotherapeutisch* tätig sein kann! Er muß im Gegenteil ein sehr reiches Instrumentarium zu seiner Verfügung haben, das er sinnvoll einzusetzen weiß, ohne aus den Augen zu verlieren, wann er logotherapeutisch gefordert wird.

Es mag manchmal schwierig sein, logotherapeutisches Gedankengut in die umfassende ärztliche oder psychologische Wissensgrundlage zu integrieren, aber zwei Pluspunkte der Logotherapie wiegen alle Schwierigkeiten auf:

a) Sie berücksichtigt, soweit dies überhaupt möglich ist, grundsätzlich den ganzen Menschen, jeden Patienten in seiner Einmaligkeit und Einzigartigkeit, in seiner Subjektivität und Individualität, wobei sie alle ontologischen Querverbindungen benützt, um den Patienten „durch Sinnerfüllung gesunden" zulassen, und

b) sie wagt sich in die geistige Dimension des Menschen vor und verläßt damit den sicheren Boden des Systematisierbaren und Katalogisierbaren, des Lehrbuchhaften und Erlernbaren, sie verzichtet zum Teil sogar auf die so begehrte vorprogrammierte Methodenskala festverankerter Psychotechniken, um der schlichten Menschlichkeit noch Spielraum zu geben.

Diese zwei Punkte mögen unscheinbar anmuten, und doch bedeuten sie das Grundrezept einer Psychotherapie der Zukunft.

Wenn wir uns also jetzt dem konkreten Vorgehen in der logotherapeutischen Behandlungspraxis zuwenden, dann dürfen wir nie vergessen, daß *jede Schicht der Einheit und Ganzheit Mensch betroffen sein kann* und ihre spezielle ausgleichende Therapie benötigt. Erinnern wir uns nochmals an das Gleichnis mit der Klaviersonate, welche im Konzertsaal klingt. Nehmen wir an, es ertönt plötzlich ein schriller Mißklang. Nun könnte die Ursache in einer gerissenen oder total verstimmten Saite des Instruments, im Danebengreifen des Pianisten oder auch in der Komposition selbst liegen. Aber es wäre doch ein wesentlicher Unterschied, ob es das eine oder andere ist, was die Behebung des Mißklanges anbelangt! Hat das Instrument einen Schaden, muß es repariert werden; ist der Pianist unsicher, muß er das Stück wiederholen; ist die Komposition fehlerhaft, muß sie überarbeitet werden. Gewiß, unser Beispiel beginnt zu hinken, aber es erfüllt sicher den Zweck der Einsicht, daß Störungen in verschiedenen Seinsbereichen unterschiedlicher Behebung bedürfen. Niemand wird bei einer gerissenen Klaviersaite die Komposition des Klavierstückes ändern, und genausowenig wird man Logotherapie anwenden etwa im Fall einer psychischen Überregbarkeit auf Grund einer Schilddrüsenüberfunktion. Auch wird der Pianist das Stück nicht wiederholen, wenn der Fehler in der Komposition liegt, und ebensowenig darf man rein mechanistische Psychotechniken anwenden, wenn eine noogene Depression erkennbar wird. Jede Dimension des Menschen hat ihre spezifische Störungsanfälligkeit und ihre entsprechende Heilungsklaviatur – die Logotherapie ist kein Allheilmittel für jeden Schmerz![8] In Verbindung mit allen anderen ärztlichen, psychologischen und seelsorgerischen Heilmitteln jedoch ist sie *der Schritt zur Vervollkommnung des Menschenmöglichen im therapeutischen Geschehen.*

A) Die Einstellungsmodulation in der Praxis

Unabhängig davon, aus welchem Anlaß ein Patient psychotherapeutische Hilfe sucht, kann immer ein ruhiges informatives Gespräch mit ihm geführt werden, das je nach Bedürfnis und Einstellung des Patienten auch existentiell tiefer gehen kann. Natürlich wird nicht jeder Patient gleich von Anfang an seine ganze Lebenseinstellung, seine innersten Wünsche, Ziele und Vorstellungen vor dem Therapeuten ausbreiten; dieser muß warten können und behutsam vorgehen. Zuerst muß eine gewisse Vertrauensbasis zwischen Patient und Therapeut geschaffen werden.

Ich habe es oft erlebt, daß in den ersten 5–10 Gesprächsstunden nur auf das eigentliche Anliegen des Patienten eingegangen wurde, weil es so aussah, als sei damit seine Problematik erschöpft. Aber plötzlich, als dieses Anliegen vielleicht etwas gemildert oder sogar aus der Welt geschafft war, bestand ein solch massives Zutrauen von ihm zu mir, daß der Patient von sich aus bereit war, allgemeine Fragen nach Leben und Tod zu stellen, ja sein eigenstes inneres Ringen nach Sinnerfüllung zu enthüllen.

Ähnlich ist ein guter Hausarzt, der heute noch so wie in früheren Zeiten ganze Familien betreut und schon in vielen Notsituationen Beistand geleistet hat, ein idealer Partner für ein existentiell tiefgehendes Gespräch mit einem hilfesuchenden Menschen.

Wenn es also gelungen ist, eine Vertrauensbasis zum Patienten herzustellen, und wenn sich im Gespräch Einstellungen des Pa-

---

[8] Frankl selbst weist in seinen Büchern wiederholt darauf hin, daß die Logotherapie keineswegs als „Allheilmittel" betrachtet werden soll!

tienten zur eigenen Existenz und zum Leben überhaupt offenbaren, so muß der Therapeut neutral und wertfrei entscheiden, welche der Einstellungen seines Patienten *„psychohygienisch ungesund“* sind und demnach psychisch belasten und unglücklich machen, und welche Einstellungen als *„psychohygienisch gesund“* bezeichnet werden können.

Das ist eine ungemein schwierige Aufgabe, die näherer Erläuterung bedarf. Es soll nämlich nicht das Mißverständnis entstehen, der Logotherapeut würde sich anmaßen, über Güte und Richtigkeit von Lebenseinstellungen nach seiner persönlichen Ansicht zu urteilen!

Wir haben festgestellt, daß es das größte Verdienst der Logotherapie war, erstmals die Einstellung des Menschen zu etwas, also zu sich, zu seinem Leben, zu seiner Umwelt, zu seinen persönlichen Aufgaben usw. in den Mittelpunkt des therapeutischen Interesses gerückt zu haben. Da Einstellungen aber bekanntlich sehr unterschiedlich sein können, und da in vieler Hinsicht gar nicht abzuwägen ist, welche Einstellung die „bessere“ oder „richtigere“ sei, so bringt uns die Definition psychohygienisch gesunder Einstellungen in Verlegenheit. Und doch ist es unleugbare Tatsache, daß bestimmte Einstellungshaltungen Ursache oder Ausdruck einer unglücklichen Existenz, eines sich selbst zerstörenden Lebens sind.

Vielleicht soll man gar nicht krampfhaft exakte Kriterien suchen, sondern an den gesunden Menschenverstand und an exemplarische Hilfen verweisen.

Aussprüche wie folgende: „Es hat keinen Sinn, daß ich mir Mühe gebe, bei mir geht doch alles schief!“ oder „Am liebsten ist mir, wenn ich keinen Menschen sehe, die Menschen sind doch alle Bestien!“ enthalten bestimmt keine positiven Einstellungshaltungen. Wenn eine Mutter sagt: „Ich muß mich um die Kinder kümmern, sonst bekomme ich Ärger mit dem Jugendamt“, oder wenn eine Ehefrau sagt: „Mein Mann und ich leben nebeneinanderher, aber es geht ganz gut, keiner redet dem anderen viel drein!“, so sind dies auch keine Aussprüche auf dem Hintergrund idealer Einstellungen.

Es geht hier *nicht* darum, daß die Einstellung *des Therapeuten* in jedem Fall die einzig wahren sein müssen, keinesfalls, es geht hier ausschließlich um die Frage, ob *für den Patienten selbst* seine eigenen Einstellungen psychohygienisch gesund genug und für sein Leben – oder auch Überleben – positiv genug sind.

Wer sich näher damit befaßt, der wird in der heutigen wissenschaftlichen Forschung über psychosomatische Zusammenhänge die unglaublichsten Korrelationen zwischen geistigen Einstellungen und physischen Reaktionsmustern finden. Die altbekannte Tatsache, daß beruflich voll engagierte Männer oder verantwortungsbewußte Mütter mit Kleinkindern einfach nicht so leicht krank werden (auch wenn ihre ganze Umgebung Grippe hat, niest und hustet!), weil diese Leute von ihrem ganzen Lebensplan her „keine Zeit haben" zum Kranksein, weil sie sich eben gebraucht und ihrer Aufgabe verpflichtet fühlen, wurde längst statistisch nachgewiesen. Ebenso bekannt ist es uns allen, daß ein Kranker, der sich selbst aufgibt, in Todesnähe gerät.

Der Körper spielt mit, daran müssen wir immer denken, wenn wir einem Menschen zuhören, der uns seine innersten Einstellungen anvertraut. Der Körper spielt mit, bei der Angst genauso wie bei der Depression, bei der Freude genauso wie bei Liebe und Glück. Kein Arzt kann es sich leisten zu sagen: „Was sich der Patient innerlich denkt, das geht mich nichts an, das ist seine Sache, ich kümmere mich um seinen Blinddarm oder um seine Nierenkoliken oder um sein Krebsgeschwür."

Auch der Arzt und schon gar der Psychotherapeut muß im Gespräch mit Patienten *hellhörig* sein für gefährliche, ungesunde Einstellungen, und wenn er solche zu vernehmen meint, dann sollte er es auch wagen, sie in Frage zu stellen bzw. für eine positivere Einstellungshaltung zu argumentieren.

Eine Einstellungsmodulation wird nicht immer gelingen, aber sie sollte immer wieder versucht werden, denn etwas von der gesunden Argumentation bleibt doch im Herzen des Patienten zurück und hilft vielleicht eines Tages in einer akuten Notsituation, die richtige Entscheidung zu treffen oder auch nur – die schlimmste Entscheidung noch einmal zu überdenken.

Fall Nr. 12:
Dies ist ein Beispiel für therapeutische Bemühungen, bei denen es mir lange nicht gelang, eine sehr fixierte unglückliche Einstellung ins Wanken zu bringen. Es handelte sich um einen jungen Mann mit einem schweren, anscheinend nicht behebbaren Sprachfehler. Der Mann vertrat die Einstellung, um junge Mädchen müsse er zeitlebens einen Bogen machen, weil sie ihn doch alle nur auslachen würden.

Ich fand zunächst keinen rechten Ansatzpunkt, ihm zu helfen. Einerseits versuchte ich ihn zu intensivem Sprachtraining zu motivieren, was nur dazu führte, daß er noch deprimierter wurde, weil er nach längerer Übungszeit überhaupt keinen Erfolg verbuchen konnte. Andererseits legte ich ihm dar, daß Mächen, die sich über ihn lustig machen würden, es gar nicht „wert" wären, daß er seine Gedanken an sie verschwende, weil sie offensichtlich nicht die innere Reife und Größe hätten für eine echte zwischenmenschliche Beziehung, die von solchen Äußerlichkeiten nicht abhängig sein dürfe. Aber auch das tröstete ihn wenig, weil er, wie er sagte, gerne auf Reife und innere Größe verzichten würde, wenn er nur auch einmal dabei sein könnte und nicht immer vom Flirten und Tanzen ausgeschlossen wäre. Ich argumentierte damit, daß er immer ausgeschlossen sein würde, wenn er sich selbst zurückziehe, und daß er, wenn er bei Unterhaltungen dabei sein wollte, lernen müsse es auszuhalten, daß da oder dort eine Bemerkung fällt. Er solle sich doch ruhig mitten ins Gewühl einer Diskothek wagen, dort wisse sowieso keiner mehr, was er sage, weil die meisten vom Alkohol benebelt seien, und er solle seinem eigenen Sprachfehler zum Trotz Mädchen ungeniert zum Tanzen auffordern und sich bewußt und willentlich amüsieren. Die „Trotzmacht des Geistes" versuchte ich zu entfachen, die jedes Handikap in letzter Instanz zu überwinden vermag. „Der Wert eines Menschen hängt nicht von der Güte seiner Sprechkunst ab!" sagte ich ihm immer wieder und hoffte, er könne diese gesündere Einstellung einmal akzeptieren.

Doch meine Vorschläge gefielen ihm nicht und er lehnte es ab, die Diskothek zu besuchen. Schließlich brachte ich noch die Überlegung zur Diskussion, ob er denn seinerseits bereit wäre, ein etwas behindertes Mädchen zu kontaktieren, denn ich könne mir eine Freundschaft gut vorstellen, bei der jeder das Handikap des anderen taktvoll hinnehme und ihm so gut wie möglich darüber hinweghelfe. Aber das wollte der junge Mann schon gar nicht, er würde, wie er sagte, nicht nehmen, was die anderen übrigließen.

Man sieht, daß der Patient aus der einen unglücklichen und fixierten Einstellung heraus eine Reihe weiterer negativer Einstellungen ableitet, die jede therapeutische Kooperation mit ihm blockierten. Wir beschlossen, eine Pause in unseren Gesprächskontakten zu machen und uns nach einem halben Jahr wieder zu treffen. Doch nach ca. 5 Monaten erhielt ich einen Anruf aus einer Klinik; der Patient sei wegen eines Suizidversuches eingeliefert worden und verlange mich zu sprechen. Ich eilte hin und erfuhr vom Stationsarzt, was vorgefallen war.

Der junge Mann habe sich unter Alkoholeinfluß in seiner Wohnung die Pulsadern aufgeschnitten. Doch als er das Blut rinnen gesehen habe, sei er scheinbar etwas nüchterner geworden und muß seine Absicht noch einmal überdacht haben, jedenfalls habe er selbst den

Notarzt verständigt. Als dieser gekommen sei, sei der junge Mann nur mehr unklar bei Bewußtsein gewesen und habe ständig vor sich hin geflüstert: „Der Wert eines Menschen ... hängt nicht ... vom Sprechen ab ...“

Meine eigene logotherapeutische Argumentation, die ich ihm Monate vorher angeboten und die er strikt zurückgewiesen hatte, war im entscheidenden Moment stärker gewesen als seine Verzweiflung und Resignation!

Dieser Fall hat mich tief berührt, aber ich glaube auch, daß der junge Mann selbst an diesem Erlebnis innerlich gereift ist. Er hat sehr mit sich gekämpft, aber er hat letzten Endes „ja“ zum Leben gesagt und ist bei dieser Entscheidung geblieben. Wir hatten danach viel fruchtbarere Gespräche als zuvor.

Der Therapeut ist, wie gesagt, nicht Richter über Güte und Fehlerhaftigkeit von Lebenseinstellungen. Aber er muß versuchen, kraft seines Wissens, seiner Erfahrungen und auch mit ein wenig Fingerspitzengefühl abzuschätzen, wann eine Lebenseinstellung für einen bestimmten Menschen in einer bestimmten Situation ungünstig, ungesund, auch gefährlich und destruktiv ist, und wann nicht. Der Logotherapeut ist diesbezüglich überaus stark sensibilisiert, er wird hellhörig, sobald existentielle Dissonanzen anklingen und Negativismen im Gespräch auftauchen, und er scheut sich nicht, konkret darauf einzugehen. Er geht dadurch weiter als der ausgebildete Gesprächspsychotherapeut, der dem Patienten das eigene Spiegelbild zur Selbstfindung wiedergibt, und er geht viel weiter als der ausgebildete Verhaltenstherapeut, der den subjektiven Parameter nach Möglichkeit ausklammert und sich an Strichlisten zählbarer Reaktionsmuster hält; vor allem geht er den entgegengesetzten Weg zum Psychoanalytiker, der psychische Hintergründe aufdeckt ohne sich vorrangig um Einstellungen oder kognitive Feedbackreaktionen zu kümmern.

Aber man kann keine Aussage machen, ohne mit kognitiven Rückwirkungen beim Patienten rechnen zu müssen, und es gibt kaum kognitive Rückwirkungen, für die nicht in irgendeiner Form die Regel gilt: Der Körper spielt mit!

Fall Nr. 13:
In einer Schwangerschaftskonflikt-Beratung eines jungen Mädchens, das soeben volljährig geworden war, zeigten sich mir diese engen Zusammenhänge deutlich. Sie kam mit hängenden Schultern, den Blick zu Boden gerichtet, und schleppenden Ganges zur Türe

herein. Sie wagte kaum, den Mantel abzulegen, setzte sich dann zu mir an den Tisch und begann herumzustottern, die schweißnassen Hände ununterbrochen in Bewegung. Die Gründe für die gewünschte Abtreibung seien, daß sie sich der Erziehung eines Kindes noch nicht gewachsen fühle, sie habe Angst, sie werde damit nicht fertig, sie sei sehr unselbständig und wisse gar nicht, wie es weitergehen solle.

Ich ließ sie reden und hörte ihr geduldig zu, sie sollte sich erst einmal beruhigen, entspannen, zu mir Vertrauen fassen. Ich schaltete das milde Licht einer Stehlampe ein und schrieb auch keine Notizen mit, um sie nicht zu irritieren. Allmählich hob sie langsam den Kopf, wagte sogar hie und da einen Blick in meine Augen und sprach flüssiger. Nach ungefähr einer halben Stunde brachte sie schließlich Behauptungen zur Sprache, gegen die ich in meiner jahrelangen Beratungstätigkeit höchst allergisch geworden bin, weil sie nahezu immer Ausdruck einer ungesunden, deterministischen Einstellung sind. „Meine Eltern haben mich völlig unselbständig erzogen", sagte sie, „sie haben mir stets alle Verpflichtungen abgenommen, und jetzt, da ich groß bin, traue ich mich an nichts heran und finde mich nirgends zurecht. Sie haben immer das kleine Kind in mir gesehen, mich nie für voll genommen, und ich habe auch meist schön brav gemacht, was sie mir vorgesagt haben. Und jetzt kann ich mich nie entscheiden, weil mir niemand mehr sagt, was ich zu tun habe. Meine Eltern sind an allem schuld."

Ich weiß nicht, ob der Leser, nach allem, was er bereits über Logotherapie gehört hat, erahnen kann, wie ungesund die geäußerte Einstellung des jungen Mädchens war. Freilich ist es möglich, daß Erziehungsfehler begangen wurden, daß die Eltern sehr dominant und overprotective gewesen waren und das Mädchen in einer großen Abhängigkeit gehalten worden ist. Aber wenn sie als erwachsene junge Frau sich nicht in einem Selbstentwicklungsprozeß davon befreien kann, sondern sich ihr Leben lang für unselbständig und unfähig klassifiziert, wenn sie selbst keine Chance sieht, *aus dieser kindlichen Haltung herauszukommen,* dann hat sie auch keine Chance, *dann bleibt sie ewig darin stecken, dann wird sie auch mit 50 Jahren nicht viel weiter gereift sein, weil sie mit dieser fixen Einstellung ihren eigenen Reifungsprozeß unterbunden hat. Und – der Körper spielt mit! Der gesenkte Blick, die schweißnassen Hände, die fahrige Unsicherheit der Bewegungen, das ganze hyponeurotische Reaktionsmuster mit allen vegetativen Spielarten etablierte sich unausweichlich auf der Basis dieser ungesunden Lebenseinstellung.*

Das war also der kritische Punkt im Gespräch, an dem ich nicht mehr ruhig zuhören durfte, an dem ich mich logotherapeutisch gefordert fühlte. Deshalb versuchte ich ihr in einer Art sokratischem Dialog *die Augen zu öffnen. Ich fragte sie etwa so: „Sie berufen sich auf eine anerzogene Unselbständigkeit und Hilflosigkeit gegenüber den Situationen des Lebens. Sollen wir gemeinsam diese Unselbständigkeit und Hilflosigkeit unterstützen und fördern, sollen wir sie hegen und pflegen, damit sie immer größer wird und Ihren Lebensweg immer entscheidender beeinflußt? Wenn Sie wollen, können wir sie hochspielen und stundenlang davon reden, wir können gemeinsam nach den Wurzeln des Übels suchen, und Sie werden sich Ihrer Hilflosigkeit um so bewußter sein, je mehr wir finden können. Danach opfern Sie Ihr ungeborenes Kind und bestätigen sich damit, daß Sie tatsächlich unfähig sind, mit den Aufgaben des Lebens fertig zu werden. Diese Bestätigung ist endgültig, es gibt keinen besseren Weg, um sich die Überzeugung, ein Versager zu sein, für immer einzuprägen. Und wie wird es wohl weitergehen, wenn Sie allen schwierigen Aufgaben auszuweichen versuchen, weil Sie sich ihnen nicht gewachsen fühlen?"*

Sie dachte lange nach und kam schließlich selbst zu dem Schluß, daß Ausweichen keine glückliche Lösung sei. „Ich möchte nicht immer ein Versager sein", sagte sie, „was soll ich tun?"

Wir haben noch zwei Stunden miteinander gerungen, ohne schweißnasse Hände und ohne gesenkten Blick. „Warum haben Ihre Eltern Sie überbehütet und stets umsorgt?" fragte ich sie, und sie mußte zugeben, daß es wohl aus Liebe geschehen ist. „Wenn Sie bei Eltern großgeworden sind, die Sie geliebt haben, dann haben Sie ein wunderbares Fundament für Ihr eigenes soziales Verhalten, denn dann können auch Sie lieben – und das ist zunächst alles, was Ihr Baby brauchen wird!" sagte ich zu ihr. „Das einzige, in das Sie noch hineinwachsen müssen, ist die Kraft, Verantwortung zu tragen: Verantwortung für sich und für Ihnen anvertraute und nahestehende Personen", erklärte ich ihr, „Verantwortung läßt sich nicht einfach abschieben, auf die Kindheit, auf die Eltern, auf die besonderen Umstände – ohne daß ein Unbehagen zurückbleibt und ein Versagensgefühl. Wenn Sie eine verantwortungsbewußte Entscheidung treffen, so erwächst Ihnen auch die Kraft, sie durchzuhalten. Wenn Sie jedoch eine leichtfertige Entscheidung treffen, nur weil sie im Moment am bequemsten scheint, dann fällt sie später um so schwerer auf Sie zurück." So und ähnlich versuchte ich, die geistige Dimension bei dem Mädchen zu aktivieren und ihr Selbstvertrauen anzuheben. Schließlich gab ich ihr die für den Schwangerschaftsabbruch notwendige Be-

scheinigung über das erfolgte Beratungsgespräch mit und legte die Entscheidung in ihre Hände.

Nach ein paar Tagen kam sie wieder und erklärte, sie habe es sich überlegt, sie wolle zu dem Kind stehen. Nach einem dreimonatigen verhaltenstherapeutischen Assertive-Training, also einer Selbständigkeits-Aufbauphase, die ich mit ihr durchführte, war sie weitgehend stabilisiert, aber sie kam noch oft zu mir, um mit mir über ihre Fortschritte zu diskutieren. Als ich sie das letzte Mal sah, hatte sich ihre Einstellung zum Leben grundlegend geändert, sie war fröhlich, blickte zuversichtlich in die Zukunft, und – was das Wichtigste war – sie freute sich auf ihr Kind!

Diesen *„Böse-Eltern-Komplex"*, wie ich es nenne, finden wir heute sehr oft unter den ungesunden Einstellungen. Man kann den Kollegen speziell meines Berufsstandes den Vorwurf nicht ersparen, daß sie jahrzehntelang in der Erziehung der Eltern ausschließlich nach Fehlern gesucht haben. Einmal waren die Eltern zu streng und brutal, zu bestimmend und autoritär, einmal waren sie zu gleichgültig, zu wenig lobend, zu indifferent, einmal waren sie zu leistungsbezogen, zu wenig demokratisch, zu unsicher und zu inkonsequent und so fort, bis schließlich große Teile der Elternschaft tatsächlich enorm verunsichert waren und dadurch allein schon Fehler begingen. Dazu kommen der bekannte Traditions- und Instinktverlust des heutigen Menschen und eine Überfülle von einander widersprechender pädagogischer Literatur. Eltern sind die idealen Angriffsobjekte bei allen Fehlentwicklungen der jungen Generation geworden, und es ist kein Wunder, wenn die jungen Leute ihrerseits bei eigenen Schwierigkeiten allzuleicht die Schuld auf die Eltern abwälzen.

Man kann natürlich nicht abstreiten, daß Eltern in ihren Erziehungsauffassungen Fehler machen, und dazu kommt in unserer Zeit die Berufstätigkeit der Mutter, die enorme familiäre Belastungen mit sich bringt; aber man darf auch nicht vergessen, daß die meisten Eltern zahlreiche Opfer für ihre Kinder bringen, sich tagtäglich sorgen und kümmern um ihre Kinder, ihnen in inniger Zuneigung zugetan sind, an ihrem Krankenbett wachen und stets wegen ihrer Zukunft besorgt sind. Das alles kann man nicht einfach beiseite fegen und nur jene Momente hochspielen, wenn auch Eltern einmal die Nerven „durchgehen" und sie nicht das richtige Wort im richtigen Augenblick finden können.

Ich will damit zum Ausdruck bringen, daß wir in unseren psychotherapeutischen Interpretationen von dieser permanenten

Schuldabwälzung auf die Eltern abgehen müssen. Nachgewiesenermaßen erleichtert es zwar einerseits den Patienten ein wenig, wenn er das Gefühl hat, Zusammenhänge zu durchschauen und seinen Werdegang aus Kindheit und Erziehung ableiten zu können, andererseits aber verringert es ebenso nachgewiesenermaßen in einem geistigen Feedbackprozeß das eigene Verantwortungsbewußtsein des Patienten für sein Tun und Handeln. Er sagt sich dann: „Ich kann eben nicht anders, ich bin so aufgewachsen, so erzogen und geprägt worden!" Und damit sperrt er sich selbst alle Türen zu für seine weiteren Entwicklungs- und Reifungsmöglichkeiten. „Ichstärkung" allein genügt nicht, es muß auch zu einem lebendigen „Selbstfindungsprozeß" kommen, der wiederum nur aus einem lebendigen Verantwortungsbewußtsein allein gesteuert werden kann.

Gewiß bringt jeder junge Mensch ein unterschiedliches Paket an „Startgaben" mit ins Leben, das des einen ist sehr reichlich, das des anderen sehr dürftig. Und dennoch, *etwas* muß der junge Mensch selbst beitragen zu seinem Start, *ein Teil* des Gelingens liegt ganz allein bei ihm, er kann so manches auch bei guten Ausgangsgaben verpatzen, er kann aber auch so manches trotz schlechter Ausgangsgaben erringen. Man kann es jungen Leuten gegenüber nicht oft genug betonen, daß *sie selbst es in der Hand haben,* ihrem Leben eine Wendung zu geben, zum Schlechten wie zum Guten.

Daß junge Menschen auch aus sehr gutem Familienmilieu und besten Verhältnissen abrutschen können, ist hinreichend bekannt, das folgende Beispiel soll jedoch beweisen, daß das Gegenteil ebenfalls möglich ist.

Fall Nr. 14:
Frl. Heike hat mir nicht nur erlaubt, ihren Vornamen zu nennen, sondern auch ihren Brief zu veröffentlichen, den sie mir lange nach Abschluß unserer therapeutischen Gespräche geschickt hat. Sie ist in einem Kinderheim großgeworden und hat noch eine Mutter und eine Oma, die sich beide kaum je um sie gekümmert haben. Aus der 8. Klasse ist sie mit schlechten Noten entlassen worden und konnte im Berufsleben nicht Fuß fassen, bei drei Lehrstellen ist sie hintereinander kurz nach Antritt entlassen worden, weil sie aus Angst vor den auf sie zukommenden Anforderungen Schmerzen und Ohnmacht vorschob, um „gehen" zu dürfen. Dann fand sie keine Lehrstelle mehr, kam ins Lügen, Herumzigeunern, flüchtete in eine Traumwelt und war in Gefahr, bei Prostitution zu landen. Auch die Gespräche mit

"Weil ich sehr oft an Sie denke." 7.1.79

Liebe Frau Dr. Lukas

Ich möchte mich sehr gerne bei Ihnen enttschuldigen, daß ich Ihnen nicht ein gutes neues Jahr und frohe Weihnachten gewünscht habe und vorallem, daß ich Ihnen schon so lange nicht mehr geschrieben habe. Ich hoffe Sie sind mir deshalb nicht böse? Ach, Frau Dr. Lukas, ich hätte Ihnen so viel zum erzällen. Wie geht es Ihnen denn so? Ich hoffe doch gut! Ich habe öfters bei Ihnen im Büro angerufen, doch man sagte mir, Sie wären nicht da. Ich würde mich freuen, Sie wieder einmal zu sehen. Bei mir gings nur an einem Donnerstag. Denn da habe ich frei. Im übrigen, ich habe eine dufte Arbeitsstelle, es ist so schön dort. Ich bin recht glücklich dort. Liebe Frau Dr. Lukas, nun habe ich endlich das richtige für mich gefunden. Ja, Frau Dr. Lukas ich habe es entglültig geschafft. Ich arbeite nun schon 3 Monate in meiner Arbeitsstelle. Und ich bin sehr froh darüber.

Sie haben mir einmal einen so guten Trick verraten, den finde ich echt gut. Ich war manchmal in tiefsten Streiterein dann habe ich Ihren Trick durchgeführt. Und es hat mir sehr geholfen. Wirklich. Dafür bin ich Ihnen so dankbar. In jeder hinsicht bin ich Ihnen dankbar. Sie haben mir so geholfen. Liebe Frau Dr. Lukas, ich <u>habe</u> Sie noch sehr gerne. Ich glaube, ich kann keinen Menschen so trauen, als nur Ihnen. Das können Sie mir glauben. Ihren Taliesmann den Sie mir einmal geschenkt haben, habe ich immer in der Arbeit dabei. Er hilft mir jedesmal, wenn ich ihn brauche. Liebe Frau Dr. Lukas, eine ganz große bitte hätte ich an Sie. Sie werden sich denken, ich bin sentimental, doch Sie würden mich sehr glücklich damit machen. Könnte ich ein Bild von Ihnen haben nur als Erinnerung. Danke. So nun wünsche ich Ihnen noch nachdräglich ein gutes neues Jahr. Und ich hoffe wir können uns bald wieder unterhalten.

Aufwiedersehn Ihre Heike

mir, die der Direktor des Heimes angeregt hatte, brachten sie nicht weiter. Immer wieder versuchte ich, ihr die Eigenverantwortlichkeit bewußt zu machen, ihr Wege aufzuzeigen, wie sie zu einem normalen Lebensrhythmus finden könnte, und ihr Methoden anzulehren, mit Hilfe derer sie die Anfangsschwierigkeiten und Ängste überwinden sollte. Aber während eines Urlaubes von mir im Sommer 1978 kam sie ganz auf die schiefe Bahn, und dann hörte ich nichts mehr von ihr. Man wird sich vorstellen können, wie erstaunt und auch beeindruckt ich war, als ich ein halbes Jahr später ihren Brief erhielt, den ich hiermit im Original wiedergebe, und zwar nicht, um späte Früchte meiner Bemühungen aufzuzeigen, sondern um Zeugnis abzulegen *für die echte und wahrhaftige Chance, die jedem Menschen in jeder noch so aussichtslosen Lage gegeben ist, sein Leben aus eigener Kraft zum Positiven umzugestalten. Die Anhänglichkeit, die in Heikes Brief anklingt, ist keine „Übertragung" im herkömmlichen psychoanalytischen Sinne, denn selbst skeptische Kollegen werden zugeben, daß ein Unterschied besteht zwischen wohlsituierten Patientinnen, die sich aus Langeweile in ihren Therapeuten verlieben, und einem armen Heimkind, das niemals ein liebevolles Elternhaus kennengelernt hat und in seiner Beziehungslosigkeit nirgendwo hingehört – daß Heike zu so etwas wie Anhänglichkeit überhaupt noch fähig ist, ist allein schon erstaunlich. Daß sie aber auch den Willen aufbringt, sich zu ändern und zu bewähren, und daß sie dann, wenn ihr dies einige Zeit lang gelingt, daran denkt, mich an ihrer Freude und ihrem neuen Lebensgefühl teilhaben zu lassen, ist einfach großartig!*

Vielleicht wird ihr das Wagnis eines geordneten Lebens nicht vollkommen gelingen, aber jetzt kennt sie den Weg und ihre eigenen Möglichkeiten, diesem zu folgen.

Es gibt Erklärungen für menschliches Versagen, aber es gibt keine Entschuldigungen für menschliches Versagen in der Psychotherapie. Eine unglückliche Kindheit ist eine Begründung, aber keine Notwendigkeit, ein unglückliches Leben zu führen. Genauso ist es mit dem Schlagwort „unerwünschtes Kind", das viele Lehrbücher über Entwicklungspsychologie ziert. Darf ich fragen, wie viele Kinder wirklich erwünscht und geplant waren? 5%? 10%? Glauben Sie tatsählich, daß alle anderen Kinder von ihren Eltern insgeheim weniger geliebt werden, bloß weil sie zum Zeitpunkt ihrer Entstehung nicht gerade heiß ersehnt waren? Kann denn die Liebe der Eltern zum Kinde nicht wachsen? Kann denn eine Mutter ihr Kind nicht in inniger Freude annehmen, auch wenn sie während der Schwangerschaft Bedenken gehabt hat? Erzählen Sie nie einem Psychologen, daß Sie Ihr Kind unrsprünglich nicht geplant oder gewünscht hatten, sonst sind Sie schon verurteilt, wie immer Sie sich dem Kinde gegenüber verhalten! Sind Sie etwas kühl und beherrscht in der Erziehung, wird er sagen, Sie lehnen Ihr Kind ganz offensichtlich ab, weil Sie es eben nicht gewollt haben; sind Sie warm und liebevoll in der Erziehung, dann wird er besonders weise lächeln und mit freundlicher Stimme erklären, daß Sie Ihr Kind im Unterbewußtsein hassen, und um dies zu verbergen, besonders nett zum Kinde sind. Was immer Sie tun, das Kind kann sich nicht mehr unbelastet entwickeln, zumindest nach den Theorien der gängigen Psychologie. Ist eine Wissenschaft wie diese überhaupt noch vertretbar?

Nehmen wir einmal an, es wäre in einem Fall wirklich so: Die Mutter habe ihr Kind ganz gegen ihren Willen bekommen und lehne es innerlich ab. Als Kompensation sei sie nun besonders liebevoll zum Kind. Überlegen wir, was das bedeutet: Das ist eine grandiose *menschliche Leistung* von dieser Mutter, die ihr unschuldiges Kind nicht spüren und merken lassen will, daß es für sie ungelegen auf die Welt kam, die also ihrer eigenen inneren Ablehnung trotzen will, um dem Kind Leid zu ersparen. Der heroische Opfermut einer echten Mutter ist dies, denn Mutter wird man nicht nur dadurch, daß man ein Kind in Freuden erwartet, sondern vor allem dadurch, daß man ein Kind trotz allem, was dagegen stehen könnte, liebt! Dann kommt eine junge, unausgegorene Wissenschaft und behauptet, daß diese heroische Mutterliebe *„nichts als“* die Kompensation eines inneren Aggressionstriebes sei. Nicht als Psychologin und Logotherapeutin, sondern als Mutter möchte ich allen Müttern sagen: „Laßt Euch die Liebe nicht zerstören durch psychologische Interpretationen, die Eurer nicht würdig sind!“

Fall Nr. 15:
Eine Mutter kam zu mir wegen ihrer Tochter Ch. Sie habe Erziehungsschwierigkeiten, weil Ch. ihr kaum mehr gehorche, sie auslache und ihre Ängstlichkeit verspotte. Der Fall hatte eine besondere Vorgeschichte:

Vor Jahren hatte die Mutter mit ihrer Tochter gespielt und geturnt und im Zuge dessen auch einmal einen „Überschlag“ probiert. Unglücklicherweise muß sich das Mädchen dabei die Wirbelsäule verrenkt haben, denn eine Wirbelspitze wurde angebrochen. Ch. hatte noch lange Zeit Schmerzen, mußte bandagiert herumlaufen und Bestrahlungen und Massagen über sich ergehen lassen, bis die Be-

schwerden nachließen. Heute ist Ch. vollkommen gesund, aber ihre Mutter hat seit diesem Vorfall eine Angstneurose entwickelt: sie wagte es nicht mehr, das Kind anzurühren, sie konnte es nicht radfahren sehen, brach in Schweiß aus, wenn Ch. einige Minuten verspätet von der Schule kam und dergleichen mehr.

Die Mutter war wegen dieser Angstneurose anderthalb Jahre lang in Behandlung bei einem Psychoanalytiker für 60.– DM/Stunde zweimal wöchentlich, ihre Probleme besserten sich jedoch nicht. Als sie diesen Therapeuten nun wegen ihrer Schwierigkeiten mit Ch. ansprach, erklärte er, für Erziehungsangelegenheiten nicht zuständig zu sein, sie solle sich deswegen an eine Erziehungsberatungsstelle wenden, und so war sie zu mir gekommen. Traurig sagte sie wortwörtlich: „Ich habe in den ganzen anderthalb Jahren niemals einen einzigen Ratschlag von meinem Therapeuten erhalten, er hat mir nur immer unzählige Fragen gestellt, meine ganze Kindheit mußte ich ihm erzählen, aber er hat mir niemals gesagt, was ich eigentlich tun soll. Er meinte, das müsse ich selbst wissen, und wenn ich gesund sei, würde ich es auch wissen. Daraus schließe ich, daß ich noch nicht gesund bin, weil ich mir oft keinen Rat mehr weiß. Aber ich habe nicht das Geld, noch jahrelang Therapiestunden zu bezahlen. Deshalb habe ich mich damit abgefunden, nicht ganz normal zu sein, ich möchte nur dem Kind nicht noch mehr schaden, deshalb bitte ich Sie, sagen Sie mir, was ich bei der Erziehung falsch mache!"

Zunächst erklärte ich der Mutter, daß wir ihre „Krankheit" und ihre Erziehungsprobleme nicht trennen könnten, weil in beiden Fällen dasselbe, nämlich ihre Überängstlichkeit bezüglich des Kindes, Auslösefaktor und Störfaktor sei. Sie brauche sich jedoch mit ihrer Ängstlichkeit nicht abzufinden, diese sei kein „Abnormal-Sein", sondern das sehr verständliche Resultat des damaligen Unglücksfalles, und so, wie das Kind den Unglücksfall körperlich überwunden hat, so könne auch sie als Mutter diesen Unglücksfall seelisch überwinden.

Da im vorliegenden Falle die Anwendung der „paradoxen Intention", die bei Angstneurosen sehr bewährt ist, nicht in zumutbare Formeln zu kleiden war (z.B. „Ich wünsche mir, das Kind möge sich schwer verletzen!"), so arbeitete ich ausschließlich mit Einstellungsmodulationen. Der Mutter wurde dargelegt, daß sie zwar eine übergroße Angst um die Gesundheit des Kindes habe, daß sie aber nicht nach dieser Angst handeln müsse, *sie sei frei in ihren Handlungen und könne sich auch gegen ihre Angst entscheiden. Das heißt, sie könne das Kind radfahren schicken und dann zu Hause zwar ihre Angst erleben, sich aber sagen: „Ich habe sie* trotzdem *radfahren ge-*

schickt!“ Und – worauf es besonders ankäme – sie könne ungemein stolz auf eine solche Handlung sein, weil es eine umso größere Leistung sei, die Angst zu „boykottieren“, je größer die Angst ist. Dies wiederum könne sie ihrem Mann und ihrer Tochter gegenüber stolz vorweisen, nämlich daß sie sich trotz ihrer Neurose überwunden haben, was von den beiden auch anerkannt werden müßte, ein Verlachen und Verspotten könne es dann nicht mehr geben. Außerdem erklärte ich ihr die Gefahr einer Übertragung ihrer Überängstlichkeit auf das Kind. Kinder schauen es sich ab, wie ihre Eltern in kritischen Situationen reagieren, und es ist ein Unterschied, ob sie lernen, sich vor Angst zu verkrampfen, oder ob sie am Vorbild der Eltern sehen, daß man trotz starker Emotionen vernünftig reagieren kann.

Die Mutter war von diesen Gesichtspunkten sehr beeindruckt und machte nach einigen Gesprächskontakten einen großartigen Vorschlag. Es war der größte Wunsch ihrer Tochter, reiten zu lernen, nur hatte die Mutter sich gegen den Willen ihres Mannes bisher entschieden dagegen gesträubt; nunmehr aber beschloß sie, ihre Tochter zu überraschen und zusammen mit ihr zur Reitschule hinauszufahren, um sich über nähere Bedingungen zu erkundigen. Sie nahm es sich folgendermaßen vor: „Ich weiß, daß mir ganz übel sein wird allein bei dem Gedanken, Ch. könnte auf einem Pferd sitzen und dieses könnte mit ihr durchgehen oder sie abwerfen, und ich werde Ch. auch nicht vormachen, daß mir wohl dabei ist, aber sie soll wissen, daß meine Liebe zu ihr noch größer ist als meine Angst, und daß ich um dieser Liebe willen die Fahrt mit ihr unternehme. Allerdings, kann ich meiner Liebe zu ihr sicher sein? Ich habe eine Frage, Frau Doktor, die mich schon lange bedrückt …“ und dann kam etwas, das mir so ungeheuerlich erscheint, daß ich diesen Fall vor allem deswegen aufgezeichnet habe. Die Mutter berichtete: „Mein Therapeut hat mir nämlich immer erklärt, daß, wenn ich daran denke, meine Tochter könne sich verletzen oder es könne ihr noch Schlimmeres geschehen, dies ein Zeichen dafür sei, daß ich ihr heimlich den Tod wünsche: *Alle meine Ängste seien Symbol einer inneren Aggression gegen Ch. Und das, Frau Doktor, hat mich viel mehr deprimiert als meine Krankheit selbst, denn es ist so entsetzlich! Kann es denn sein, daß ich meine Tochter im Unterbewußtsein hasse, habe ich sie deswegen damals verletzt, bin ich in Wirklichkeit so böse? O Gott, kann das wirklich wahr sein?!“*

Wenn man als Therapeut schon derart unbewiesene und höchst destruktive Hypothesen aufstellt, dann ist es jedenfalls unverantwortlich, diese auch noch dem Patienten ins Gesicht zu sagen und es ihm zu überlassen, damit fertig zu werden. Hat die Psychoanalyse immer noch nichts von Feedback-Mechanismen gehört, ist sie immer noch im Stadium des Ratens und Deutens um jeden Preis?

Solche Patientenberichte – und dieser ist nicht der einzige, den ich kenne – belasten mich sehr und bringen mich auch in Verlegenheit, denn für den Patienten ist Therapeut eben Therapeut, und wenn er zuviel Widersprüchliches hört, glaubt er keinem mehr. Andererseits war es im Fall dieser Mutter unbedingt notwendig, auch die letzten Zweifel an ihren mütterlichen Gefühlen zu beseitigen und ihr Vertrauen zu sich selbst neu zu stärken. Statt der Milderung der Angstneurose war bei ihr zusätzlich eine iatrogene Neurose eingeleitet worden, welche ich mit ungefähr folgenden Worten wiedergutzumachen versuchte:

„Sie dürfen mir eines glauben: Ich bin zwar nicht allwissend, und ich kann keineswegs jedem auf den Grund der Seele blicken, wie es von uns Psychologen gerne erwartet wird, aber wenn ich etwas *aus Ihren Erzählungen und Worten herausgehört habe, dann ist es Ihre echte Zuneigung zu Ihrer Familie und besonders zu Ihrem Kinde. Sie sind eine brave und liebevolle Mutti, sonst hätten Sie nicht mit Ihrer Tochter gespielt und geturnt, wobei der Unglücksfall wirklich ein reiner Zufall war, von ihnen unbeabsichtigt und unvorhersehbar; genausogut hätte Ch. am Spielplatz stolpern und sich das Rückgrat verrenken können. Auch all Ihr Leid danach und Ihre Sorge um das Kind beweisen, wie sehr Sie Ihrer Tochter zugetan sind, denn nicht Haß ist das Gegenteil von Liebe, sondern Lieblosigkeit, und Lieblosigkeit bedeutet Gleichgültigkeit, und das werden Sie selbst nicht glauben, daß Ihnen Ihr Kind gleichgültig ist, nicht wahr? Aber den größten Beweis Ihrer Liebe haben Sie heute erbracht, indem Sie vorschlugen, mit Ch. zur Reitschule zu fahren. Nur jemand, der alle Qualen menschlicher Not kennt, kann ermessen, was dieser Vorschlag für Sie bedeutet – es ist der Sieg Ihrer Liebe über Ihre Angst! Sie brauchen keine Beweise mehr dafür zu erbringen, daß sich mein Kollege geirrt hat, sein Irrtum ist genauso offensichtlich wie Ihre Liebe zu Ihrem Kind! Übrigens dürfen Sie der Psychologie keinen allzu großen Vorwurf machen, daß immer noch Irrtümer entstehen, sie ist eine sehr, sehr junge Wissenschaft. Bednken Sie, als die Naturwissenschaft so alt war wie die Psychologie heute, war man noch fest davon überzeugt, daß die Erde eine im Meer schwimmende Scheibe sei, über welcher Gott Zeus am Himmelsbogen spazierengehe ...". Da lachte die Mutter befreit und erklärte glückstrahlend, sie wolle diesen dunklen Gedanken, daß sie Ch. heimlich den Tod wünsche, für alle Zeiten begraben, sie habe es sowieso nie recht glauben können.*

Monate sind inzwischen vergangen, Ch. bekommt ihre Reitstunden, und ihre Mutter hat einen Großteil ihrer Ängste abbauen können. Auch das Verhältnis Mutter–Tochter hat sich weitgehend gebessert, nachdem ich Ch. einmal auseinandergesetzt habe, als welch großartige Leistung ihrer Mutti es anzusehen sei, daß sie ihr trotz aller Ängste ein normales und gesundes Leben bieten möchte. Das Kind hat begonnen, dies anzuerkennen, und vor allem der Ehemann hat wieder Vertrauen zu einer allmählichen Gesundung seiner Frau gefaßt und unterstützt diese nach Kräften. Noch tauchen zeitweise Angstattacken auf, aber auch diese werden sich noch bessern, weil nämlich die Mutter selbst an ihre Gesundung glaubt. Es sei ihr in den letzten Jahren niemals „so gut gegangen wie jetzt", versicherte sie mir bei unserem letzten Gespräch.

Vor Jahren habe ich auf Drängen von Kollgen einen *schematischen Behandlungsplan* für das logotherapeutische Vorgehen entworfen, in dem die Einstellungsmodulation die zweite von vier Stufen einnimmt. Selbstverständlich kann nicht in jedem Fall nach diesem Plan vorgegangen werden, und oft ist es möglich, gleich in die Einstellungsmodulation einzusteigen und die erste Stufe zu übergehen. Er soll auch nur ein Muster für einen grundsätzlichen Stufenaufbau im logotherapeutischen Geschehen darstellen und als solcher die „Gesundung durch Sinnerfüllung" unterstützen.
Der schematische Behandlungsplan sieht folgendermaßen aus:

1. Stufe: Weckung und Förderung der Fähigkeit zur Selbstdistanzierung.
2. Stufe: Einstellungsmodulation (Überführung einer psychohygienisch ungesunden in eine gesunde Einstellung).
3. Stufe: Symptomreduzierung und Sicherung der neuen Stabilität.
4. Stufe: Allgemeine Erweiterung der Sinnorientierung durch Sensibilisierung für neue Sinnmöglichkeiten.

Wir haben schon erwähnt, daß die Weckung der Selbstdistanzierungsfähigkeit eine wichtige Vorbereitung zur Anwendung logotherapeutischer Methoden ist. Ohne Selbstdistanzierung können wir am Selbstverständnis einer Person nicht rütteln: hält sie sich für krank, *ist* sie krank, hält sie Hilfe für unmöglich, *ist* Hilfe unmöglich, hält sie sich für ihrer Kindheit ausgeliefert, *ist* sie ihr ausgeliefert. Ohne Selbstdistanzierung ist der Patient fest verankert in seinem psychischen Störungsbild, er fühlt sich identisch mit seiner Krankheit und identifiziert sich mit seinem Symptom. Der Zwangsneurotiker hält sich wirklich für gezwungen, also unter

Zwang stehend, der Angstneurotiker hält sich wirklich für überaus ängstlich und gefährdet, der Stotterer ist wirklich gewiß, nicht einwandfrei sprechen zu können, der Sexualneurotiker hält sich wirklich für impotent, der Lernbehinderte hält sich wirklich für dumm, der Depressive hält sich wirklich für traurig und überflüssig, und der Paranoide fühlt sich wirklich angegriffen und beobachtet.

Solange diese Patienten in ihrem Selbstverständnis mit ihrem Symptom eng verbunden sind, so lange sind sie auch diesem Symptom ausgeliefert. Und die enge Verknüpfung von Patient und Symptom besteht in ungesunden Einstellungen und Hypothesen des Patienten!

Kraft des Vertrauens, das der Psychotherapeut sich erworben hat, muß er nun in erster Stufe ganz entschieden gegen die Identifikation des Patienten mit seinem Symptom auftreten; der Patient darf sich nicht mehr in seine ungesunde Hypothese hineinsteigern, denn um so fixierter würde er, und um so weniger fände er eine Distanz dazu.

Fall Nr. 16:
Kommt zum Beispiel eine junge Frau und erklärt, sie sei völlig frigide und könne nichts empfinden in der Liebe für ihren zweiten Mann, weil ihr erster Mann sie brutal gequält und körperlich mißhandelt habe, so befindet sich die Patientin in den Klauen ihrer eigenen Hypothese. Solange sie sich sagt: ich bin frigide, ich bin unfähig zu lieben, weil ..., so lange gibt es keine Heilung für sie, denn nichts kann ungeschehen machen, was ihr durch ihren ersten Mann widerfahren ist. Sie ist in ihre Abhängigkeit verstrickt, sie fühlt sich determiniert von diesem Trauma, sie identifiziert sich mit ihrem Symptom, das heißt, sie sieht in ihrem Selbstverständnis ihr Symptom als eine ihr zugehörige Eigenschaft an.

Es ist Aufgabe des Logotherapeuten, ihre unglückliche Hypothese und damit ihre Abhängigkeit zu zerstören. Er wird folglich etwa so argumentieren: „Das Leid, das Sie erlebt haben, ist absolut kein Grund dafür, daß Sie Ihren jetzigen Mann nicht lieben können. Denn zwischen Ihrem ersten und Ihrem jetzigen Mann besteht kein Zusammenhang, es sind unterschiedliche Menschen, sie betreffen unterschiedliche Zeitphasen in Ihrem Leben, und Sie selbst sind heute in einem anderen Reifestadium als in der Vergangenheit. In Wirklichkeit lieben Sie Ihren jetzigen Mann und möchten ihm Ihre Liebe auch geben, sonst wären Sie nicht zu mir gekommen. Es ist nur eine schlechte Erfahrung, eine traurige Erinnerung, die noch in Ihrem Kopf herumgeistert und Unfug stiftet, aber in Wirklichkeit kön-

nen Sie Ihren jetzigen Mann lieben mit ganzem Herzen, ganzem Willen und Ihrer ganzen Persönlichkeit. Aber die Macht dieser kleinen, unglücklichen Erinnerung an etwas, das vergangen ist, werden wir uns nicht gefallen lassen, sie soll Ihr Lebensglück nicht zerstören! Wenn diese Erinnerung wieder kommt, dann sprechen Sie in Gedanken zu ihr. Denken Sie: ‚Ach, du bist wieder da? Na, dich kenne ich schon zur Genüge, du bist nicht mehr so interessant wie früher, geh nur ruhig wieder dorthin, wo du hergekommen bist, nämlich in die Vergangenheit, wo du hingehörst! Ich habe jetzt Wichtigeres zu tun, als mich mit dir zu beschäftigen.' Wenn Sie so denken, wird die Macht dieser Erinnerung schwinden und Ihre inneren Kräfte werden frei werden, sich Ihrem jetzigen Lebensglück voll zuzuwenden."

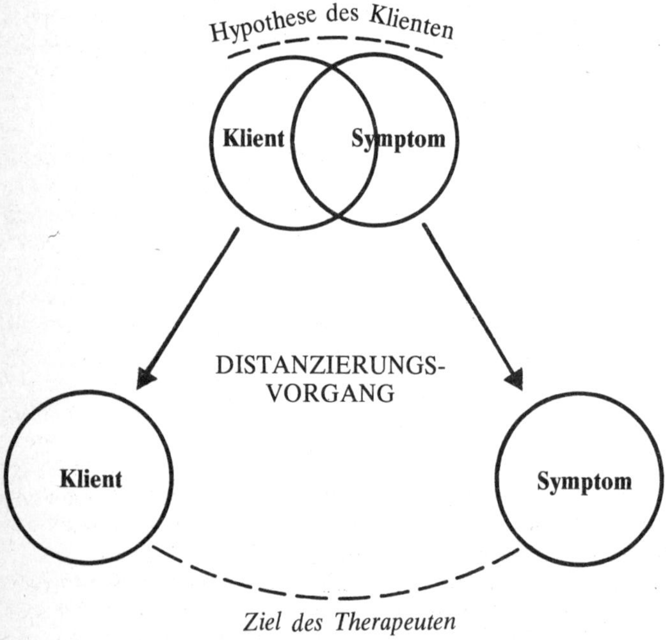

Dies ist ein wesentliches Merkmal des logotherapeutischen Vorgehens: Der Patient darf sich aussprechen, er darf sein ganzes Anliegen vorbringen, aber wenn er zu den Erklärungen kommt, die er sich selbst für seine akute Problematik „zusammengebastelt" hat, dann ist meist der Zeitpunkt für logotherapeutisches Eingreifen gegeben. Erlebte Abhängigkeiten müssen gelockert werden, selbst dann, wenn der Therapeut diese Abhängigkeiten sehr wohl begreifen und verstehen kann. Erst nach Zerstörung der pathogenetischen Abhängigkeitshypothesen wird der Patient frei zu einer neuen und gesünderen Einstellung, die seinen Symptomen entgegenwirken kann. Erst muß der Patient aus der Umklammerung seiner psychischen Krankheit befreit werden, eine Distanz muß errichtet werden zwischen ihm und seiner Krankheit, sein Selbstverständnis muß sich ändern, damit er überhaupt fähig wird, eine positivere Interpretation nachzuvollziehen und einstellungsmäßig zu akzeptieren. Es darf einfach nicht mehr heißen: „Ich *bin* ängstlich", niemals wieder. Es muß heißen: „Hier bin ich, völlig gesund und normal – und dort ist eine lächerliche Angst, die mich manchmal packen will, der ich aber trotzen werde!"[9] Die *Trotzmacht des Geistes* allein bewirkt die Selbstdistanzierung, denn der Geist des Menschen vermag Bedingungen zu trotzen oder – sich ihnen zu beugen.

Wir blenden hier zurück zum Grundaxiom der Logotherapie, wir operieren schon auf erster Stufe, in der geistigen Dimension des Menschen, denn würden wir diese nicht voraussetzen und aus tiefer Überzeugung als existent annehmen, dann könnten wir auch keine Distanz zwischen Patient und Symptom zu erzeugen versuchen. Die Alternative ist die totale Abhängigkeit des Menschen von seinen biologischen, psychologischen und soziologischen Bedingungen, der *totale Determinismus.* Aber Determinismus vernachlässigt das spezifisch Menschliche, das „Humanum", und ist, wie Frankl nicht müde wird aufzuweisen, gemeinsam mit dem sogenannten Reduktionismus einer der beiden Aspekte des modernen Nihilismus; jedenfalls ist er ein Subhumanismus, und vor diesem Gift muß sich die Psychotherapie, an deren Rehumanisierung wir ja heute arbeiten, sehr hüten, denn es zerstört mehr, als jemals wieder gutgemacht werden könnte!

In der Praxis bedeutet die Auflösung von Abhängigkeitshypothesen eine enorme Erleichterung für die Patienten. Der Angstneurotiker, der plötzlich begreift, daß er seiner Ängstlichkeit nicht hoffnungslos ausgeliefert ist, sondern unter Umständen sogar dar-

---

[9] 1946 – in der ersten Auflage seiner „Ärztlichen Seelsorge" – hat Frankl bereits diese Art eines inneren Dialoges, im Verlauf dessen der Patient sich von sich selbst bzw. eben von seinem neurotischen Symptom distanziert, an Hand eines Falles von Agoraphobie sehr schön beschrieben.

DETERMINISMUS

↓

Der Mensch ist völlig abhängig von

Erbanlagen
frühen Kindheitserlebnissen
Familienverhältnissen
Umwelt und Erziehung
Schulsituation
Lernangeboten und Konditionierungen
Körperlicher Konstitution
Ernährung
Sozialschicht
. . . .
. . . .
. . . .

führt über

NIHILISMUS

↓

Der Mensch ist daher „nichts als“

ein nackter Affe
ein Computermodell
ein von Trieben diktierter Homöostat
ein Spielball des Schicksals
ein Entwicklungsprodukt zufälliger Genmutationen
. . . .
. . . .
. . . .

zum

SUBHUMANISMUS

↓

Der Mensch hat keine spezifische (geistige) Dimension.

über lachen kann, oder der Unselbständige, der plötzlich einsieht, daß die lange elterliche Overprotektion ihn nicht fürs ganze Leben zum „Weichling“ stempeln muß, weil er seinen Nachreifungsprozeß selbst steuern kann, sie alle sind gewöhnlich froh und dankbar und bereit für den 2. Behandlungsschritt, für die Suche nach einer neuen und glücklicheren Einstellung.

Ich habe schon darauf hingewiesen, daß die persönlichen Ansichten des Therapeuten bei der Einstellungsmodulation nicht zielgebend sein können, ich habe auch ehrlich bekannt, daß die Anschauung zwar eindeutig, die Definition einer „gesunden Einstellung“ jedoch schwierig ist. Nun, vielleicht gibt es doch ein Kriterium dafür, wann man die Einstellung eines Patienten als positiv und gesund bezeichnen kann und wann nicht: Sie ist ganz bestimmt positiv, wenn sie für den Patienten ein *sinnvolles Ziel* darstellt oder zumindest den Weg dazu offenhält. Und sie ist bestimmt sehr unglücklich, wenn sie einer existentiellen Frustration Vorschub leistet (wie beim Fall Nr. 12), oder wenn sie über Abhängigkeitshypothesen die eigene verantwortungsbewußte Entscheidungs- und Willensfreiheit des Menschen untergräbt (wie beim Fall Nr. 13).

Es kann im logotherapeutischen Gespräch vorkommen, daß von der eigentlichen Störung des Patienten wenig die Rede ist, und diese Störung dennoch nach gewisser Zeit nachläßt oder gar verschwindet.

Zum Fall Nr. 16:
Ich habe den Distanzierungsvorgang am Beispiel jener jungen Frau geschildert, die sich frigide fühlte auf Grund eines sexuellen Traumas durch ihren 1. Mann. Will man an die Distanzierung in 2. Stufe eine Einstellungsmodulation anschließen, so wird man der jungen Frau verständlich machen, daß ihre schlechten Erfahrungen auch etwas Positives haben, weil sie dadurch in die Lage kommt, das Glück der zweiten Partnerschaft höher zu werten und intensiver zu erfahren.

Der Logotherapeut wird dies ungefähr so ausdrücken: „Nur weil *Sie in der Vergangenheit das Leid kennengelernt haben, nur deswegen können Sie in der Gegenwart ermessen, wie nett Ihr jetziger Ehepartner zu ihnen ist, und gerade* deswegen *können Sie eine viel dankbarere und bessere Ehefrau sein als viele andere, die ihre Ehe leichtsinnig mit sinnlosen Streitereien aufs Spiel setzen, weil sie noch nicht erfahren haben, wie schrecklich eine unglückliche Gemeinschaft sein kann!“ Er wird also die Einstellung der jungen Frau: „Ich kann nicht mehr richtig lieben“ umwandeln in die Einstellung: „Ich kann diesen meinen jetzigen Mann besonders lieben, weil ich auch schon eine andere Version von Ehe kennengelernt habe."*

Dies ist nicht die psychohygienisch gesündere Einstellung zum unveränderbaren Tatbestand, die neue Denkhaltung hat auch eine gute Chance zu bewirken, daß die Frigidität schlagartig nachläßt, und die junge Frau aus ihrem neuen Selbstverständnis heraus und im Bewußtsein, ihren Mann „besonders lieben zu können", auch sexuell das Hemmnis überwindet, um ihre Liebe zu dokumentieren. Damit würde sie ohne jede weitere Hilfe die 3. Stufe, die Stufe der „Symptomreduzierung", erreichen, obwohl das Symptom selbst gar nicht methodisch behandelt worden ist.

Natürlich sind Selbstdistanzierung und Einstellungsänderung nicht scharf voneinander abgrenzbar, sondern fließen ineinander über. Auf jeden Fall muß die starre, krankhafte Haltung des Patienten gelockert und der Patient selbst geöffnet werden für eine positivere und gesündere Haltung zu sich und seinem Leben. Edison, der Erfinder der Glühlampe, hat den Satz geprägt: „Das ist das Schöne an einem Fehler: man muß ihn nicht zweimal begehen!"

Was in diesem Satz anklingt, ist die Möglichkeit freier Entscheidung trotz aller Fehler, die vielleicht durch Umwelteinflüsse, Lernprozesse, Erbanlagen u.s.w. im Menschen stecken. So naiv es anmuten mag, es ist genau das, worauf der Logotherapeut in den ersten Gesprächskontakten die Gedanken seines Patienten lenkt: „Du mußt nicht ..." Du mußt nicht, auch wenn du einen Fehler 20mal begangen hast, du mußt ihn nicht zum 21. Mal begehen. Auch wenn eine psychische Störung bis heute täglich aufgetreten ist, so muß sie nicht morgen wiederkommen! Unbestreitbar steigt die Wahrscheinlichkeit für weiteres Fehlverhalten, je öfter es stattgefunden hat, und doch besteht immer und bis zuletzt die Chance, daß ein Mensch genug Kraft findet, dieser Wahrscheinlichkeit zu trotzen und ein neues Verhalten zu konstituieren. Es ist das *therapeutische Credo"* der Logotherapie, das in diesem „Du mußt nicht" dem Patienten vermittelt wird.

Fall Nr. 17:
Wieder einmal ging es um die Frage der Berufsintegration. Ein fast 18jähriger Jugendlicher hatte bereits 13 Versuche eines Arbeitsbeginns hinter sich, und jedesmal hatte er nach einigen Tagen oder Wochen die Arbeit abgebrochen oder es war ihm wegen unbeständiger und unzuverlässiger Arbeit gekündigt worden. Andererseits be-

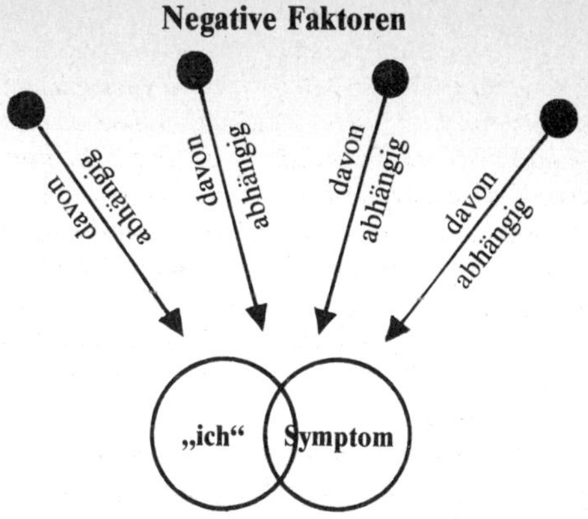

Abhängigkeitshypothese des Patienten

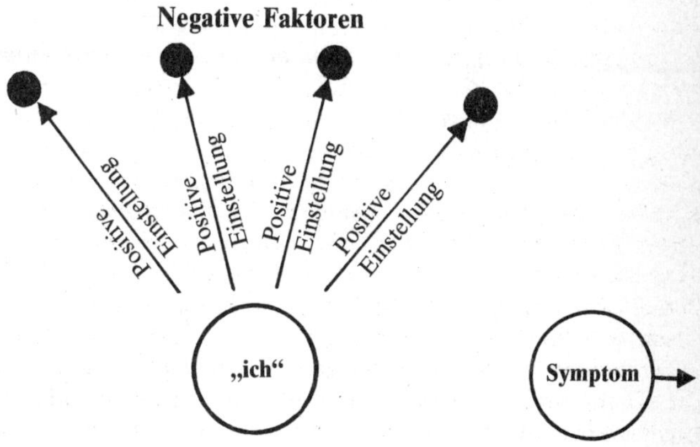

Einstellungsmodulation des Therapeuten

drückte ihn dies sehr, denn er hielt sich selbst für unfähig, regelmäßige Arbeit durchzuhalten. Knapp nach seinem 13. Versuch wurde er vom Jugendamt an mich überwiesen mit der Frage, ob es noch irgendwelche Stabilisierungsmöglichkeiten für ihn gäbe. Zugleich wurde mir eine dicke Akte zur Einsichtnahme überreicht, in welcher seine Familienverhältnisse bis zurück zu seinen Großeltern genauestens verzeichnet waren. Demnach war seine Mutter ein „haltloses Mädchen“ gewesen, hatte ihn unehelich bekommen und später von diversen Vätern, an die sie sich zum Teil nicht einmal erinnerte, noch weitere 10 Kinder zur Welt gebracht. Er selbst war von Verwandten, Omas und Pflegeeltern in höchst unterschiedlichen Erziehungsstilen aufgezogen worden und hatte niemals Beständigkeit, Geborgenheit und einen regelmäßigen Tagesrhythmus kennengelernt. Von Zeit zu Zeit waren betrunkene und gewalttätige Männer bei ihm zu Hause erschienen, wobei der Junge mitten in der Nacht aus dem Bett gerissen wurde und man mit ihm in ein Kellergeschoß flüchtete, wo er versteckt und manchmal auch für gewisse Zeit „vergessen" wurde. Schließlich hatte ihn die Jugendfürsorge aus dem Milieu genommen und er war wieder zu Pflegeeltern gekommen, die sich zwar viel Mühe gaben, aber große Konflikte mit ihm hatten. Sie warfen ihm beständig vor, wie unregelmäßig er seine Schulaufgaben erledige im Vergleich zu ihren eigenen Kindern, welche die Realschule besuchten und nur gute Noten heimbrachten. Zweimal riß er aus, kam aber niemals weit; kleinere Delikte wie Kaufhausdiebstähle, Tierquälerei und Beschädigung fremder Fahrräder begleiteten seine Laufbahn. Als er bei drei Arbeitsplätzen gescheitert war, sagten sich seine Pflegeeltern von ihm los. Danach ging es mit ihm bergab, und die kurzfristigen Hilfsarbeiterstellen, die er zeitweise annahm, verstärkten nur seine Arbeitsscheu und Motivationsschwäche.

Eigentlich hätte ich allein nach dem Durchlesen der dicken Akte erklären müssen, daß nach menschlichem Ermessen keine Chance mehr zur Reintegration des Jugendlichen bestand. Dennoch forderte ich den jungen Mann offen heraus. Ich sagte ihm klipp und klar, daß wahrscheinlich niemand mehr ihm zutraue, er könne sich bessern und sich in ein normales Leben einfügen, sogar er selbst habe sich innerlich aufgegeben.

Aber, fügte ich hinzu, ich sei nicht bereit, ihn aufzugeben. Ich würde nun den Aktendeckel vor seinen Augen schließen und damit alles vergessen, was ich darin gelesen hätte. Wir würden ganz von vorne anfangen, so als stünden ihm alle Möglichkeiten des Lebens offen. Denn wenn er auch Beständigkeit, Zuverlässigkeit und Durchhaltevermögen in seiner Kindheit nie gelernt habe, umso mehr sei es an der Zeit, es selbst zu lernen. Wir würden also davon ausgehen, daß er diese Eigenschaften durch eigene Erfahrungen lernen könne und daß seine bisherigen gescheiterten Versuche das „Lehrgeld" dafür seien. Andere Menschen würden vieles durch Erziehung und Vorbild der Eltern lernen, er lerne es eben durch zehn oder zwanzig mißlungene Versuche. Und wenn der Lernprozeß abgeschlossen sei, dann habe er endlich die Bedeutung des Durchhaltenmüssens erkannt, dann solle er in einer gewaltigen Anstrengung alle seine

Kräfte sammeln für den ersten wirklichen Start in seinem Leben – und dieser würde ihm gelingen.

Der junge Mann war dieser Interpretation gegenüber sehr aufgeschlossen; zum erstenmal erlebte er, daß jemand ihm etwas zutraute, daß eine Chance ihm zugesprochen wurde. Er begann seinen nächsten Job, eine Aushilfe in einem Spielwarengeschäft, mit viel gutem Willen, aber es gelang ihm dennoch nicht, zur Zufriedenheit seines Arbeitgebers zu arbeiten, er war zu unbeholfen im Verkauf. Das war also der 14. Versuch. Beim 17. Versuch wollte er fast aufgeben, und nur mit großer Überredungskunst gelang es mir noch einmal, ihn zur Annahme einer Arbeit zu bewegen. Es waren Hilfsdienste in einem Blumengeschäft; er mußte Blumen austragen, das Auto entladen und durfte auch manchmal in der Gärtnerei helfen.

Man wird es mir vielleicht nicht glauben, aber er ist heute noch dort, und wenn er sich weiter bewährt, hat er sogar die Möglichkeit, noch eine Gärtnerlehre zu beginnen. Dabei ist er so stolz auf seinen Erfolg, daß er sogar einen Kurs auf der Volkshochschule belegt hat, um seine Rechtschreibkenntnisse aufzufrischen – und sogar den hält er durch! Dieser junge Mann ist der lebendige Beweis für den Edisonschen Satz: Das ist das Schöne an einem Fehler: man muß ihn nicht – achtzehnmal begehen!

Es gibt in unserem Behandlungsschema nicht immer eine 3. Stufe, eine Symptomreduzierung. Jemand ist schwer krank und muß sich mit dieser Krankheit abfinden, jemand hat eine nahestehende Person verloren und muß über den Verlust hinwegkommen, jemand hat einen Fehler begangen, den er nicht wieder gutmachen kann, und muß mit dieser Schuld leben. Schuld, Leid und Tod, die *„tragische Trias“*, wie wir in der Logotherapie sagen, spielen in der Psychotherapie eine höchst bedeutsame Rolle, nämlich die Rolle des „Unausweichlichen“, des „Unveränderbaren“, sie sind die äußere Schranke, an der wir mit all unseren Methoden und Möglichkeiten an die Grenze kommen – ist auch da noch zu helfen?

Da gibt es keine Selbstdistanzierung mehr vom Symptom (wer könnte sich von Leid, Schuld, Tod distanzieren?), da gibt es keine Symptomreduzierung mehr (wer könnte es abwenden?), aber es gibt immer noch die Wahl der Einstellung dazu (2. Stufe), und es gibt immer noch die Entfaltung anderer intakter Sinnmöglichkeiten (4. Stufe). Ein harmloses Beispiel soll eine solche Einstellungsmodulation ohne mögliche Symptomreduzierung veranschaulichen.

Fall Nr. 18:
Eine Mutter stellte ihren Sohn wegen allzu großer Empfindlichkeit in der Beratungsstelle vor, und die ärztliche Untersuchung erbrachte, daß das Kind tatsächlich vegetativ auf minimale Reize ansprach, u.a. ein Dermographismus vorlag (die Haut röte sich bei geringster taktiler Reizung) und auch sonst hohe Sensibilität in allen Bereichen bestand. Das wirke sich im erzieherischen Alltag als erhöhte „Wehleidigkeit" beim Kinde aus; wenn also ein Milchzahn wackelte, konnte der Sohn nicht mehr Zähne putzen, wenn das Badewasser eine Spur zu kalt war, konnte er nicht mehr hineinsteigen, der geringste Kratzer wurde zum Drama. Gewiß mochte es möglich sein, mit dem Älterwerden des Kindes einen Teil der Überempfindlichkeit abzubauen, doch zum Zeitpunkt der Beratung der Mutter gab es kein Rezept gegen die hohe Sensibilität des Kindes, das man ihr guten Gewissens hätte in die Hand drücken können. Sie mußte sich zunächst damit abfinden. Um einen Ansatzpunkt für eine Einstellungsmodulation (ohne anschließende Symptomreduzierung) zu finden, erforschte ich die Interessen des Kindes genauer, und dabei kam zum Vorschein, daß der kleine Kerl in höchstem Maße musikalisch war und von seinem Musiklehrer stets wegen seines absoluten Gehörs gelobt wurde. Die Mutter war auch sehr stolz auf die musikalischen Leistungen ihres Kindes, das sogar schon bei einem Kinderkonzert auf der Bühne gestanden war und viel Applaus geerntet hatte.

Hier bot sich für mich die Chance zu einer hilfreichen Einstellungsmodulation, denn es gelang mir, der Mutter begreiflich zu machen, daß man eben nicht alles haben kann: entweder absolutes musikalisches Gehör, was gewissermaßen eine hohe Sensibilisierung im akustischen Bereich bedeute, dafür aber auch Überempfindlichkeit in anderen Belangen, oder aber keine gute Musikalität, kein Gehör, dafür auch keine Empfindlichkeit, sondern robuste Stabilität. Seit diese Mutter weiß, daß hier ein Zusammenhang besteht, nimmt sie die Überempfindlichkeit ihres Kindes viel besser in Kauf, weil sie sich mit dem Gedanken an seine musikalische Qualifikation tröstet. Und lustigerweise hat sie über diese Assoziation sogar eine Methode gefunden, die Wehleidigkeit des Kindes etwas zu dämpfen. Wann immer es nämlich wegen Kleinigkeiten „Geschrei" gibt, beginnt sie zu singen bzw. fordert das Kind zum Mitsingen auf und lenkt damit die Aufmerksamkeit des Kindes von seinem „großen Schmerz" ab und einem positiven Inhalt zu, was schon fast einer logotherapeutischen Dereflexion gleichkommt. Aber auch ihre eigenen Aggressionen, die durch die Überempfindlichkeit des Kindes früher oft hervorgerufen wurden, bleiben aus, weil sie sich durch die neue Einstellung auf das Positive im Kinde konzentrieren kann.

Gewöhnlich benötigt eine bleibende Einstellungsmodulation einen ziemlichen Aufwand an Argumentation, Exemplifikation und Opposition von seiten des Therapeuten. Einer ungesunden Denkhaltung muß in einer Weise widersprochen werden, die dem Patienten hilft, diese Denkhaltung aus eigener Einsicht aufzugeben. Das ist schon deswegen kein leichtes Unterfangen, weil selbst ein rational gut einsehbares und begründbares Gegenargument keineswegs hinreichen muß, um emotionale Fehleinstellungen zu mildern.

Manchmal gelingt es jedoch im logotherapeutischen Gespräch, eine Argumentation oder eine Sachinterpretation zu finden, die sowohl der ungesunden Denkhaltung des Patienten widerspricht, als auch dessen emotionalen Grundtendenzen entgegenkommt. In diesem Fall kann wegen der emotionalen Bereitschaft die ungesunde Denkhaltung vom Patienten sofort, ja geradezu schlagartig aufgegeben werden, es ist wie eine kopernikanische Wende", eine therapeutische Sternstunde. In der Literatur sehr bekannt geworden ist eine Einstellungsmodulation von Frankl, mit der er einem Arztkollegen über den Verlust von dessen Frau hinweghelfen konnte. Die dabei angebotene Überlegung, daß das Leid des Überlebenden dem zuerst Dahingegangenen erspart bleibe und somit der Überlebende es für den anderen mittrage, widersprach nicht nur der ungesunden Denkhaltung, daß das Leid unerträglich, weil sinnlos, sei (es bekam dadurch nämlich einen „Opfercharakter"), sie kam auch der emotionalen Grundhaltung, in diesem Falle der Liebe zur Dahingeschiedenen, entgegen.

Eine ähnliche „schlagartige" Einstellungsmodulation ist mir in folgendem Fall gelungen:

Fall Nr. 19:
Eine 55jährige Hausfrau, verheiratet mit einem Werkzeugmacher, hat vier Kinder großgezogen, wobei das jüngste im Alter von 25 Jahren von einem Auto überfahren worden ist. Die verunglückte Tochter lag damals noch 7 Wochen ohne Bewußtsein auf der Intensivstation einer Klinik, wo sie künstlich am Leben gehalten wurde, und die Mutter saß die ganze Zeit am Krankenbett, bis die Patientin starb. Der Verlust dieser Tochter könnte möglicher Auslöser für eine allerdings später erst aufgetretene endogene Depression der Frau sein, nämlich für eine zeitweise Verstimmung, die im Abstand von ca. zwei

Jahren eintritt und stationäre Hilfe erfordert. In der Zwischenzeit führt diese Frau ein ruhiges, zurückgezogenes Leben. Die drei Kinder, die alle schon eigene Familien haben, vernachlässigen die Mutter ein wenig, besuchen sie hie und da notgedrungen und haben ihr kaum etwas zu sagen. Eine gewisse Unausgefülltheit und Leere ist im Leben dieser Frau entstanden, sie wird wenig gebraucht, kommt sich mitunter recht überflüssig vor, der Kontrast zur früheren familiären Hektik des Sechs-Personen-Haushaltes ist groß.

Wegen dieser noogenen Problematik ist sie zwischen ihren depressiven Phasen bei mir in Gesprächskontakt. Nun geschah es, daß sie einmal ganz aufgeregt und weinend anrief und um Hilfe bat. Die telephonischen Erklärungen klangen so verwirrt, daß ich sie bat, gleich zu mir zu kommen und sie als „Notfall" einschob. Was sie dann zitternd und unter Tränen stammelnd hervorbrachte, war folgendes:

Es war ihr Geburtstag. Alle drei Kinder waren „zufällig" auf Urlaub, ein Sohn habe sogar geäußert, er lasse sich deswegen seinen Urlaub nicht „verpatzen", eine Tochter habe einen Blumenstrauß mit zwei Zeilen geschickt, das dritte Kind habe den Geburtstag vergessen. Als sie zum Briefkasten gegangen war, um zu sehen, ob ihr nicht doch jemand geschrieben habe, fand sie darin einen Brief, adressiert an den Namen ihrer verstorbenen Tochter, abgesandt von der Klinik, in welcher diese gestorben war. Die Frau hatte diese Tatsache als „Hohn des Schicksals" aufgefaßt, der Brief, den sie nicht einmal zu öffnen vermochte, hatte ihr einen Schock versetzt; sie konnte es nicht fassen, ausgerechnet an ihrem Geburtstag an das Unglück solchermaßen erinnert zu werden. Alles habe sich gegen sie verschworen, keiner wüßte, wie es in ihr aussähe – kurz und gut, sie hatte völlig die Fassung verloren, und ich mußte sie auf die Couch betten, da sie mir nahe vor einem körperlichen Zusammenbruch schien.

Schließlich nahm ich ihr den Brief aus den schweißnassen Händen, öffnete ihn und stellte fest, daß es sich um die Routinebefragung eines Klinikarztes handelte, der an einer Dissertation über komplizierte Schlüsselbeinfrakturen arbeitete. Er hatte der Krankenhauskartei entnommen, daß bei der Verunglückten auch solche Verletzungen gegeben waren, wobei er übersehen haben mußte, daß die Patientin damals gestorben war. Er bat in seinem Schreiben um die Beantwortung einiger Fragen über Folgeerscheinungen des Bruches und ähnliches. Ich erklärte der weinenden Frau den Inhalt des Briefes und entschloß mich dann zu einer etwas gewagten Sachinterpretation, um die unglückliche Einstellung der Frau abzuschwächen. Ich schlug ihr folgendes vor: „Dieses Schreiben des Arztes müssen wir mit einem entsprechenden Vermerk zurückschicken, aber diesen Um-

schlag hier heben Sie sich gut auf. Es steht der Name Ihrer Tochter darauf, und er kam gerade an Ihrem Geburtstag zu Ihnen; ist es nicht wie ein Gruß von Ihrer Tochter, ein Geburtstagsgruß? Ihre drei lebenden Kinder sind so mit ihrem eigenen Leben beschäftigt, daß sie kaum Zeit für den Geburtstag der Mutter haben, aber dieses so früh von Ihnen getrennte Kind, das ja keine Möglichkeit mehr hat, der Mutter zu gratulieren, ist durch diesen Zufall gerade am heutigen Tag in Ihren Gedanken und in Ihrem Herzen wieder lebendig geworden – ist es nicht wie ein Wunder? Das Schicksal wollte Sie durch das Versehen des Arztes bestimmt nicht quälen, zumal Sie schon so viel durchgemacht haben, nein, es wollte Ihnen vielleicht eine Freude machen, indem heute an Ihrem Geburtstag eine Erinnerung an Ihre verstorbene Tochter in Ihre Hände gespielt wurde – als hätte diese Ihnen einen leisen Gruß zugesandt ...“

Die Frau war still geworden, sehr still. Dann legte sie den Umschlag sorgfältig in ihre Handtasche, stand auf, drückte mir die Hände und ging.

Sie konnte den Schmerz nun ertragen, denn er war nicht mehr sinnlos, das versehentliche Schreiben hatte für sie einen neuen, bedeutungsvollen Sinn erhalten. Die ungesunde Einstellung, daß sich alles gegen sie verschworen habe, war einem Symbol mütterlicher Liebe, die über das Grab hinausreicht, gewichen.

Wir haben gesagt: Jede Krise hat ihre Chance – wir können hinzufügen: Jedes Leid hat seinen Sinn! Ich gebe zu, daß es nicht immer leicht ist, einem Leid einen Sinn abzuringen, aber wenn dies gelingt, dann kann man sicher sein, daß der Betroffene an seinem Leide nicht zerbrechen wird.

Fall Nr. 20:
Eine junge Frau suchte Hilfe bei mir mit den verzweifelten Worten: „Mich will doch keiner mehr – ich will nicht mehr leben!“ Der Grund: Ihr Gesicht war nach einem Autounfall zerschnitten und entstellt, und ihr Mann hatte sich kurz darauf von ihr getrennt.

Wir haben gerungen miteinander, Sie und ich, gerungen um eine neue Einstellung zum Leben, die ihr das Weiterleben ermöglichen konnte. Einmal kam das erste Lächeln auf ihre Lippen, der Beginn einer neuen Zuversicht, und das war, nachdem ich ihr folgende Überlegung angeboten hatte: „Ich glaube, mit diesem Schicksalsschlag, dem Verlust der äußeren Schönheit, haben Sie zugleich ein präzises Meßgerät in der Hand. Wann immer Sie nämlich jemanden kennenlernen, können Sie ihn „testen“, ob er genug innere menschliche

Größe besitzt, um ein wahrer Freund werden zu können, oder ob er an oberflächlichen Dingen und Äußerlichkeiten hängt. Sie haben sozusagen einen Geigerzähler, mit dem Sie wertvolles Metall suchen können, nur handelt es sich in Ihrem Fall um wertvolle Menschen. Ihr Mann hat den Test nicht bestanden, nicht Ihre äußeren *Fehler waren daran schuld, sondern* seine inneren *Fehler, die Sie ohne dieses Unglück vielleicht nie so deutlich erkannt hätten. Wenn Sie nun wieder einen Partner suchen und etwas länger warten müssen als andere, dann deshalb, weil Sie Ihre Zeit nicht mit unechten Freundschaften verschwenden müssen, wie es andere oft tun, weil sie kein Instrument besitzen, welches ihnen anzeigt, ob sie um ihrer selbst willen geliebt werden oder nicht. Sie aber haben die Möglichkeit, dies festzustellen, denn wer Sie wirklich aufrichtig mag, der wird sich nicht an Äußerlichkeiten stoßen, im Gegenteil, er wird Sie wegen Ihrer Tapferkeit bewundern und wegen Ihres Leides um so inniger behüten und beschützen. Geben Sie den Glauben an eine glückliche Partnerschaft niemals auf! Wirklich gütige und wertvolle Menschen gibt es eben wenige, aber es wären auch nicht mehr, wenn Sie die Schönheit einer Filmdiva hätten; nur würden Sie sie dann kaum in Ihrer Umwelt erkennen. Durch Ihr Leiden haben Sie die Gabe erhalten, unter den Mitmenschen „die Spreu vom Weizen zu trennen", und das kann wertvoller sein als die ebenmäßigsten Gesichtszüge, die ja doch in ein paar Jahrzehnten verwelken."*

Wie gesagt, ein Lächeln kam auf die entstellten Züge meiner Patientin, der erste Keim neuen Lebensmutes. Ab dem Moment ging es ihr besser, und Monate später konnte sie wieder Ausflüge machen und sich in Gesellschaften bewegen wie andere junge Menschen auch.

Der Unterschied der logotherapeutischen Einstellungsmodulation zu anderen Gesprächspsychotechniken ist ziemlich groß. Die meisten therapeutischen Gespräche finden unter dem Leitmotiv statt, daß der Therapeut davon absieht, ins Gespräch einzugreifen oder schon gar seine Meinung darzulegen, sondern nur eine stimulierende Situation schafft, um den Patienten zum Sprechen zu bringen. Das kann er durch schweigendes Abwarten genauso erreichen wie durch Widerspiegeln und Nachformulieren der Äußerungen des Patienten. Der Logotherapeut dagegen stellt sich auch persönlich dem Gespräch, ja er gibt heilsame Opposition, wenn es nötig ist. Er sagt „nein" zum Zwangsneurotiker, „nein, Sie werden dies, wovor Sie sich fürchten, *nicht* tun, Sie können sicher sein, daß es *nicht* geschieht!" Er sagt „nein" zum Depressiven,

„nein, es ist *nicht* wahr, daß Ihr Leben keinen Wert und keinen Sinn hat, ich werde es Ihnen beweisen!" Die Logotherapie lehrt, daß ein falsches Verständnis oder gar eine simple Widerspiegelung der vorgebrachten Problematik den Patienten nur noch tiefer darin verstrickt. Wenn ein Patient kommt und behauptet, das Leben freue ihn nicht mehr, so würde ein Logotherapeut niemals sagen: „Sie meinen also, Sie wollen nicht weiterleben, Sie wollen sterben?" (Widerspiegelung) oder „Ich verstehe Sie sehr gut nach allem, was Sie mitgemacht haben …" (Verständnis), sondern er würde vielleicht sagen: „Und was ist mit den Aufgaben draußen im Leben, die auf Sie warten?"

Die Logotherapie will nicht nur ihre Patienten zur Verantwortlichkeit erziehen, sie verlangt auch von ihren Therapeuten Verantwortungsgefühl. Um diesem Anspruch gerecht zu werden, muß der Logotherapeut immer wieder versuchen, seinen Patienten aus dem existentiellen Vakuum herauszureißen und ihn in einem sinnerfüllten Dasein zu sichern. Und er muß auch imstande sein, „nein" zu sagen, ganz entschieden „nein", wenn der Patient sich abhängig fühlt von unglücklichen Determinanten, die ihn in seiner persönlichen Entfaltung hemmen. So wie ein Arzt „nein" sagen können muß, etwa bei einem Gallenkranken zum Fettkonsum, und nicht lange fragen darf: „Sie essen also gerne fette Speisen?"

Es gibt allerdings eine Ausnahme, die sich nicht auf Grundsätzliches, sondern nur auf die Vorgangsweise bei der Einstellungsmodulation bezieht: den „sokratischen Dialog", wie er von Frankl in die Logotherapie eingeführt worden ist, oder eine ähnliche Methode, die ich selbst entwickelt habe und als *„naive Fragetechnik"* bezeichnen möchte.

Patienten suchen nämlich nicht immer Beratung und Hilfe, sie wollen sich sehr oft lediglich den Kummer von der Seele reden und suchen Selbstbestätigung. Wenn der Psychotherapeut ihnen diese Selbstbestätigung nicht gibt oder nicht bereit ist, eine unbegrenzte Zeit lang stumm zuzuhören, werden die Patienten mitunter aggressiv gegen den Therapeuten und stellen sich zu ihm in Widerspruch. In diesem Fall ist es für den Therapeuten noch schwerer, den Patienten zur Mitarbeit in seinem therapeutischen Konzept zu bewegen.

Man kann jedoch in der Therapie den Widerspruch des Patienten auch nützen, indem man die negativen und ungesunden Einstellungen des Patienten *scheinbar* bejaht und widerspiegelt und somit dessen Widerspruch *zu ihnen* herausfordert.
Mithin widerspricht der Patient seinen eigenen negativen Einstel-

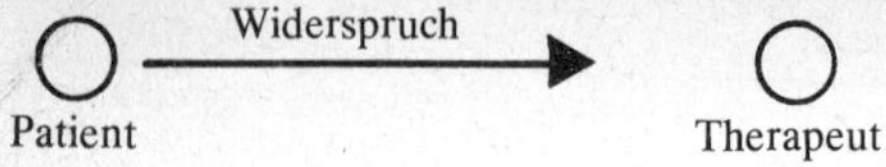

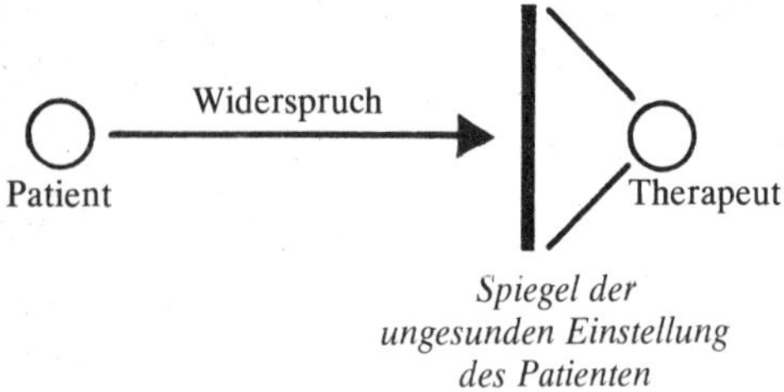

lungen, was im cognitiven Bereich zu einem „Aha-Erlebnis" führt und sehr oft eine Einstellungskorrektur erleichtert bzw. ohne jedes weitere Zutun des Therapeuten nach sich zieht. Wenn man dabei eher „dick aufträgt" und diese ungesunden Einstellungen ein klein wenig lächerlich erscheinen läßt, gelingt die Distanzierung des Patienten von seinen eigenen negativen (und nunmehr etwas verzerrt dargestellten) Einstellungen umso besser. Manche Rat- und Hilfesuchenden merken auch gar nicht die Führung des Therapeuten bei der naiven Fragetechnik, der Effekt ist jedoch der gleiche: Sie lehnen mit dem Therapeuten zugleich ihre eigenen ungesunden Auffassungen ab. In dieser Technik mischen sich Elemente der „paradoxen Intention" und „Einstellungsmodulation" mit ein bißchen Weisheit, ein bißchen Humor, ein bißchen Einfühlungsgabe und sehr viel Einschätzung von geistigen Feedback-Prozessen; im Grunde ist sie eine rein logotherapeutische „Komposition". Dazu ein anschauliches Beispiel mit Gesprächsfragment:

Fall Nr. 21:
Eine alleinstehende, nicht berufstätige Mutter, die von Witwen- und Waisenrente lebte, kam zu mir wegen ihres achteinhalbjährigen Sohnes. Das Kind hatte große Schulschwierigkeiten, es hatte die erste Klasse wegen fehlender Schulreife bereits wiederholt und besuchte derzeit die zweite Klasse einer normalen Volksschule. Das EEG war leicht auffällig. Ich untersuchte das Kind psychologisch und fand Begabungswerte zwischen Normalschulniveau und Sonderschulniveau; es bestanden starke Rückstände im sprachlichen Bereich, im Bereich visueller Merkfähigkeit und in der Konzentration.

Die Mutter versuchte mit allen Mitteln bessere Schulleistungen zu erzwingen, sie übte mit dem Kind täglich den ganzen Nachmittag und oft noch abends, obwohl das Kind sich weigerte, Wutanfälle produzierte, Aufgaben zu unterschlagen begann und in jeder Form aus der Überforderungs- und Drucksituation zu entkommen trachtete. Das Thema „Schule" war für das Kind zum Alptraum geworden. Auf Anraten der Schule sollte die Mutter intensiv beraten werden, eine Umschulung ihres Sohnes in die Sonderschule für Lernbehinderte wurde erwogen.

Die Mutter kam voller Widerspruchsbereitschaft zu mir, sie war bereits allergisch gegen den oft gehörten Ratschlag, dem Kinde mehr Freiheit zu gewähren.

Gesprächsfragment (gekürzt):

Fr. X.: Sie können doch nicht behaupten, Frau Doktor, daß ich es nicht gut meine mit meinem R. Einmal wird er schon begreifen, daß er lernen muß, daß es nur zu seinem Besten ist! Was soll ich denn machen, wenn er in die Sonderschule muß, können Sie mir das sagen? Wo kriegt er dann eine Lehrstelle, wer nimmt heute noch Sonderschüler? Und was er dann für Klassenkameraden hat, da lernt er schon nichts Gutes.

Ich: Gewiß Frau X, ich verstehe Sie sehr gut. Daß Sie sich Sorgen um Ihren R. machen, zeigt nur, daß Sie eine richtige Mutti sind, so wie eine Mutti sein sollte.

Fr. X.: Ich kann doch nicht zuschauen, wie er immer mehr und mehr versagt, er muß lernen, er muß lernen!

Ich: Sie denken dabei an das Glück Ihres Kindes, nicht wahr?

Fr. X.: Ja natürlich, nur an sein Glück, an nichts sonst!

Ich: (Nach einer Pause) Sagen Sie, Frau X., können Sie sich noch an Ihre Kindheit erinnern, wie war es denn bei Ihnen? Haben Sie leicht gelernt?

Fr. X.: Nun, eigentlich auch nicht so sehr, besonders mit der Rechtschreibung habe ich sehr gekämpft, aber ich mußt's auch erlernen. Die vielen Diktate, mir läuft es heute noch kalt über den Rücken …

Ich: Mußten Sie in der Schule so viele Diktate schreiben?

Fr. X.: Nein, nur – meine Mutter war sehr streng, gleich mit dem Kochlöffel bei der Hand, da hieß es immer: Hinsetzen und üben! Nicht so wie die Kinder heute, die andauernd vor dem Fernseher sitzen, das gab es alles noch nicht.

Ich: Ihre Mutter war streng mit Ihnen. Hat sie denn auch Ihre Freizeit eingeschränkt?

Fr. X.: Eingeschränkt? Ich wußte gar nicht, was das ist! Aber meine Mutter war eine ehrgeizige Frau, die wollte aus mir eine Krankenschwester oder gar Lehrerin machen, die hatte immer Pläne mit mir, naja – ich bin eben Hausfrau und Mutter geworden. Sie hat es schon gut gemeint, meine Mutter, war nur sehr bestimmt, hat alles besser gewußt, alles vorgeschrieben, da durfte man nicht aufmukken. Gleich wenn die Schule aus war, hat sie sich auf mich gestürzt und dann hat's Diktate und Aufgaben gehagelt –.

Ich: *(Naive therapeutische Frage)* Das war gewiß sehr schön für Sie?

Fr. X.: (überrascht) Schön? Wieso? Nein, nein, wieso?

Ich: *(Naiv)* Ach ich dachte nur, weil Sie es ja so ähnlich beim R. machen, und da Sie bestimmt möchten, daß er eine schöne Kindheit hat ...

Fr. X.: Sie meinen, ich mach's wie meine Mutter? Ja aber, er muß doch etwas werden! Er ist schließlich ein Junge!

Ich: Sagen Sie, Frau X., was war bisher die schönste Zeit in Ihrem Leben?

Fr. X.: Ja also ... (denkt nach), wenn ich es recht bedenke, war es die Zeit, als ich jung verheiratet war. Das Kind war noch nicht da, von den Eltern war ich fortgezogen, mein Mann hat mir nicht viele Vorschriften gemacht, hat alles mir überlassen, den ganzen Haushalt. Ich hab' zwar nicht viel Können mitgebracht, aber ich durfte ganz langsam meine Erfahrungen sammeln, und wenn was schiefging, habe ich es eben nochmals probiert. Niemand hat mir mehr auf die Finger gesehen. In der Zeit, glaube ich, habe ich mich erst so richtig zu einer erwachsenen, jungen Frau entwickelt. Ja – das war die schönste Zeit.

Ich: *(Naive therapeutische Frage)* Dann wird ihr R. also noch ein paar Jahre warten müssen, bis seine schönste Zeit kommt, nicht wahr?

Fr. X.: Der R.! Ja glauben Sie, er fühlt sich so wie ich damals!?

Ich: *(Naiv)* Ich weiß es nicht, Frau X., Sie kennen ihn besser als ich. Vielleicht fühlt er ganz anders als Sie, vielleicht macht er sehr gern alles, was ihm vorgeschrieben wird, und möchte gar nicht selbständige Erfahrungen machen, so wie Sie als junge Frau ... ?

Fr. X.: Nein, nein, das stimmt schon, der Junge ist genau wie ich! Er leidet bestimmt auch darunter – (erschrocken) glauben Sie denn, ich bin wie meine Mutter war?

Ich: *(Naiv)* Das kann doch nicht sein, Frau X., Sie sagten doch, Sie wollten nur das Glück Ihres Kindes, während ich aus Ihren Erzählungen heraushöre, daß Ihre Mutter Sie nicht unbedingt glücklich gemacht hat!

Fr. X.: Ja, ja, ich will das Glück meines Kindes, aber ob das Kind das auch empfindet? Vielleicht mache ich es unglücklich und will nur sein Bestes? Sie haben mich ganz verwirrt, kann es denn sein, daß mein R. die ganze Zeit unglücklich ist? Daß er erst aufatmen wird, wenn er von mir fortgezogen sein wird? Oh Gott, oh Gott! (Schluchzt)

Ich: Es geht vielen jungen Frauen so, daß sie die Fehler Ihrer eigenen Eltern wieder begehen, obwohl sie selbst unter diesen Fehlern gelitten haben. Das kommt daher, weil ihnen nie jemand Hilfe bei der Erziehung gegeben hat, und deshalb orientieren sie sich an dem einzigen Beispiel, das sie je gesehen haben, dem Beispiel ihrer eigenen Eltern. Es ist aber schade, wenn sich die Erziehungsfehler von

Generation zu Generation wiederholen; wenn Sie also Ihren R. so stark unter Druck setzen, daß er schließlich gar nichts mehr selbst machen will und kann, und wenn er wiederum später seine eigenen Kinder so unter Druck setzen wird, weil er es gar nicht anders kennt, daß auch sie versagen müssen. Einer muß diese Unglückskette einmal unterbrechen, und ich glaube, daß Sie, Frau X., das könnten! Ich würde es Ihnen wirklich zutrauen. Mit ein wenig Hilfe und pädagogischer Anleitung und mit all der Liebe, die Sie für Ihr Kind empfinden, könnten Sie eine erstklassige Mutti werden, so daß R. als Erwachsener sagt: Meine schönste Zeit war meine Kindheit zu Hause. Ich hatte zwar keinen Vati mehr, aber meine Mutti, die war mein bester Kamerad!

Fr. X.: Frau Doktor, das möchte ich, ja das möchte ich! Helfen Sie mir bitte, ich will alles machen, was Sie sagen ...

Nach dieser Einstellungsmodulation war es leicht, der Mutter pädagogische Ratschläge zu erteilen. Wir haben gemeinsam ein gezieltes Förderungsprogramm erstellt, welches auch den nötigen Freizeit- und Spielraum für das Kind beinhaltete, und ich habe ihr auch eine Schulaufgaben-Situation in vivo demonstriert. Die Konzentrationsfähigkeit des Kindes besserte sich in erstaunlich kurzer Zeit, und aus dem gedrückten Kind ist ein ganz munteres Kerlchen geworden. Ob sich allerdings seine Rückstufung in eine Sonderschule verhindern läßt, ist noch ungeklärt, aber selbst in diesem Fall würde ich der Mutter zutrauen, mit der Sachlage innerlich gut fertig zu werden.

Im genannten Beispiel war die Frage „Das war gewiß sehr schön für Sie?“ Der Beginn der Einstellungsmodulation, die Mutter begann, ihren eigenen ungesunden Vorstellungen zu widersprechen. Die Psychoanalyse hätte sich auch mit der Vergangenheit der Mutter beschäftigt, aber nicht, um daraus ein Umdenken hinsichtlich der Problematik des Kindes abzuleiten, sondern um eine Neurotisierung der Mutter festzustellen, aus welcher sich deren Fehlverhalten ableitet. Die Verhaltenstherapie hätte sich auf ein Gespräch über die Vergangenheit nicht eingelassen, sondern ein Therapieziel vereinbart und stufenweises Vorgehen vorgeschlagen. Sie hätte daran angesetzt, daß die jeweiligen Erwartungsschritte für das Kind zu groß seien. Das stimmte auch, aber ohne logotherapeutische Einstellungsmodulation wäre die Mutter nicht bereit gewesen, dem zuzustimmen. Erst nach der Einstellungsmodulation konnte ein verhaltenstherapeutisches Programm in Angriff genommen werden, wobei freilich das geistige „Ja-Sagen“ zum Zustandsbild des Kindes und seinen Schwächen sowie das Vertrauen zur Zukunft wiederum nur in einem geistigen Ringen mit der Mutter allmählich fundiert werden konnte. Das bedeutet, daß die naive Fragetechnik nicht nur den Widerstand der Mutter gelöst, sondern auch das Fundament geschaffen hat für spätere gezielte, sinnvolle und ggf. lerntheoretisch orientierte Beratung und Anleitung. Die Frage „Das war gewiß sehr schön für Sie?" war einzig und allein ein Appell an die Trotzmacht des Geistes, welche stärker ist, als viele gelernte Reaktionsmuster oder emotionale Entgleisungen.

In der psychotherapeutischen Praxis erlebt man es immer wieder, daß hinter den von den Patienten vorgebrachten Problemen zutiefst eine ungesunde Einstellung steckt, und daß sich die genannten Probleme schnell bagatellisieren oder zumindest ertragbar machen lassen, sobald es gelungen ist, die Einstellung des Patienten in eine positive, psychohygienisch gesunde, ziel- und sinngerichtete überzuführen. Als letztes Beispiel dazu möchte ich eine Symptomatik erwähnen, die sehr häufig vorkommt. Es handelt sich um jene Mütter, meist zwischen 50 und 60 Jahren, deren Kinder erwachsen und selbständig sind, deren Ehemänner noch berufstätig sind, und die selbst ihr Leben lang fleißig gearbeitet haben. Sie leiden oftmals an typischen Depressionen, die man nicht einfach auf das Klimakterium schieben kann, denn dahinter steht die bange Frage: „Wofür bin ich eigentlich noch gut, von wem werde ich gebraucht, was soll ich künftig mit meinem Leben anfangen? Welchen Sinn hat mein Dasein letzten Endes noch ...?"

Es wird niemanden verwundern zu erfahren, daß Hunderte von Frauen und Müttern sich dieselben Fragen stellen, sich in derselben Problemlage befinden, und doch imstande sind, auch diesen fortgeschrittenen Abschnitt ihres Lebens mit Inhalt auszufüllen; daß aber jene Patientinnen, die mit noogenen Depressionen in die Sprechstunde der Ärzte und Psychologen kommen, durchgehend bereits zu einer *Antwort* auf diese Fragen gelangt sind, und zwar zu einer *negativen* Antwort, zu einer negativen fixierten Einstellung. Sie kommen nicht und fragen: „Wozu ist mein Leben noch gut?", sondern sie kommen und sagen: „Mein Leben *ist* ja zu nichts mehr gut!" Eine solche ungesunde Einstellung aber beschwört erst die Depression herauf, die ihre eigentlichen Wurzeln in einer existentiellen Frustration hat. Aus diesem Grunde muß der Beginn einer adäquaten Therapie darin bestehen, die Patientin zunächst einmal in den Fragezustand zurückzuversetzen; sie soll die negative fixierte Einstellung aufgeben und sich wieder fragen, welchen Sinn ihr Leben auch jetzt noch haben könnte. Man muß zurückgehen zur Sinnsuche, die zu der Zeit bestanden hat, bevor die Patientin diejenigen Lebensinhalte fand, die nunmehr verlorengegangen sind.

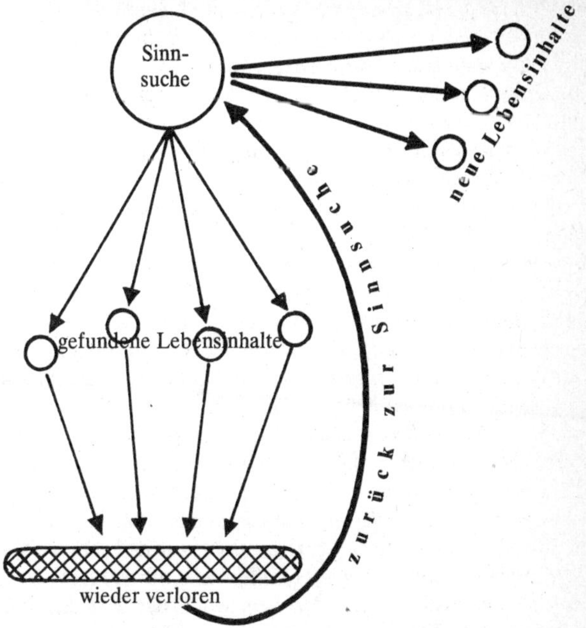

Erst im Fragezustand ist es möglich, neue Lebensinhalte aufzuzeigen und damit die Weichen für eine ausreichende Sinnorientierung auch in diesem Lebensabschnitt zu stellen. Manchmal wird der Einwand gebracht, wieso der Therapeut einer fremden Person Lebensinhalte, die für sie passen würden, aufzeigen könne. Ist das nicht eine geistige Vergewaltigung? Richtig, Sinn kann nicht vom Therapeuten gegeben werden, Sinn muß vom Patienten gefunden werden, man kann es nicht oft genug wiederholen. Sache des Therapeuten ist es eben nur, dem Patienten bei der „Sinnfindung“ behilflich zu sein.

Zum Fall Nr. 19:
Auch jene 55jährige Hausfrau war in den gesunden Phasen zwischen ihren gelegentlich auftretenden endogenen Depressionen in Gefahr, noogene Depressionen zu bekommen. Um dem vorzubeugen war es

notwendig, ihren Lebenshorizont zu erweitern. Ich begann damit, daß ich mir von ihr schildern ließ, womit sie früher beschäftigt war. Sie erzählte ausführlich, wieviel Arbeit sie mit dem 6-Personen-Haushalt und ihren 4 Kindern gehabt hätte, insbesondere in der Kriegs- und Nachkriegszeit, in der ihre Mittel sehr beschränkt gewesen waren und fast alles selbst gemacht werden mußte. Sie habe alle Kleidung selbst genäht, teilweise ohne Nähmaschine, habe Pullover in Heimarbeit gestrickt, um das Haushaltsgeld aufzubessern, und die Spielsachen ihrer Kinder selbst fabriziert. „Hatten Sie nicht hie und da den Wunsch, auch einmal etwas anderes zu machen, etwas außerhalb dieser Tretmühle des Alltags?" fragte ich sie. „Oh ja", entsann sie sich, „ich wollte immer ein Wandbild sticken, so ein Kablin (Gobelin), aber das Material war ja unerschwinglich, es gab auch keine solchen Anleitungen wie heute, ja heute gibt es schöne Sachen ..."

„Was haben Sie sich außerdem gewünscht, denken Sie einmal nach, wovon haben Sie in dieser harten Zeit geträumt und konnten es nie verwirklichen?" fragte ich noch intensiver nach. Sie lachte: „Sticken, das hätte ich lieber gemacht als nähen, die harten Stoffe damals, die ließen sich so schlecht verarbeiten. Es gibt vieles, wozu ich nie gekommen bin ... meine Briefmarken zum Beispiel, der Vater hat sie mir hinterlassen, einen ganzen großen Karton voll, der steht noch eingepackt im Keller, nie bin ich dazugekommen, die Marken zu sortieren ... ich wollte immer ferne Brieffreunde in der weiten Welt haben, aber ich kann ja keine Fremdsprache, da hätte ich viel bunte Post bekommen mit schönen Marken, aus Indien vielleicht oder gar Australien ... ja für feine Arbeiten habe ich überhaupt viel übrig, die Briefmarken mit der Lupe anschauen, sticken, auch Wachsarbeiten ... wer kann das heute noch ... die Zeit des Lebens ist so schnell vorbeigegangen ..."

„Sie ist noch nicht vorbei!" wandte ich ein, „sie hat sich nur gewandelt. Sie sagen selbst, Sie hatten in der Vergangenheit nicht die Zeit, die vielen schönen Arbeiten zu machen, die Ihnen vorgeschwebt sind. Jetzt *aber ist Ihnen diese Zeit geschenkt, geradezu als Belohnung, als Krönung ihres arbeitsamen Lebens ist Ihnen ein Zeitraum geschenkt worden, in dem Sie von der vielen Arbeit befreit sind, damit Sie* endlich *die Möglichkeit haben, Ihre Träume zu verwirklichen. Und jetzt ergreifen Sie diese Möglichkeit nicht und lassen den Zeitraum „leer" verstreichen! Sie müssen das Geschenk des Schicksals annehmen, dann finden Sie auch wieder innere Ruhe und Glück! Nie haben Sie an sich gedacht, immer waren Sie für Ihre Familie da, jetzt müssen Sie auch an sich denken, auch wenn es Ihnen schwerfällt, an die Er-*

füllung Ihrer Wünsche, die Sie mit der eigenen Hände Arbeit verdient haben. Warum sollen Sie nicht jetzt *ein Wandbild sticken, jetzt, da Sie die Zeit dafür haben, jetzt, da es Anleitung und schönes Material gibt? Und warum sollen Sie nicht jetzt Ihre Briefmarken sortieren und vielleicht mit anderen Sammlern tauschen, um komplette Sammlungen zu erhalten? Selbst Brieffreundschaften ließen sich finden, denn es gibt in aller Welt Studenten, die auch Deutsch lernen und sich vielleicht gerne in der Sprache üben möchten. Sie müssen Ihr Leben umgestalten, neugestalten! Es ist doch auch nicht so, daß Sie meinen, weil Sie nun keine Kleider aus harten Stoffen mehr nähen müssen, sollen Sie gar nichts mehr anziehen, im Gegenteil, Sie sagen sich: Ich bin froh, denn ich brauche nicht mehr zu nähen, ich kann mir fertige Kleider aus weichen, schönen Stoffen kaufen! Und genauso sollen Sie nicht sagen: Ich brauche nicht mehr sehr viel für den Haushalt zu arbeiten, jetzt tue ich gar nichts mehr!, sondern: Jetzt, da ich nicht mehr so viel Arbeit habe, kann ich endlich all die Dinge tun, zu denen ich nie gekommen bin!"*

Die Frau verstand sehr gut, was ich ihr mit einfachen Worten zu vermitteln suchte, und sie bekannte, daß sie ihren jetzigen Lebensraum nie aus dieser Perspektive betrachtet hatte. Schließlich entschloß sie sich, damit zu beginnen, für jedes ihrer Kinder ein kleines Wandbild zu sticken, und zusätzlich eines zum Gedenken ihrer verstorbenen Tochter mit deren Lieblingsmotiv, einer Bergspitze, weil die Tochter gerne in die Berge gegangen war. Dieses Bild wollte sie sich selbst ins Wohnzimmer hängen. Der Eifer, mit dem sie bei der Sache war, half ihr über viele depressive Stunden hinweg.

Habe ich nun der Patientin *irgendwelche* Lebensinhalte aufgedrängt? Gewiß nicht, die Inhalte kamen von ihr selbst, wir mußten sie nur mit vereinten Kräften „suchen". Hat man den Zustand der Sinnsuche wieder hergestellt, ist es nicht mehr so schwierig, Möglichkeiten aufzuzeigen, bzw. den Patienten klarzumachen, daß gerade eine Zeit, in der sie wenig ausgelastet sind und ihre Arbeitskraft nicht im Alltag aufgeht, eine enorme Chance birgt, endlich einmal dasjenige zu tun, wozu sie in den betriebsamen Jahren nie gekommen sind.

Das ist die *4. Stufe* aller logotherapeutischen Intervention: die Erweiterung der Sinnmöglichkeiten. Wenn die enge Verknüpfung zwischen Patient und Symptom durch die Distanzierung gelockert worden ist (1. Stufe) und neue, positive Einstellungen zu unabänderlichen negativen Faktoren aufgebaut worden sind (2. Stufe), dann reduziert sich die Symptomatik vielfach von selbst (3. Stufe), und es bedarf nur noch des Ansichtigwerdens von positiven Faktoren, die die persönliche und gegenwärtige Lebenssituation bereichern könnten (4. Stufe).

Insofern muß der Therapeut, wenn er im cognitiven Einstellungsbereich arbeitet, die Rangfolge beim Vorgehen beachten: Das wichtigste ist die Modulation der Einstellung zum Symptom, das zweitwichtigste die Einstellung zu negativen Lebensfaktoren, das drittwichtigste die Einstellung zu positiven Lebensfaktoren. Ist der Patient noch „in den Klauen seiner Symptomatik“, kann er negative Faktoren schlecht ertragen; hat er noch keine gesunde Einstellung zu diesen, ist er außerstande, nach einer Erweiterung der positiven Faktoren Ausschau zu halten. Man sieht, die einzelnen Schritte der Therapie führen den Patienten immer weiter von seinem Ich weg und fördern konsequent die so wichtige Fähigkeit zur „Selbst-Transzendenz“[10]; denn am engsten verknüpft mit seinem Ich ist die Symptomatik, und die negativen Faktoren belasten das Ich mehr, als die positiven Faktoren es erfreuen. Kann er erst wirklich positiver Faktoren ansichtig werden, kann er sein Ich vergessen, kann er auch – psychisch gesunden.

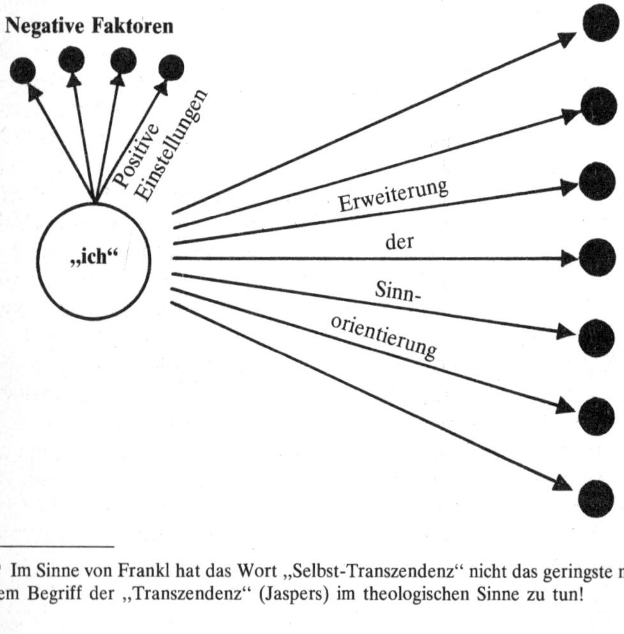

[10] Im Sinne von Frankl hat das Wort „Selbst-Transzendenz“ nicht das geringste mit dem Begriff der „Transzendenz“ (Jaspers) im theologischen Sinne zu tun!

Ich habe der Einstellungsmodulation viel Platz gewidmet, und doch war es zu wenig, um das Thema voll auszuschöpfen. Leo Gabriel, Philosoph aus Wien, prägte den Satz: „Das Tier *ist* die Welt, der Mensch *hat* die Welt". Dieses Die-Welt-Haben bedeutet nichts anderes, als zu ihr Stellung nehmen zu können, sich eben bewußt zur Welt einzustellen. Es ist eine spezifisch menschliche Fähigkeit, die wir nicht unterschätzen sollten, eine Fähigkeit, die im Psychophysikum allein nicht vorkommt, es ist *die Sprache des menschlichen Geistes!*

B) Die paradoxe Intention in der Praxis

Die Technik der „paradoxen Intention" beruht im Grunde auf nichts anderem als einer gezielten und symptomkonzentrierten Einstellungsmodulation. Wer die theoretischen Hintergründe dieser Psychotechnik nicht kennt, steht jedesmal verblüfft vor der Wirkung und meint, es sei ein „Zaubertrick". Wer jedoch um die Zusammenhänge weiß, dem geht dabei eine Ahnung darüber auf, welch ungeheures und bisher in der Psychotherapie wenig genütztes Potential der geistig-cognitive Bereich des Menschen eigentlich darstellt.

Die Anwendung der paradoxen Intention selbst ist leicht und fast in jedem Falle gut durchführbar; was sich schwierig gestaltet, ist, die Voraussetzungen für die Anwendung zu schaffen, und diese Voraussetzungen beinhalten – wie könnte es im logotherapeutischen Stufenplan anders sein – die *Selbstdistanzierung*. Es ist für die Durchführung der paradoxen Intention unerläßlich, daß der Patient begriffen hat, daß er mit seinen (ihn beherrschenden) Gefühlen nicht identisch ist, sondern zu ihnen Stellung beziehen kann, ja ihnen sogar trotzen kann. Die „Trotzmacht des Geistes" muß also hinreichend aktiviert sein, um mit dieser Methode arbeiten zu können.

Vielleicht ist es nützlich, an Hand hirnphysiologischer Erkenntnisse organische Substrate der geistigen Aktivation anzudeuten. Bekanntlich stammen die verschiedenen Hirngebiete des Hirnstamms, des Zwischenhirns und des Großhirns aus altersmäßig verschiedenen Epochen der Evolution. Heute weiß man, daß sich das emotionale Erleben einer „Reiz"-Situation auf zwei Ebenen zugleich abspielt: auf der Ebene des Zwischenhirns und auf der Ebene des Großhirns. Nehmen wir zum Beispiel an, aus einer fremden Wohnung kommt der angenehm duftende Geruch frisch gebackenen Kuchens. In der Reaktionsebene des Zwischenhirns werden (im Falle biologischer Bereitschaft, also „Hunger“) auf das „Signal“ Kuchengeruch typische Appetenzfunktionen ausgelöst, vor allem vermehrter Speichelfluß. Parallel dazu laufen auch bewußte Reaktionen des Großhirns ab, insofern, als das Kuchenessen psychisch als „begehrenswert“ oder „verlockend“ erlebt wird. Wenn aber das Zwischenhirn auf diesen Reiz aus irgendwelchen Gründen nicht anspricht, dann bildet sich auch keine bewußte Registrierung des parallelen Gefühls im Großhirn ab. Das Zwischenhirn entscheidet also zunächst darüber, ob der Kuchen verlockend wirkt oder nicht. Hier ist eine gewisse *Begrenzung der menschlichen Freiheit nach unten:* der Mensch kann über das Auftreten seiner Emotionen nicht willkürlich bestimmen! Ob etwas als angenehm oder unangenehm, attraktiv oder abstoßend, begehrenswert oder hassenswert erlebt wird, können wir uns nur sehr begrenzt aussuchen, es wird nicht durch unseren Verstand bestimmt. Aber nun kommt der *cognitive Überbau* dazu. Denn im Großhirn werden nicht nur Gefühle registriert bzw. aus den vegetativen Signalen des Zwischenhirns in die bewußte Sphäre des Erlebens transformiert, im Großhirn des Menschen laufen auf höherer Ebene *Willens- und Entscheidungsprozesse* ab.

Wie verlockend auch immer der frisch gebackene Kuchen aus der fremden Wohnung duftet und wieviel Speichelfluß auch immer das Zwischenhirn in Gang setzen mag, das Großhirn entscheidet letztlich, ob z.B. in die fremde Wohnung eingedrungen wird, um ein Stück Kuchen zu stehlen, oder nicht. Es kann jemand wenig hungrig sein und nicht einmal sehr großen Gefallen an Kuchen finden, doch er läßt sich verleiten, dem Geruch zu folgen und einen Diebstahl zu begehen, und andererseits kann jemand sehr hungrig sein, so daß ihm buchstäblich das Wasser im Munde zusammenläuft, aber er beherrscht sich und geht an der Verlockung vorbei.

Das ist wahrhaft einer der gewaltigsten Entwicklungsfortschritte des Menschen und nur des Menschen: er kann sich seine Gefühle und Stimmungen zwar nicht aussuchen, aber er kann Stellung dazu beziehen, er kann sie mit seinem Willen beherrschen und lenken. Er ist sozusagen *nicht mehr Untertan* seiner alten Hirnstrukturen, die für sein Gefühlsleben heute noch maßgebend sind, er hat den Sprung in die geistige Dimension geschafft und damit – in die Freiheit des Willens. Noch ist es keine vollkommene Freiheit, im Gegenteil, es ist ein sehr kleiner Freiraum im oszillierenden Wechselgefüge zwischen Kognition und Emotion, aber innerhalb dieses Spielraums haben unsere Gefühle ihre Macht über uns verloren.

Es ist der Spielraum, innerhalb dessen der Therapeut logotherapeutisch vorgehen kann und muß. Zugleich ist es der Spielraum, der der Anwendung der paradoxen Intention offensteht. Der Patient braucht die Sicherheit seiner geistigen Freiheit gegenüber seinem eigenen Gefühlsleben, deswegen muß er in 1. Stufe differenzieren lernen zwischen dem, was emotional bei ihm abläuft (und zwar zumeist in übersteigertem Maße) auf der einen Seite, und dem, was er selbst ist, will und anstrebt auf der anderen Seite.

Fall Nr. 22:
Eine meiner Patientinnen kam zur Therapiestunde mit folgenden Worten: „Heute war es wieder ganz schlimm, ich traute mich gar nicht aus dem Haus. Ich konnte auch nicht Bus fahren, es waren zu viele Leute im Bus, ich mußte die ganze Strecke bis zu Ihnen zu Fuß gehen! Ich bin ganz erschöpft!", und damit ließ sie sich demonstrativ in den Sessel fallen.

„Haben Sie eigentlich Ihre Angst auch hierher mitgebracht?" fragte ich sie daraufhin, „oder haben Sie sie draußen auf der Straße gelassen?" Anfangs verstand sie nicht, was ich damit ausdrücken wollte, sie meinte, die Angst komme über sie ohne ihr Zutun und verschwinde auch manchmal wieder rein zufällig. Ich erklärte ihr, daß dies zwar so sein könne, sie aber im Grunde immer dieselbe sei, dieselbe Person, die denke, handle, plane, die zu mir kommen wolle oder nach Hause fahren wolle, unabhängig *von der zeitweisen Störung durch Angstgefühle, mit denen sie nicht richtig umgehen könne. In unserer Therapie aber, erklärte ich ihr, werde sie diesen Umgang lernen, dann könne es „die Angst" probieren, sie zu erschrecken, so oft sie wolle, es werde ihr immer seltener gelingen. Sie selbst werde bald imstande sein, ihre unliebsamen Angstgefühle zu verjagen. Auf diese Art versuchte ich, die krankhafte und zwanghafte Einstellung: „Ich bin voll Angst, ich zittere vor Angst" zu modulieren in die viel distanziertere: „Ich bin völlig normal, nur manchmal kämpfe ich mit grundlosen und unwichtigen Angstgefühlen."*

Ist der Patient dahingehend vorbereitet, daß er das Auseinanderklaffen seiner eigenen intakten Persönlichkeit und seiner übersteigerten Angst- und Zwangsgefühle begriffen hat, dann kann ihm auch der „Trick" der paradoxen Intention vermittelt werden. Es geht einfach darum, nicht mehr wie bisher gegen die Angst- und Zwangsvorstellungen anzukämpfen, sondern sich in einer umgekehrten Stellungnahme geradezu dasjenige *zu wünschen,* was bisher gefürchtet wurde, daß es eintreten könne. Statt es zu fürchten, es sich zu wünschen, und dann zu sehen, was passiert.

Es kann nämlich – nichts passieren, denn zwei entgegengesetzte Extreme heben sich gegenseitig auf, und Furcht und Wunsch sind zweifellos solche Extrempole. Ich kann mir nicht sehnlichst wünschen, daß es doch endlich Abend wird, und mich zugleich davor fürchten, daß der Abend näherkommt; das erzeugt eine *reziproke Inhibition,* wie der Psychologe sagt, eine gegenseitige Hemmung kontradiktorischer Gefühlsqualitäten.

Angenommen, ein Patient hat große Angst, im Aufzug ohnmächtig zu werden. Nun muß er bei der Anwendung der paradoxen Intention den Aufzug betreten mit dem festen Wunsche zu kollabieren. Er wird feststellen, je intensiver er versucht, ohnmächtig zu werden, desto weniger ist er dazu imstande; und zwar aus dem einfachen Grund, weil höchstens die übergroße Angst vor einer Ohnmacht den Körper dazu bewegen könnte, tatsächlich einen kollapsähnlichen Zustand zu produzieren! Erinnern Sie sich an den Grundsatz: Der Körper spielt mit. Durch den Wunsch zu kollabieren aber wird der Angst praktisch „der Wind aus den Segeln genommen", wie Frankl sich ausdrückt, der Patient *kann sich nicht mehr fürchten,* also kommt es auch zu keinen vegetativen Folgereaktionen der Furcht: zu keiner Verkrampfung, keiner Blutdrucksteigerung, zu keinem Schweißausbruch – ein Kollaps ist unmöglich.

„Was, so einfach ist das?" wird oft gefragt, und in der Tat ist das Prinzip sehr einfach, aber wer es bei Gelegenheit anzuwenden versucht, wird feststellen, daß die Durchführung doch nicht ganz hürdenlos ist. Der Patient hat etwas seit langer Zeit als überaus bedrohlich und schreckenerregend empfunden, und nun soll er dazu gebracht werden, sich ausgerechnet *das* zu wünschen. Seine erste Reaktion ist, daß man ihm dies nicht abverlangen könne, es sei einfach unzumutbar. Deshalb braucht er mehr Hilfestellung als nur den Ratschlag, sich das Gefürchtete zu wünschen; und nun kommt die Aktivierung der geistigen Ebene ins Spiel, denn nicht nur „jede Krise hat ihre Chance" und „jedes Leid hat seinen Sinn", sondern auch „jede Angst hat ihren Gegenspieler, nämlich den Humor". Der Trick der paradoxen Intention, mit übersteigerter und unbegründeter Angst fertig zu werden, ist, sie *auszulachen.*

Es gibt eine alte Sage, die wie jede ein Körnchen Weisheit enthält. Sie handelt von einem Raubritter des Mittelalters, der das ganze Land in Angst und Schrecken versetzt haben soll. Wohin er

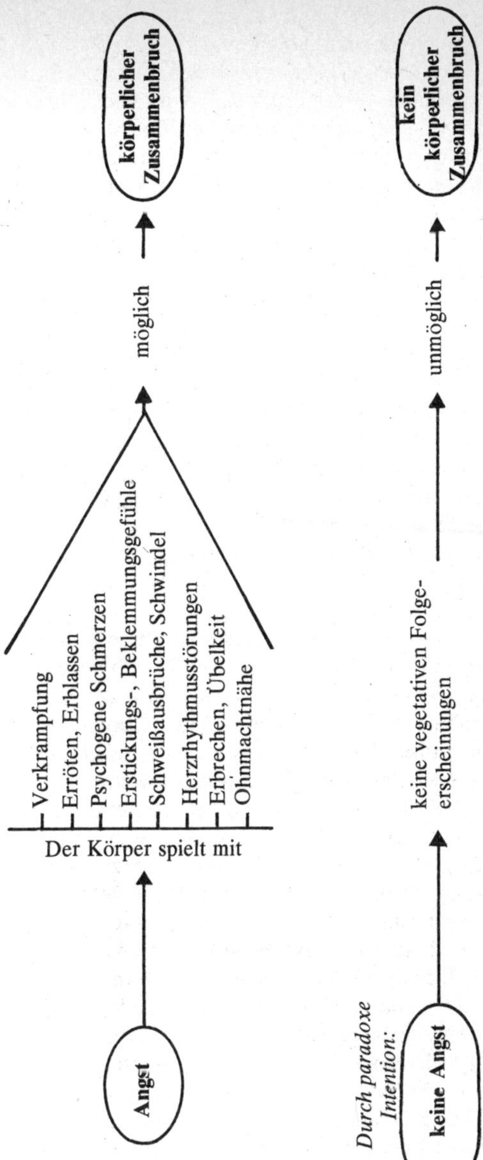
Angst
Der Körper spielt mit
Verkrampfung
Erröten, Erblassen
Psychogene Schmerzen
Erstickungs-, Beklemmungsgefühle
Schweißausbrüche, Schwindel
Herzrhythmusstörungen
Erbrechen, Übelkeit
Ohnmachtnähe
möglich
körperlicher Zusammenbruch
Durch paradoxe Intention:
keine Angst
keine vegetativen Folge-erscheinungen
unmöglich
kein körperlicher Zusammenbruch

auf seinen Raubzügen auch kam, überall erzitterte das Volk vor ihm, und sein vorauseilender Ruf genügte, um alle Gegner fast ohne Gegenwehr in die Knie zu zwingen. Doch eines Tages gab er sich eine Blöße: er fiel so ungeschickt vom Pferd, daß ein Teil seiner Rüstung am Sattelzeug hängenblieb, und um nicht vom davoneilenden Pferd nachgeschleift zu werden, hielt er sich am Schwanz des Pferdes fest und stolperte hinterdrein. Dies ergab einen so lustigen Anblick, daß alle Zuschauer herzlich darüber lachen mußten, und von dem Tag an war die Macht des Raubritters wie mit einem Schlage gebrochen. Denn im selben Maße, in dem die Leute begannen, über ihn zu lachen, im selben Maße schwand die Furcht vor ihm, und je mehr die Furcht schwand, umso mehr Widerstand wurde ihm geleistet, wodurch er nach kurzer Zeit besiegt war.

Dasselbe Prinzip macht sich die Logotherapie in ihrer inzwischen weltberühmt gewordenen Methode der paradoxen Intention zunutze, indem sie den Patienten hilft, ihre eigenen Ängste und Zwänge auszulachen. Sobald dies gelingt, kehrt das Vertrauen in die eigene Stabilität und Sicherheit schlagartig zurück, und der Alptraum der neurotischen Verstimmung schwindet.

Fall Nr. 23:
Nie werde ich vergessen, wie ich im Rathaus von Kaiserslautern, welches mehr als 20 Stockwerke besitzt, mit einer Patientin die paradoxe Intention einübte. Diese Frau hatte schreckliche Angst vor Aufzügen, Wendeltreppen, Seilbahnen und langen, hallenden Gängen; sie fürchtete, es werde ihr übel und schwindlig, sie werde keine Luft mehr bekommen und ohnmächtig niederstürzen, kurz und gut, sie zeigte das typische Bild einer Konversionsneurose, wie sie in umseitiger Skizze graphisch dargestellt ist. Bevor wir den Fahrstuhl betraten, bat ich sie, bei der Hinauffahrt recht oft ohnmächtig zu werden, möglichst in jedem Stockwerk einmal, also insgesamt genau 20mal. Ich versprach ihr, sie jedesmal schnell wieder aufzuwecken, damit sie die Gelegenheit des Ohnmächtigwerdens im nächsten Stockwerk nicht versäume. „Wenn wir schon 20 Stockwerke hoch fahren, dann wollen wir auch 20 Ohnmachten erleben, alles muß seine Ordnung haben!“ sagte ich paradox intendierend.

Diese humoristische Ausdrucksweise vertrieb sofort einen Teil der Initialangst, was ausreichte, damit die Frau sich überhaupt an unser therapeutisches Experiment heranwagte. Als ein Stockwerk vorüber war, tat ich ganz enttäuscht darüber, daß sie noch immer aufrecht stehe; dies sei nicht vereinbart gewesen. Beim 2. Stockwerk schüttelte ich ungeduldig den Kopf und meinte, nun müsse sie sich aber beeilen, um ihr Plansoll an Ohnmachten zu erfüllen, im 5. Stockwerk begann ich ärgerlich darauf hinzuweisen, daß sie mir doch zumindest einen Ohnmachtsanfall versprochen habe und nun endlich Wort halten solle, und ab dem 10. Stockwerk drängte ich sie richtiggehend, es doch mit allen Mitteln zu versuchen, wenigstens einen Schweißausbruch zustande zu bringen.

Nachdem die Patientin lachend und wohlbehalten im letzten Stockwerk ausgestiegen war, feierten wir ihren Triumph über die Angst im Dachrestaurant bei einem Glas Limonade, und danach ging es wieder an die „Arbeit" unter dem Schutz der paradoxen Intention Aufzug zu fahren. Noch am selben Tag gelang es der Patientin, ganz allein und ohne meine Hilfe problemlos im Rathaus hinauf- und hinunterzufahren.

Die Formeln, die dem Patienten vorgesagt werden, müssen also humorvoll genug sein, um ernste Bedenken zu zerstreuen und dem Angstinhalt das Gewicht zu nehmen. Der Patient lernt zunächst, sich diese Formeln gemeinsam mit dem Psychotherapeuten vorzusagen, später kann er sie auch eigenständig anwenden und damit jederzeit die Angstsituation in den Griff bekommen. Spaß, Spott und Übertreibungen können herangezogen werden, um der Angst stets einen lächerlichen Beigeschmack zu verleihen; was ein Schmunzeln erweckt, kann keinen Horror mehr erzeugen!

Allerdings darf der Patient niemals das Gefühl bekommen, der Therapeut verspottet *ihn,* sondern immer muß ihm bewußt bleiben, daß er selbst mit Hilfe des Therapeuten seine eigenen lächerlichen Ängste und emotionalen Entgleisungen verspottet. Hier wird verständlich, warum die Distanzierung des Patienten vom Symptom so dringend nötig ist: wenn das Selbstverständnis des Patienten und dessen Symptomatik eine Einheit in seinem Erleben bilden, wie kann dann das eine das andere verspotten?

Die ersten Male, die der Patient die paradoxen Formeln anwendet, geschieht dies voller Skepsis, voller Zögern; der Patient weiß nicht, soll er lachen oder weinen, er glaubt nicht recht an den Erfolg, er ist bis ins Innerste verunsichert. Vor allem hat er sich meist die Therapie anders vorgestellt; er meint, der Psychotherapeut werde auf geheimnisvolle Art sein Leben aufrollen, seine Träume deuten und seine Kindheit analysieren, und nicht auf humorvolle Weise seine gefürchteten Zustände in Frage stellen. Deswegen ist diese Anfangsphase eine kritische Zeit, und der Psychotherapeut muß sich sehr behutsam auf seinen Patienten einstellen. Bei einiger Erfahrung jedoch formt sich bei ihm ein recht gutes Gespür dafür, welch starke Dosis paradoxer Intentionsformeln ein Patient jeweils vertragen kann. Die ursprüngliche Vertrauensbasis, die menschliche Brücke zwischen Patient und Therapeut, darf dabei niemals ins Schwanken geraten, denn sie allein überträgt die unerschütterliche Sicherheit des Therapeuten allmählich auf den Patienten und bewirkt, daß dieser sich tatsächlich einmal bemüht umzudenken, so als ob er herbeisehnen würde, was er sonst gefürchtet hat. Von dem Moment an läuft der Heilungsprozeß fast von selbst weiter.

Zum Fall 22:
Wir haben bereits die junge Frau kennengelernt, die sich auf belebten Straßen und vor allem in Bussen und Kaufhäusern panisch fürchtete, und die ich, wenn sie zu mir zur Therapie kam, fragte, ob sie „die Angst" mitgebracht oder draußen gelassen habe. Ich weiß noch, wie sie das erste Mal begann, auf meine Frage einzugehen, und antwortete: „Ja, diesmal habe ich sie draußen gelassen. Zu Ihnen komme ich ohne Angst, weil ich zu Ihnen Vertrauen habe und weiß, daß Sie mir helfen wollen."

Das war der Einstieg für mich. Ich sagte: „Gut, dann werden wir jetzt unsere Mäntel anziehen und gemeinsam die Angst suchen gehen. Wenn Sie sie draußen gelassen haben, werden wir sie auch draußen finden; es geht ja schließlich nicht an, daß Sie die Angst einfach verlieren, nachdem Sie sich so gut mit ihr angefreundet haben!"

Auf diese Weise versuchte ich, die paradoxe Intentionshaltung vorzubereiten: kein *krampfhaftes* Ankämpfen *gegen die Angst mehr,* kein *verzweifeltes* Fliehen *vor der Angst mehr, sondern ein* humorvolles Daraufzugehen.

Es kostete die Patientin einige Überwindung, mit mir das Zimmer zu verlassen, aber auf der Straße geschah es dann wie geplant: je mehr ich sie aufforderte, mich doch endlich dorthin zu führen, wo sie die Angst zurückgelassen und aus den Augen verloren habe, desto weniger war sie zu irgendeiner Angstreaktion imstande. Schließlich fuhren wir mit dem Bus bis zu ihrer Haustüre und dort brach sie in Tränen aus und erklärte, so angstfrei habe sie sich noch niemals bei einem Stadtbummel gefühlt. Sie bezog es aber irrtümlich auf meine Anwesenheit, und es bedurfte noch etlicher gemeinsamer Übungen, bis sie den Mut fand, sich auch einmal allein in einer Menschenmenge zu bewegen, „auf der Suche nach der verlorengegangenen Angst", wie sie mittlerweile selbst paradox intendieren konnte. Erst als sie merkte, daß ihr diese Methode auch ohne meine Unterstützung half, war der Genesungsprozeß endgültig in Gang gesetzt, und heute braucht sie, wie sie sagt, ihre frühere Angst nicht mehr zu suchen, diese sei „unauffindbar" geworden.

Besonders geeignet ist die Anwendung der paradoxen Intention bei allen Varianten von *Angst- und Zwangsneurosen,* auch bei hysterischen und psychosomatischen Beschwerden oder habituellen Fehlreaktionen in bestimmten Auslösesituationen. Man weiß heute schon sehr viel über die Entstehung von „Angst-Zirkel-Mechanismen", die im Grunde unglückliche Feedback-Mechanismen sind und den Patienten immer tiefer in die Symptomatik hineindrücken. Und alles, was man darüber weiß, rechtfertigt durchaus eine Symptombehandlung, wie es die verhaltenstherapeutische Methode der Desensibilisierung oder die logotherapeutische Methode der paradoxen Intention ist. Der Angst-Zirkel-Mechanismus hat nämlich in den seltensten Fällen „tiefere Ursachen", sondern entsteht mehr oder weniger zufällig.

Wenn wir der Darstellung Frankls folgen wollen, um ein fundiertes Verständnis seiner paradoxen Intentionstechnik zu erreichen, dann nüssen wir vom Phänomen der *„Erwartungsangst"* ausgehen und die Zirkel-Mechanismen beobachten, die sich daraus ergeben. Praktisch geschieht folgendes:

Ein negatives Ereignis, das einmal in einer bestimmten Situation passiert ist, wird mit Unruhe wahrgenommen, und es entsteht die Vermutung, daß, wenn dieselbe Situation erneut eintritt, auch das negative Ereignis wiederkehren könnte. Seltsamerweise ist es gerade diese Vermutung, die die innere Unsicherheit und die negativen Erwartungen entstehen läßt und dadurch das Eintreten des negativen Ereignisses direkt anzieht und fördert. Es ist ein Naturgesetz, daß die Angst prompt dasjenige eintreten läßt, worauf sie sich bezieht. Je intensiver ein negatives Ereignis „erwartet" wird, mit umso höherer Wahrscheinlichkeit ereignet es sich auch wirklich, was natürlich in der Vorstellungswelt des Betreffenden die Erwartung, die er gehegt hat, als zutreffend charakterisiert. Er hat ja sozusagen recht gehabt mit seiner Vermutung, und er ist sich zunehmend sicher, daß es auch beim nächsten Mal nicht anders sein wird. Die Macht der Angst beginnt zu wirken, sie verknüpft das negative Ereignis („Symptom") mit der Auslösesituation und verstärkt sich bei jeder Verknüpfung. Der „Angst-Zirkel-Mechanismus" ist in der Tat ein höllischer Kreisprozeß, aus dem es kein Entrinnen gibt, zumindest nicht ohne therapeutische Hilfe.

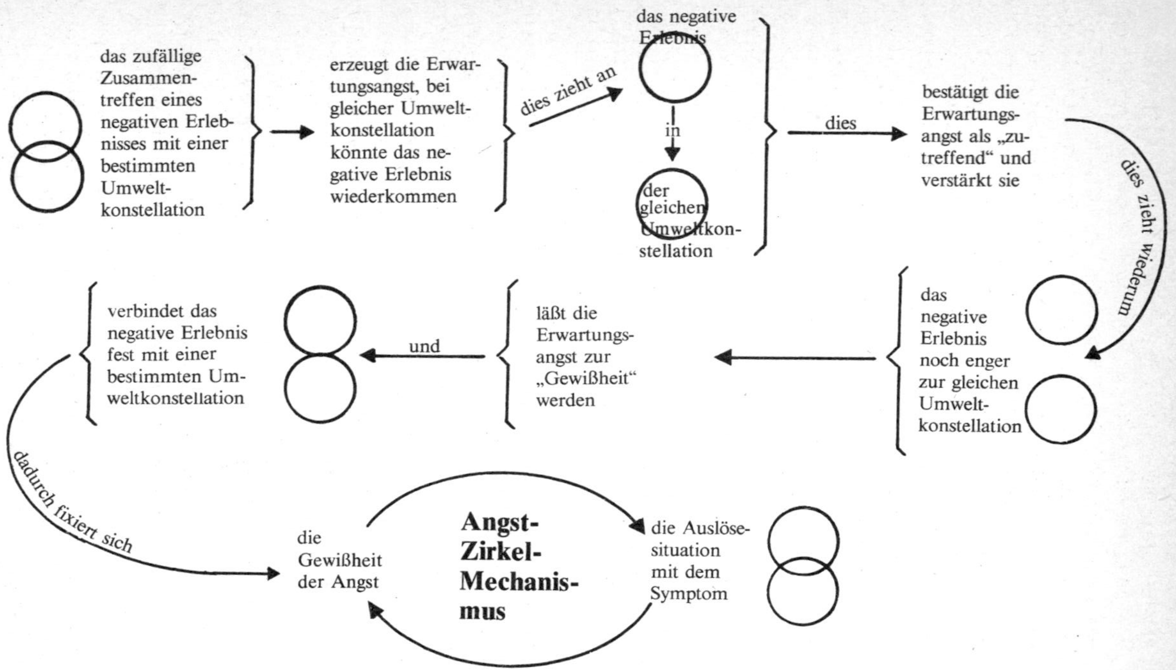
das zufällige Zusammentreffen eines negativen Erlebnisses mit einer bestimmten Umweltkonstellation
erzeugt die Erwartungsangst, bei gleicher Umweltkonstellation könnte das negative Erlebnis wiederkommen
dies zieht an
das negative Erlebnis
in
der gleichen Umweltkonstellation
dies
bestätigt die Erwartungsangst als „zutreffend“ und verstärkt sie
dies zieht wiederum
das negative Erlebnis noch enger zur gleichen Umweltkonstellation
läßt die Erwartungsangst zur „Gewißheit“ werden
und
verbindet das negative Erlebnis fest mit einer bestimmten Umweltkonstellation
dadurch fixiert sich
die Gewißheit der Angst
Angst-Zirkel-Mechanismus
die Auslösesituation mit dem Symptom

Daß die Erwartungsangst das negative Erlebnis wahrhaftig „anziehen“ kann, beweist eine interessante Untersuchung an einem Krankenhaus-Personal. Im Zuge der experimentalpsychologischen Forschung wurden dem gesamten Personal Blutproben entnommen und diese auf die jeweilige Widerstandskraft des Trägers gegen verschiedene Krankheiten untersucht. Einige Wochen später wurde absichtlich ein Gerücht über eine schwere Typhus-Infektion innerhalb des Krankenhauses verbreitet, und das Personal mußte in Quarantäne. Während dieser Tage wurde ebenfalls von jedem eine Blutprobe entnommen, außerdem wurden alle Personen mittels Fragebogen interviewt, wie groß ihre Ängstlichkeit im allgemeinen und speziell vor der Ansteckung sei.

Danach konnte das Experiment für beendet erklärt werden, und die Ergebnisse wurden analysiert. Man stelle sich das Erstaunen vor, als zutage kam, daß gerade bei jenen Personen, die erhöhte Angstwerte in der Fragebogen-Skala aufgewiesen hatten, durchschnittlich die Antitoxine im Blut gesunken waren, was bedeutet, daß sie im Falle einer echten Typhus-Epidemie geringere Widerstandskraft besessen hätten als ihre weniger ängstlichen Kollegen und Kolleginnen. Anstatt also die Widerstandskräfte gegen das „Gefürchtete“, in diesem Fall gegen die Infektion, zu erhöhen, hatte der Körper bei ängstlichen Personen gegenteilig reagiert, er hätte der Infektion sogar noch Vorschub geleistet. Hier scheint sich auch eine Erklärung dafür anzubieten, warum besonders mutige Ärzte oder Pflegerinnen z. B. auf Leprastationen nicht selbst erkranken; eben weil sie die Krankheit nicht fürchten und daher ein Maximum an Widerstandskraft besitzen dürften. Ähnliches klingt an bei der Geschichte vom „Wiener Augustin“, der zur Zeit der Pest-Epidemie in ein Pestgrab gefallen und dort übernachtet haben soll, ohne angesteckt zu werden, weil er in der Dunkelheit und etwas angeheitert überhaupt nicht bemerkt hatte, wo er zum Schlafen gelandet war.

In der Psychologie nimmt man an, daß diese merkwürdige psychophysische Reaktion des Körpers im Zusammenhang mit dem Selektionsprinzip der Natur zu interpretieren ist, das „stärkeren Individuen“ den Vorzug gibt gegenüber schwächeren, und also auch ängstlichen Individuen weniger Überlebenschancen zubilligt als Mutigen.

Es soll nun nicht der Eindruck entstehen, daß Angst in jedem Falle ein Negativum ist. Auch zu geringe Angst kann gefährliche Folgen zeitigen. Die Bergsteiger pflegen zu sagen, daß zwei Personengruppen besonders absturzgefährdet sind, und zwar

a) die Größenwahnsinnigen und Leichtsinnigen, die mit unzureichender Ausrüstung und ohne Ortskenntnisse darauflos klettern, und
b) diejenigen, die sich vor dem Absturz fürchten, denn schon die Angst allein läßt ihre Füße unsicher werden.

Es läßt sich folgende verkehrte U-Funktion zwischen Angst und psychischer Stabilität, bzw. auch „Leistung" darstellen:

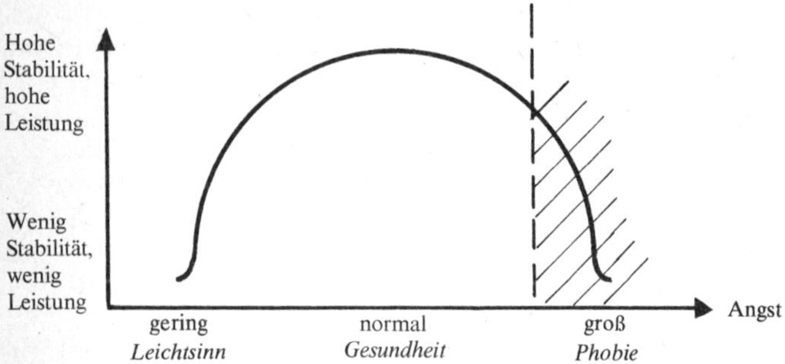

Während das Extrem „Leichtsinn" jedoch eine innere Haltung ist, die durch Erfahrung und Lernen selbst korrigiert werden kann, indem der Betreffende das nächste Mal eben vorsichtiger ist, so ist eine Phobie oder Angstneurose eine psychische Fehlhaltung, die nur unter größten Schwierigkeiten aufgegeben werden kann. Der Angst-Zirkel-Mechanismus nimmt den Betreffenden „gefangen" und verhindert jeden Befreiungsversuch. Ein Beispiel soll dies noch klarer verdeutlichen:

Angenommen, ein junger Lehrling wird in das Zimmer seines strengen Chefs gerufen. Infolge der Aufregung oder auch bloß zufällig durch die Wärme des Zimmers bedingt schwitzt er beim Eintreten, und der Chef macht eine ironische Bemerkung darüber. Das nächste Mal, wenn der Lehrling wieder aufgerufen wird, kommt ihm der unangenehme Gedanke, er könnte wieder schwitzend vor dem strengen Herrn erscheinen. Er wischt sich also sorgfältig das Gesicht ab, geht ins Zimmer des Chefs und – die Befürchtung, er könnte wieder schwitzen, treibt ihm den Schweiß aus allen Poren. Nach diesem zweiten Mal ist es für den Lehrling gewiß, daß er auch beim drittenmal schweißgebadet vor dem Chef erscheinen wird. Seine Erwartungsangst wächst und findet jedesmal Bestätigung. Er versucht ihr auszuweichen, meidet das Chefzimmer, meldet sich krank, wenn zu erwarten ist, daß er aufgerufen wird, schluckt Beruhigungspillen und steigert sich in seiner Verzweiflung nur noch mehr in den neurotischen Kreisprozeß hinein. Vielleicht generalisiert die Symptomatik auch auf andere Umweltsituationen; vielleicht beginnt er künftig bei anderen wichtigen Gesprächen ebenso zu schwitzen, zieht sich in sein Kämmerlein zurück, wird zum scheuen Einzelgänger und findet immer weniger den Mut, sich der belastenden Situation eines Gesprächs zu stellen. Der Arzt wird aufgesucht und verschreibt neue Beruhigungstabletten, der Chef kann keinen ewig kranken Lehrling brauchen und kündigt ihm, der Mißerfolg hält den jungen Mann umso fester im Griff der Angst, es entsteht Lebensangst, das Selbstbewußtsein sinkt, der Körper spielt mit und produziert neben den Schweißausbrüchen Herzklopfen und Schlafstörungen, und eines Tages ist der junge Mann fix und fertig.

Wo kann man therapeutisch ansetzen, um diesen schrecklichen Angst-Zirkel-Mechanismus zu unterbinden? Doch wohl nur *bei der Erwartungsangst* oder *beim Schwitzen;* kann eines von beiden eliminiert werden, läuft der Kreisprozeß nicht mehr weiter. Der therapeutische Ansatz beim Schwitzen, also beim körperlichen Symptom, muß über *körperliche* Beeinflussung stattfinden, zum Beispiel über Entspannungstraining oder medikamentöse Hilfsmittel. Der therapeutische Ansatz bei der Erwartungsangst, also bei der psychischen Verstimmung, muß über *psychische* Beeinflussung stattfinden, zum Beispiel über paradoxe Intention[11]. Über allem jedoch muß auch eine Beeinflussung und Stärkung der *geistigen* Dimension stattfinden, die über eine Distanzierung vom Symptom Kräfte mobilisiert, dem Kreisprozeß insgesamt zu trotzen und ein neues Selbstbewußtsein aufzubauen.

Da die paradoxe Intention die Erwartungsangst reduziert, bleibt das Symptom aus; gelingt es andererseits, das Symptom zu reduzieren, mildert sich die Erwartungsangst.

In unserem Beispiel würde der Lehrling aufgefordert, über humoristische Formeln genau das zu intendieren, was er so sehr fürchtet, also das Schwitzen. Er müßte lernen, sich innerlich vorzu-

---

[11] Frankl spricht in diesem Zusammenhang von einer „Zangenbewegung", in deren Rahmen der Kreisprozeß der Erwartungsangst sowohl vom psychischen als auch vom somatischen Pol her simultan attackiert wird. Er hat in seinen mehr klinisch orientierten Büchern (insbesondere in der „Theorie und Therapie der Neurosen" und in der „Psychotherapie in der Praxis") nicht nur all die besprochenen Zirkelmechanismen eingehend und ausführlich dargestellt, sondern gibt auch hinsichtlich einer gezielten Pharmakotherapie spezielle Hinweise.

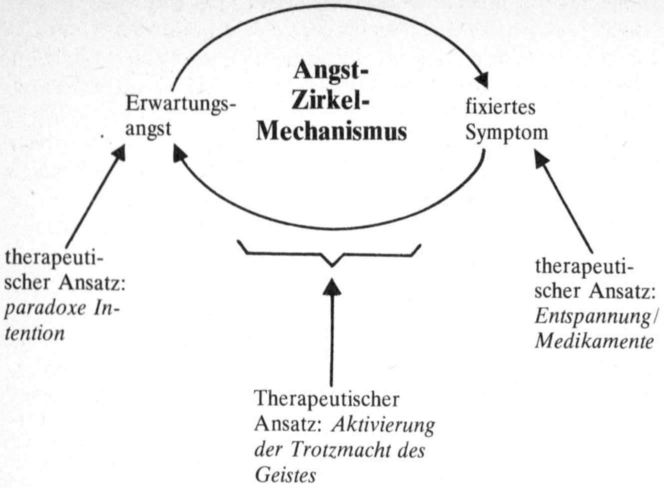

nehmen, „seinem Chef etwas vorschwitzen zu gehen" in der Absicht, diesem eine ganze Wasserlache ins Zimmer zu schwitzen, worin er auf und davon schwimme. Denn wenn der Chef „im Schweiß davonschwimme", sei der Lehrling ihn los und brauche sich nicht mehr zu fürchten.

So übertrieben es klingt, so übertrieben soll es auch klingen, denn es muß übertrieben genug sein, um nicht etwa als Autosuggestion wirken zu können. Nur wenn die Formeln „lächerlich" genug sind, kann der Patient sie selbst nicht ernst nehmen, und er soll sie ja auch gar nicht ernst nehmen, und mitsamt den Formeln soll er seine ganze unsinnige Angst nicht ernst nehmen – das ist schließlich der Sinn dieser Technik.

Die paradoxe Formel hat demnach eine *Vehikelfunktion:* Die Haltung ihr gegenüber wird zur Haltung der eigenen gefühlsmäßigen Verstimmung gegenüber; je übertriebener und lächerlicher sie klingt, umso übertriebener und lächerlicher wird die eigene Angst (oder auch Zwangsvorstellung) vom Patienten wahrgenommen. Der neurotische Kreisprozeß kann einzig dadurch durchbrochen werden, daß man der Angst die Stärke nimmt, ihre Folgeerscheinungen mindert und solcherart ein neuerliches Auftreten der Angst immer unwahrscheinlicher macht. Dann dreht sich der Angst-Zirkel-Mechanismus nach „rückwärts", der Heilung und Gesundung des Patienten entgegen.

Die 3. Stufe, die Symptomreduzierung, wird schrittweise erreicht. In unserem Bespiel merkt der Lehrling, daß er im Gespräch gar nicht schwitzen kann, wenn er sich willentlich darum bemüht. Plötzlich fürchtet er sich nicht mehr vor dem Schwitzen, er beginnt darüber zu lachen, der Spuk ist vorüber.

Bei dieser Methode gibt es fast keine Rückfälle (vgl. Tabelle Seite 80), denn die Anwendung der paradoxen Intention merkt sich der Patient ein Leben lang, wenn er sie erst einmal probiert hat, und bei etwa neu auftretenden Ängsten ist er sofort imstande, sich selbst damit zu helfen.

Die Skeptiker allerdings haben nicht so sehr Bedenken, daß Rückfälle auftreten können, sondern vielmehr Sorge, daß nach der Symptomreduzierung mit der Zeit *Ersatzsymptome* zum Vorschein kommen würden, deren tiefliegende Ursachen in der symptomzentrierten Therapie nicht genügend aufgedeckt worden wären.

Die Hypothese der Skeptiker:

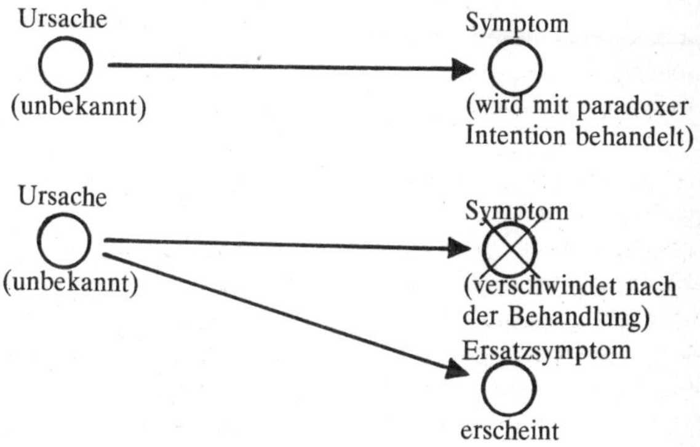

Nun, man täusche sich nicht! Denn ob eine unbekannte, tiefliegende Ursache existiert oder nicht, eines ist sicher, das oben skizzierte Ursache-Wirkung-Schema ist zu einfach. Man darf nie vergessen, daß das Symptom selbst wieder zur *Ursache für neuerliche Symptomketten* wird! Der Angst- und Zwangsneurotiker hat nicht nur seine Ängste und Zwänge, und damit ist die Sache beendet, im Gegenteil, seine Ängste und Zwänge führen zu einem verminderten Selbstwertgefühl, zu Vermeidungsverhalten und Fluchtreaktionen, zu einer Einschränkung vieler Lebensbereiche und oft zu völligem Versagen oder sogar zum Suizid. Sehen wir uns einen Teil der Symptomkette graphisch an:

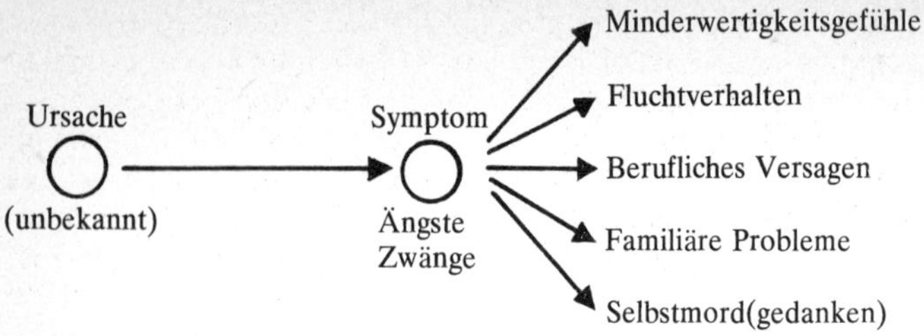

Können wir Psychotherapeuten es uns leisten, das Symptom unbehandelt zu lassen und nach einer vermuteten Ursache zu forschen, während kostbare Zeit verstreicht und sich neue Kettensymptome ausbilden? Es ist nicht zu verantworten!

Nach tieferen Ursachen können wir immer noch fahnden, wichtig ist vorerst, daß die Unglückskette unterbrochen wird und die folgenschweren Reaktionen auf das Symptombild nachlassen! Nicht nur das, der Erfolg einer Symptomreduzierung bringt als Feedback einen inneren Aufschwung mit sich, welcher durchaus dazu beitragen kann, etwaige tieferliegende Ursachen endlich zu überwinden und zu verkraften.

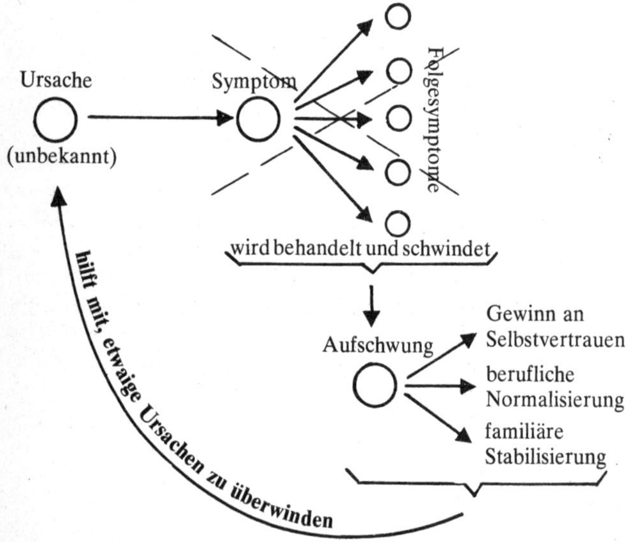

Durch die Symptomreduzierung kommen neue Folgereaktionen zum Tragen: Stabilisierung, Normalisierung und ein Gewinn an Selbstvertrauen und Selbstsicherheit. Mit hoher Wahrscheinlichkeit trägt dies mehr dazu bei, unbewältigte Ursachen zu überwinden, als langes Forschen in der Vergangenheit, während die aktuelle Symptomatik immer bedrängender wird. Ein konkretes Problem beseitigen dient dem therapeutischen Auftrag mehr, als eine imaginäre Ursache suchen; das sollte so mancher Therapeut beherzigen!

Bisher ist hauptsächlich von der Behandlung *psychosomatischer Beschwerden,* also körperlicher, vegetativer Fehlreaktionen, mittels der paradoxen Intention die Rede gewesen. Die Erwartungsangst muß sich jedoch nicht unbedingt auf Beschwerden des eigenen Körpers richten, sie kann auch *äußere Vorgänge* oder *eigene Handlungsweisen* zum Ziel haben. Die Angst vor äußeren Vorgängen kann sehr konkret, aber auch sehr diffus sein, zum Beispiel „Angst vor neuen Situationen", „Angst vor vielen Menschen", „Angst vor Ansteckung und Krankheit", „Angst, aus der Höhe in die Tiefe zu schauen", „Angst, verfolgt zu werden" usw. Schlimmer noch als die Angst vor inneren oder äußeren Vorgängen ist die Angst vor bestimmten eigenen Handlungsweisen, den *Zwängen.*

Während dem Angstneurotiker ein gewisses Maß an Mitgefühl aus der Umwelt entgegengebracht wird, wird der Zwangsneurotiker sehr oft als gänzlich „verrückt" abgestempelt und von seiner Umwelt abgelehnt. Das kommt daher, weil Angst von jedermann leicht nachzuempfinden ist – wer hat niemals Angst gehabt? –, während Zwänge unverständlich erscheinen. Derjenige, der sich einbildet, er müsse Leute vor den Bus stoßen, er müsse Gegenstände anzünden, er müsse seine Hände nach jeder Berührung stundenlang sauberwaschen oder er müsse x-mal nachschauen, ob er seine Wohnung auch wirklich abgeschlossen habe, findet kaum Verständnis und Mitgefühl bei seinen Mitmenschen.

Um so wichtiger ist es, auch ihn aus dem neurotischen Kreisprozeß zu befreien und einem gesunden Selbstbewußtsein zuzuführen. Wir müssen jedoch den Kreisprozeß neu überdenken, denn während beim Angst-Zirkel-Mechanismus der Partner der Erwartungsangst das tatsächliche Eintreten des Gefürchteten ist, kommt es beim Zwang-Zirkel-Mechanismus *nicht* zum Eintreten des Gefürchteten. Der Zwangsneurotiker stößt keine Leute vor den Bus, zündet keine Gegenstände an, infiziert sich nicht öfter als andere Leute und sperrt stets sorgfältig seine Wohnung ab.

Wieso kommt es dann nicht zum Erlöschen der Angst, wenn der

Patient doch sieht, daß das Gefürchtete irreal ist? Nun, er sieht es eben nicht, weil er Handlungsweisen entwickelt hat, um dem Gefürchteten auszuweichen und dadurch niemals erfährt, daß das Gefürchtete auch *ohne* diese Handlungsweisen *nicht* eintreten würde!

Derjenige, der alle Bushaltestellen krampfhaft meidet, weil er meint, er würde Leute vor den herannahenden Bus stoßen, erfährt niemals, daß er dies keinesfalls tun würde, wenn er an der Bushaltestelle stünde. Derjenige, der stundenlang seine Hände reinigt, erfährt niemals, daß er auch gesund bliebe ohne diese Prozedur. Die *Unsicherheit,* ob das Vermeidungsverhalten ausreicht und das Gefürchtete nicht doch einmal geschieht, verstärkt die Angst und läßt den Teufeskreis weiterlaufen.

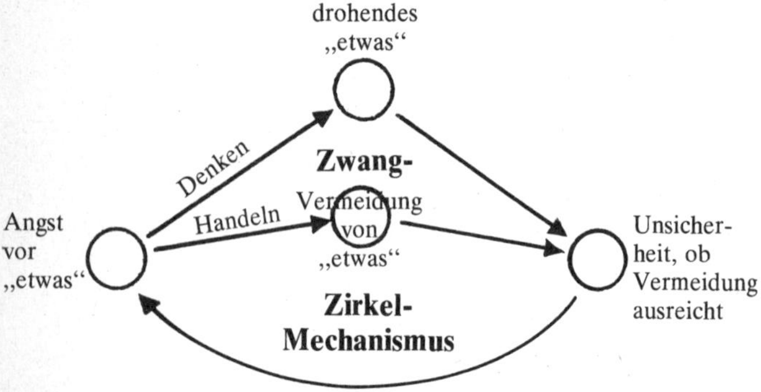

Auch in diesem Zirkel-Mechanismus setzt die Methode der paradoxen Intention direkt bei der Angst an und beseitigt indirekt die Unsicherheit, genauso wie sie im Angst-Zirkel-Mechanismus direkt bei der Erwartungsangst ansetzt und indirekt das Eintreten des Symptoms verhindert. Indem nämlich durch den paradoxen Wunsch die Angst vor dem „etwas“ verschwindet, kann auch das Handeln auf das „etwas“ hingerichtet werden, und der Patient erlebt, daß das „etwas“ tatsächlich *nicht* geschieht, also kann ihn auch keine Unsicherheit mehr quälen.

„Stoßen Sie mich doch vor den Bus!“ sagt der Logotherapeut und stellt sich mit dem Patienten an die Bushaltestelle. Das klingt sehr wagemutig, ist es aber nicht, denn der Zwangsneurotiker ist völlig harmlos, er tut nie, was er fürchtet, er weiß es nur nicht. „Zünden Sie doch alles an!“ sagt der Logotherapeut und legt dem

Patienten die Streichhölzer auf den Tisch. Der Patient muß paradox intendierend dieser für ihn angsterregenden Situation ausgesetzt werden, damit er klar erkennt, daß er nicht so handelt, wie er vermeint. Endlich muß er erleben, daß er durchaus Streichhölzer in der Hand halten kann, ohne die Wohnung anzuzünden, oder an der Bushaltestelle stehen kann, ohne Leute vor den Bus zu stoßen. Es ist für ihn wie ein befreiendes „Aha-Erlebnis", zu erfahren, daß er *verläßlich und sicher* normal reagiert, auch dann, wenn die Verführungssituation eintritt, die er bisher so sehr gemieden hat. Der Zwangsneurotiker, der immer glaubt, die Wohnung irrtümlich nicht abgesperrt zu haben, wird angehalten, sich beim Weggehen vorzusagen, daß die Wohnung endlich einmal weit offenstehen solle, damit sich jeder bedienen könne, es seien sowieso zu viele überflüssige Sachen darin. Der Patient mit dem Waschzwang hingegen muß sich wünschen, alle Bakterien auf sich aufmerksam zu machen, damit sie ihn nur ja nicht übersehen.

Die Technik der paradoxen Intention kann helfen, innerhalb kürzester Zeit großartige Erfolge zu erzielen, weil der Zwangsneurotiker selbst feststellt: „Ich tue es ja gar nicht!", oder „Es geschieht ja gar nicht!"

Für das Gelingen einer Therapie sind drei Faktoren maßgebend: die Person des Therapeuten, die Person des Patienten und die Methode. Bei der Anwendung der paradoxen Intention ist die Methode vorgegeben, auch die Person des Therapeuten liegt fest, was jedoch variiert, das ist die *Person des Patienten.*

Es gibt Patienten, die sind einfach für die paradoxe Intention geeignet: sie haben etwas Humor, sie können die Selbstdistanzierung mobilisieren, sie verstehen, worauf es dem Psychotherapeuten ankommt und machen mit, wenn das „Aha-Erlebnis" eingetreten ist.

Es gibt aber auch Patienten, die nicht die geeignete Bereitschaft für die Therapie mitbringen und es dem Therapeuten schwermachen, sich auf ihre spezielle Persönlichkeitsstruktur einzustellen. So gibt es welche, die überall „ein Haar in der Suppe" finden und die sich, wenn man ihnen die paradoxen Formeln anbietet, nahezu beleidigt fühlen. Oft haben sie eine ganz bestimmte Vorstellung von der Therapeutenrolle und sind verärgert, wenn der Logotherapeut anders als erwartet reagiert. Diese Leute würden sich nicht wundern, wenn man sie auf die Couch legte und nach ihrer Reinlichkeitserziehung im 2. Lebensjahr befragte, aber wenn man ihnen Vorschläge zur Symptomreduzierung unterbreitet, entwickeln sie massive Widerstände.

In einem solchen Fall ist es wichtig, daß der Therapeut sich selbst demonstrativ in die Lage des Patienten hineinversetzt, alle Formeln mitspricht, alle Handhabungen mitmacht, und zwar nicht nur, um Modell zu geben, sondern vor allem, um das Gefühl zu vermitteln, daß er die Probleme des Patienten durchaus sehr ernst nimmt, auch wenn seine Formeln humorvoll klingen. Wenn der Akzent der Therapie auf dem „wir" liegt, wird der Logotherapeut angenommen, auch wenn er nicht der Rollenerwartung seines Patienten entspricht.

Fall Nr. 24:
Ich hatte eine Frau mit einem Spiegeltick in Behandlung, die an die 20mal am Tag zum Spiegel laufen „mußte", um ihre Haarpracht zu ordnen und um sich zu vergewissern, daß ihre Frisur noch ausreichend schön sei. Auf die Methode der paradoxen Intention sprach sie erst dann positiv an, als ich mich in Form eines Wettspieles, wer von uns beiden seine Haare besser zerzausen und zerwühlen könne, selbst zur Verfügung stellte, und wir uns gegenseitig mit allen 10 Fingern durch die Haare fuhren, um sie in Unordnung zu bringen. Danach liefen wir Hand in Hand rund um den Häuserblock, immer paradox intendierend, die vorübergehenden Leute mögen alle sehen, wie „hoch uns die Haare zu Berge stehen", und bei jedem Passanten, der uns nicht beachtete, ermutigten wir uns gegenseitig, schnell noch einmal durch die Haare zu fahren, da unsere Frisuren noch nicht wild genug waren, um Aufsehen zu erregen. In dieser spielerischen Form auf gemeinsamer Basis konnte die Kooperation der Patientin gewonnen werden, obwohl sie sich anfangs sehr gegen paradoxe Formeln gesträubt hatte. Und natürlich beachteten uns die vorübergehenden Leute überhaupt nicht, denn wen stört es heutzutage schon, wenn jemand nicht schön frisiert ist? Das erkannte auch die Patientin und vermochte bald, ihren Zwang, zum Spiegel zu gehen, mit dem Gedanken: „Meine Haare sollen ganz unordentlich zu Berge stehen!" zu überwinden. Nach 8 Wochen war der Spiegeltick verschwunden!

Sehr schwierig ist auch jene Kategorie der apathisch-skeptischen Patienten, die alles etwas teilnahmslos über sich ergehen lassen mit der Auffassung, es sei schließlich Sache des Psychotherapeuten, sie zu behandeln, aber man könne von ihnen nicht verlangen, selbst etwas beizutragen. Sagt man ihnen geeignete Formeln vor, sprechen sie sie gehorsam und monoton nach, ohne sich dabei innerlich zu engagieren. Das Problem ist, sie dahin zu bringen, sich tatsächlich dasjenige zu wünschen, was sie als Wunsch auszusprechen gelernt haben. Solche Patienten kippen leicht aus der paradoxen Haltung heraus in ein autosuggestives Denken, welches sehr gefährlich sein kann.

Fall Nr. 25:
Ein Mann, der eigentlich zur Eheberatung zu mir gekommen war, litt an einer zwangshaften Autofahrerphobie. Immer wenn er auf Landstraßen fuhr, die seitlich von Bäumen oder Telegraphenmasten eingesäumt waren, wurde er von der Vorstellung gequält, er würde im nächsten Augenblick das Lenkrad einschlagen und direkt gegen einen Baum fahren. „Die Bäume ziehen mich an!" meinte er unglücklich. Zu dieser Situation hatte sich ein echtes Vermeidungsverhalten etabliert; der Mann blieb dann nämlich stehen, parkte den Wagen am Straßenrand, hielt einen anderen Autofahrer auf, behauptete, sein Wagen habe einen Defekt, und ließ sich zum nächsten Ort oder zur Bushaltestelle mitnehmen. Seine Frau mußte später den Wagen abholen, was jedesmal Streit zwischen den Eheleuten ergab. Der Mann erwies sich als äußerst schwieriger und mißtrauischer Patient. Meine Versicherung, er könne gar nicht grundlos an einen Baum fahren, denn dies würde allenfalls leichtsinnigen Menschen passieren, also Menschen mit zuwenig Angst, er mache sich im Gegenteil zu viele Gedanken und Sorgen und sei dadurch übervorsichtig – schon diese Erklärung akzeptierte er nicht. Als ich ihm dann humoristische Formeln anbot, die er sich während der Fahrt vorsagen sollte, war er felsenfest davon überzeugt, daß sofort ein Unglück geschehen werde, wenn er es auch noch herbeiwünsche.

Wieder war eine Anwendung der paradoxen Intention „in vivo" indiziert, deswegen stieg ich zu dem Patienten in den Wagen und bat ihn, ein wenig spazierenzufahren. „Wir werden jetzt Bäume suchen, die sich für einen Zusammenstoß eignen", sagte ich, „zeigen Sie mir doch welche, die Ihnen gut gefallen und in die wir mit Vergnügen hineinfahren. „Ich werde Ihnen eine Allee zeigen, die mich mit Entsetzen erfüllt!" antwortete der Mann und lenkte den Wagen zu einer schmalen, von schönen, schattigen Bäumen eingefaßten Landstraße. Als er an ihrem Anfang stand, forderte ich ihn heraus: „Los jetzt! Fahren Sie munter im Zickzack durch diese herrliche Allee, wir wollen an alle Bäume anstoßen, und zwar immer abwechselnd, einmal an den rechten, einmal an den linken, dann wieder an den rechten, dann wieder an den linken – fahren Sie, stoßen Sie an, lassen Sie keinen Baum aus, keinen einzigen, wir wollen mit allen Bekanntschaft machen!" So ging es weiter, bis der Patient schweißgebadet aber schnurgerade durch die Allee gefahren war. „Es ist wirklich nichts passiert", stellte er am Ende der Allee fest, „das möchte ich noch einmal probieren!" Diesen Wunsch begrüßte ich sehr, doch bat ich bei der Rückfahrt den Patienten, sich die paradoxen Formeln selbst vorzusagen, und dabei habe ich die Gefahr des Umkippens von paradoxer Haltung in Autosuggestion deutlich erlebt. Der Mann begann folgendermaßen zu sprechen: „Ich will zickzack fahren, an den rechten Baum anstoßen, an den linken Baum anstoßen, immer zickzack ... gleich werde ich an den rechten Baum anstoßen ... gleich werde ich ... werde ich ... anstoßen ..." Aus dem „ich will" war ein ängstliches „ich werde" geworden; das stolze Lachen über die Angst war einem Zittern vor der Angst gewichen, die Selbstdistanzierung war zerbrochen, und damit hatte die Zwangsvorstellung den Patienten in den Klauen, es war höchste Alarmstufe geboten. Ich mußte das Lächerliche *an der Aussagekraft der Formeln zurückholen, um das Suggestive zu eliminieren. „Na", sagte ich, „jetzt haben wir die Hälfte aller Zusammenstöße schon hinter uns, das beginnt mir richtig Spaß zu machen, so von Baum zu Baum zu fahren, könnten wir nicht zur Abwechslung einmal im Rückwärtsgang an einen Baum fahren?" Schon konnte der Patient wieder lächeln, griff meine Anregung auf, und erfand selbst paradoxe Formeln für Vor- und Rückwärts-Zusammenstöße mit den Bäumen. Selbstverständlich kam er nicht einmal in die Nähe der Baumstämme, sondern fuhr völlig gleichmäßig über die Straße. Wir haben diese therapeutischen Alleefahrten noch öfters geübt, bis der Patient imstande war, sie auch im Alleingang zu bewältigen, dann jedoch machte sein Gesundungsprozeß große Fortschritte.*

Wenn ein Patient absolut nicht die Kraft hat, sich das Gefürchtete zu wünschen, dann muß die Neurose in eine therapeutische Zange genommen werden, das heißt, sowohl die Angst als auch ihre vegetativen Folgereaktionen sollen möglichst zugleich, wenn auch mit verschiedenen Schwerpunkten, zu reduzieren versucht werden.

Wenn man von dem Einsatz von Psychopharmaka absieht, stellt das Autogene Training die ideale Ergänzung der paradoxen Intention in dieser Zange dar.

Fall Nr. 26:
Ein Patient wurde mit starken vegetativen Störungen auf Grund eines einmal erfolgten körperlichen Zusammenbruches zu mir gebracht. Er war ein sehr sportlicher und kräftiger Mann in einer gehobenen Position, der eine Vorliebe für Waldläufe gehabt hatte bis zu jenem Tag, an dem er sich wahrscheinlich überanstrengt und einen plötzlichen Kreislaufkollaps erlitten hatte. Seither war er sich sei-

ner körperlichen Fitness nicht mehr sicher und hatte die Angst entwickelt, beim schnellen Gehen oder Laufen würden seine Knie plötzlich nachgeben und er würde wieder zusammenbrechen. Die Folge war jedesmal, daß er seine Knie tatsächlich kaum mehr spürte und sich irgendwohin setzte, weil er nicht mehr weiterzugehen wagte. Nachdem es ihm zweimal passiert war, daß er sich an den Randstein des Gehsteiges setzen mußte, was ihm in aller Öffentlichkeit natürlich sehr peinlich war, wagte er kaum mehr das Haus zu verlassen und wollte sich ständig in der Nähe von Sitzgelegenheitn aufhalten.

Es handelte sich also um den klassischen Angst-Zirkel-Mechanismus, bei welchem die Erwartungsangst (auf Grund eines ursprünglich zufälligen negativen Ereignisses) mit körperlichen Störreaktionen verknüpft war, vor allem mit Verkrampfungen der Gefäße und der Muskulatur.

Dieser Patient hatte so panische Angst vor „dem Weichwerden seiner Knie", daß er die paradoxen Formeln („nichts ist schöner als weiche Knie zu haben ...") beim geringsten Anzeichen der nahenden Störung nicht mehr durchzuhalten vermochte, sondern in fluchtartiger Panik den nächstbesten Sessel(ersatz) aufsuchte.

Nachdem wir einige vergebliche Versuche mit paradoxer Intention hinter uns gebracht hatten, beschloß ich, die Neurose in die therapeutische Zange zu nehmen. Wir übten das Autogene Training intensiv über alle 7 Stufen ein, damit er sich in jeder Situation auf inneren Befehl zu entspannen vermochte und seine eigene innere Erregung dämpfen konnte. Danach vereinbarten wir, daß er kurze Spaziergänge auf Waldwegen unternehme, wobei er sich gleich am Anfang, vor Eintritt der Erwartungsangst, paradoxe Formeln vorsagen solle; komme die Angst jedoch trotzdem (und damit auch die Unsicherheit der Knie), dann solle er mit Formeln des Autogenen Trainings die Verkrampfung reduzieren und solcherart die vegetative Reaktion wieder aufheben. Fühle er sich wieder entspannt und relativ stabil, solle er sofort wieder auf paradoxe Formeln umschalten, um einen neuerlichen Eintritt der Erwartungsangst mit hoher Wahrscheinlichkeit zu verhindern. In diesem abwechselnden Rhythmus solle er den Waldspaziergang, bei dem er wenig der Öffentlichkeit ausgesetzt sei, so lange wie möglich ausdehnen und den längsten beschwerdefreien Zeitabschnitt messen und notieren. Der Patient versuchte dies einige Male und brachte mir die notierten Zeitspannen mit: ¼ Stunde, ¾ Stunde, 2½ Stunden, 1 Stunde, 2¾ Stunden, 4 Stunden, ein ganzer Nachmittag.

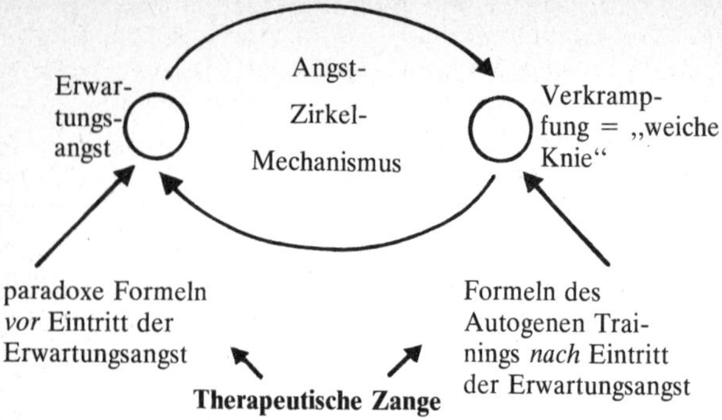

Zufrieden berichtete er, daß er den letzten Waldspaziergang paradox intendierend begonnen habe und sich „schon aufs Autogene Training gefreut“ habe, wenn endlich die Erwartungsangst einsetzen würde, aber – sie kam nicht. Unbewußt hatte er also die paradoxe Intention nicht nur symptomzentriert („hätt' ich doch endlich weiche Knie!“) sondern sekundär auch erwartungsangstzentriert („wann kommt endlich die Erwartungsangst?“) eingesetzt, da konnten einfach keine Knie mehr nachgeben, er mußte vegetativ stabil bleiben! Auf ähnliche Weise dehnten wir die Spaziergänge auch auf Stadtgebiet und belebte Straßen aus, wobei er durchaus imstande war, sich beim geringsten Unbehagen an eine Hauswand zu lehnen und die „innere Ruhe“ kommen zu lassen, um danach problemlos weiterzugehen. Mit der Zeit brauchte er auch diese Hilfe nicht mehr, die paradoxen Formeln reichten aus, die Erwartungsangst hinauszuschieben, und nach einem halben Jahr brauchte er auch diese letzte Hilfe nicht mehr – der Angst-Zirkel-Mechanismus war endgültig gesprengt.

Aus obigem Beispiel ist ersichtlich, wie gut sich logotherapeutische Methoden kombinieren lassen und wie wichtig auch der persönliche Einsatz und die Improvisationsbereitschaft des Therapeuten sind. Keine Technik kann *persönliches Engagement* in der Psychotherapie aufwiegen, und sei sie noch so gut!

Zum Fall Nr. 14:
Erinnern Sie sich an Heike, das Mädchen aus dem Heim? Das Mädchen, das beim Antritt einer jeden Lehrstelle Schmerzen und Ohnmachtsanfälle „produzierte“ aus lauter Angst vor der neuen Situation, und das in Gefahr war, auf die schiefe Bahn zu kommen?

Auch ihr habe ich den Trick mit der paradoxen Intention verraten und in Rollenspielen eingeübt, nämlich sich vorzunehmen, beim nächsten Vorstellungsgespräch einen so ungünstigen Eindruck wie nur möglich zu machen, nichts zu begreifen und alles verkehrt zu machen, damit sie „schnurstracks an die Luft gesetzt werde". Keiner meiner Patienten konnte so herzlich darüber lachen wie Heike, keiner hat so schnell verstanden, mit der paradoxen Intention umzugehen wie sie. Aber was Heikes Resozialisierung eigentlich trug, das waren keine psychotherapeutischen Tricks, sondern das war eine gegenseitige Beziehung, die sie einmal in einem Satz zusammenfaßte: „Ich wünschte, Sie wären meine Mutti!" Was läßt sich bei einem verwahrlosten und sozial geschädigten Heimkind mehr erreichen als dies, ihm eine menschliche Begegnung zu schenken, die seinen weiteren Lebensweg markieren mag?

Zum Abschluß noch ein Wort zu den *Depressionen:* Frankl hat immer davor gewarnt, die paradoxe Intention bei endogen depressiven Verstimmungen anzuwenden, was ja schon deswegen einleuchtet, weil ein depressiver Patient keinen Sensus für humorvolle Formeln hat; solche würde er nur als Hohn empfinden. Jemand Traurigem zu sagen: „Nun weinen Sie hübsch weiter, so fest sie können!" würde die Grenze des Zumutbaren überschreiten. Dazu kommt das große Risiko, daß der Depressive, der eine solche Formel nicht humorvoll annehmen kann, sie eben ernst nehmen würde, was die paradox gemeinte Formel in eine überaus kritische Suggestivformel transformieren würde.

Obwohl man nicht raten kann, der Kranke möge sich die „Traurigkeit" *wünschen,* so kann man immerhin davon abraten, sie zu *bekämpfen.* Der endogen Depressive braucht sich nicht „zusammenzunehmen", wie er es manchmal verzweifelt versucht, er braucht die depressive Phase nur geduldig über sich ergehen zu lassen und die Heilung abzuwarten; schon diese gefaßte Haltung hilft ihm, die Qual zu mildern. Frankl zeigt wiederholt auf, daß die Versicherung des Arztes, der Depressive sei ohne eigenes Zutun (also „schuldlos") nun einmal krank, aber er werde auch ohne besonderes Zutun wieder völlig gesund werden, und wenn er es zur Zeit nicht glaube, beweise dies nur, daß er wirklich an einer endogenen Depression leide, zu welcher Zweifel und Pessimismus symptomatisch dazugehören, zugleich beweise es aber auch, daß die günstige Prognose, die eben bei solch endogenen Depressionen erstellt werden kann, gerechtfertigt sei; daß also diese Argumentation des Arztes wesentlich dazu beiträgt, daß der Patient seine Krankheit objektivieren kann und im selben Maße sich von ihr distanziert.

Die Selbstdistanzierung jedoch ist die einzige „Rettung“ des Depressiven und ergänzt sinnvoll seine medikamentöse Behandlung. Die traurige Gemütsverstimmung muß akzeptiert werden als ein unumgängliches Schicksal, aber der Patient kann sich „anklammern“ an der Zuversicht, daß sie vorbeigeht und er eines Tages wieder Sinn und Wert seines Daseins erkennen und Freude an seinem Leben empfinden wird. Wenn es therapeutisch gelingt, dem Depressiven diese Hoffnung auch in der Phase tiefster Mutlosigkeit und Apathie offen zu halten und ihn mit seinem Schicksal auszusöhnen, dann ist die Krise gebannt. Kein Schicksal hat Macht über den, der sich positiv dazu einstellt!

Die Tatsache, daß Patienten ihre Probleme und Schwierigkeiten meistern können, indem sie in ihrer akuten Krise eine Chance erblicken, indem sie ihrem unabwendbaren Leid einen Sinn geben, indem sie sogar ihre eigenen Ängste und Zwangsvorstellungen belächeln und nicht zuletzt ihre Depressionen schicksalhaft akzeptieren, diese Tatsache ist Beweis genug für die Existenz einer geistigen Dimension im Menschen, welche über die psychophysischen Funktionen hinausreicht. Denn wäre dem nicht so, dann wären unsere Patienten gefangen in ihren Krisen, in ihrem Leid, in ihren Ängsten und schon gar in ihrer Melancholie; aber das sind sie nicht, sie vermögen kraft ihrer spezifisch menschlichen Fähigkeiten davon Abstand zu nehmen, ja sogar sich darüberzustellen.

Man sagt von uns Psychotherapeuten, daß wir in den Abgrund der menschlichen Seele blicken würden, aber in Wirklichkeit blikken wir oft genug staunend und voll Ehrfurcht empor zu den Leistungen des menschlichen Geistes!

Therapeutischer Abbau von Selbstzentrierung und Sucht

A) Die Dereflexion in der Praxis

Sie erinnern sich an den Ausspruch von Leo Gabriel: „Das Tier ist die Welt, der Mensch hat die Welt"?

Das „Die-Welt-Haben" bedeutet auch: die Welt *beobachten*. Bedeutet auch: *sich selbst beobachten.*

Es kann durchaus fruchtbar sein, sich selbst und seine eigenen Fähigkeiten im Blickfeld zu haben und dadurch zu einer adäquaten Selbsteinschätzung zu kommen; es gibt aber auch Fixierungen und Übersteigerungen dieser egozentrischen Beobachtungsweise, die partiell oder insgesamt pathologischen Charakter annehmen. Das klassische Beispiel dafür sind jene psychologischen Schlafstörungen, die hauptsächlich auf einer verstärkten Beobachtung des Einschlafvermögens beruhen. Je intensiver ein Patient abends im Bett daran denkt, daß er doch endlich einschlafen müsse, und je mehr er seinen eigenen Müdigkeitsgrad beobachtet, desto länger hält er sich praktisch selbst wach, und desto ferner ist er jeglichem automatischen Einschlafvorgang.

Ein anderes, theoretisch ebenso eindeutig explizierbares Beispiel sind alle jene psychologischen Sexualstörungen, die nur aus den erzwungenen Anforderungen des Patienten hinsichtlich seiner eigenen Körperfunktion resultieren. Frauen, die sich selbst beim Geschlechtsverkehr beobachten, ob sie wohl zu einem Orgasmus kommen oder vielleicht frigide sind, und Männer, die sich selbst auf eine ausreichende Erektion hin kontrollieren, bzw. eine Ejakulation erzwingen wollen, um sich vor ihrer Partnerin nicht zu blamieren, erzeugten ihre Sexualstörungen praktisch selbst, weil sie die natürlich und automatisch ablaufende Körperfunktion durch ihre übersteigerte Beobachtung stören oder verhindern.

Sobald eine gewisse Angst ins Spiel kommt, etwa die Angst, nicht einschlafen zu können und sich nachts unruhig im Bette hin- und herzuwälzen, oder die Angst, impotent oder frigide zu sein, was ja in der heutigen Gesellschaft einen sehr negativen Beigeschmack hat, tritt unser Grundsatz wieder in Kraft: *Der Körper spielt mit.*

Dann natürlich, wenn das Gefürchtete erst einmal eingetreten ist, steigert sich die Angst in der nächsten ähnlichen Situation um so mehr, weil sie in den Augen des Patienten eben „berechtigt" war, und um so sicherer spielt der Körper wieder mit – unser bekannter Angst-Zirkel-Mechanismus ist perfekt.

Ganz ähnliche Krankheitsbilder finden wir bei allen Körperfunktionen, die eigentlich automatisch und kaum kognitiv registriert ablaufen sollen, wenn sie plötzlich in den Mittelpunkt der zentralen Willenssteuerung oder des Interesses eines Menschen geschoben werden.

Beispielsweise läuft der Sprechvorgang normalerweise von allein ab, kognitiv beschäftigen wir uns nur mit dem Inhalt dessen, was wir zu sagen im Begriff sind, und nicht mit der Stellung der Zunge oder der Lippen, um dies, was wir sagen möchten, herauszubringen. Versucht man einmal, den Vorgang des Sprechens per se an sich zu beobachten, merkt man bald, wieviel schwieriger das Sprechen plötzlich geworden ist, und daß man sogar leicht ins *Stottern* gerät.

Ähnlich ist es beim Gehen oder Tanzen. Wenn wir gehen, beobachten wir normalerweise nicht den Rhythmus unserer Beine, sondern konzentrieren uns auf das Ziel, dem wir uns entgegenbewegen. Auch beim Tanzen geben wir uns gewöhnlich dem Klang der Musik und ihrem Rhythmus hin, statt an Fußstellung und Schritte zu denken. Nur Anfänger beobachten vermehrt die Schrittführung bei sich, weswegen Tanzschulneulinge oder auch Rekonvaleszenten, die ihre ersten Gehversuche machen, mit den Füßen schnell durcheinanderkommen. Das Gleiche gilt für die Nahrungsaufnahme (z.B. den Schluckvorgang) oder für den Kreislauf (z.B. den Herzschlag), also für alle automatisch gesteuerten Lebensfunktionen, die gerade deswegen *nicht* der bewußten Willkür des Menschen unterliegen sollen, weil dann ihr regelmäßiger und automatischer Ablauf behindert würde. Eine gesteigerte Beobachtung solcher automatischer Funktionen oder Bewegungsabläufe wirkt sich als erhebliche Störung aus, die eine Reihe geistiger Feedbackmomente aktiviert und letzten Endes oft in ein psychosomatisches Krankheitsbild einmündet.

Zu alledem kommt noch folgendes: Die geschilderte Problematik geht besonders dann in ein kritisches Stadium über, wenn sich zur individuellen übersteigerten Beobachtungstendenz auch noch ein gewisser Druck von außen, von der Umwelt dazugesellt. Was der gesellschaftliche Druck bezüglich Körperfunktionen anrichten kann, hat sich in den letzten Jahrzehnten an Hand der sogenannten „Aufklärung" gezeigt. Der Muß-Charakter der sexuellen Leistungsfähigkeit wurde im Volk ohne Rücksicht auf geistige Feedback-Wirkungen so brutal proklamiert, daß eine *sexuelle Hyperreflexion* auf breitester Basis entstand, welche ihrerseits eine starke Zunahme von Sexualstörungen nach sich zog. Der Instinktverlust des Menschen zusammen mit diesem künstlich hochgespielten Gesellschaftsdruck, der eine ungesunde Über-Beobachtung der Sexualfunktion bewirkt hat, brachte es dazu, daß es bald schon ein Ausnahmefall ist, wenn man Eheleute frägt ob ihr Sexualleben zufriedenstellend sei, und sie antworten mit „ja".

Nicht anders ist es bei Sprachstörungen eines Kindes auf Grund einer übersteigerten Selbstbeobachtung. Wenn durch Schule oder Elternhaus ein Druck von außen dazukommt, verfestigt sich die Sprechunsicherheit zum bleibenden Stotter-Syndrom. Da solche Störungen organische Funktionen betreffen, muß vor Einleitung einer Psychotherapie stets ärztlicherseits verläßlich abgeklärt sein, ob nicht eine physiologische Ursache im Körperorgan selbst besteht. Kann diese Möglichkeit jedoch ausgeschlossen werden, dann gibt es gute psychotherapeutische Hilfen, und insbesondere die Logotherapie hat sich der Problematik der Hyperreflexion sehr intensiv angenommen (der Ausdruck „Hyperreflexion" wurde ja von Frankl überhaupt erst geprägt).

Der Grundgedanke ist, daß, wenn eine übersteigerte Beobachtung von automstisch ablaufenden Körperfunktionen die Ursache für eine psychische Störung ist, die Therapie logischerweise darin bestehen muß, die *fixierte Beobachtungstendenz zu reduzieren,* damit der automatische Ablauf der Funktion wieder ungestört in Erscheinung treten kann. In der Praxis zeigt sich, daß dies gar nicht so leicht ist, denn man kann dem Patienten nicht einfach raten, *nicht* an seinen Schlaf oder *nicht* an seine Potenz zu denken. Es ist im wachen Zustand schon fast undurchführbar, an „nichts" zu denken, aber es ist ganz und gar unmöglich, willentlich „nicht an etwas Bestimmtes" zu denken, wenn zuvor die Aufmerksamkeit demjenigen Inhalt gegolten hat. Wenn ich dem Leser vorschlagen würde, sich zurückzulehnen, die Augen zu schließen und zwei Minuten lang nicht an die Logotherapie zu denken, würde es ihm kaum gelingen, denn in dem Moment, da er sich innerlich darauf konzentrieren würde, bloß nicht an die Logotherapie zu denken, hätte er auch schon an sie gedacht. Das einzige, das er tun könnte, wäre, *an etwas anderes denken.*

Das bedeutet, die Therapie von psychosomatischen Funktionsstörungen auf Grund von Hyperreflexionen muß darauf hinauslaufen, die Aufmerksamkeit des Patienten vom Symptominhalt abzulösen und auf einen anderen Denkinhalt hinzurichten, und das ist, einfach erklärt, das Prinzip der logotherapeutischen Methode der *Dereflexion.*

Neben einer Korrektur der Reflexion bedarf es oft einer Korrektur der Intention des Patienten, denn Reflexion und Intention sind in der geistigen Daseinsschicht des Menschen eng verbunden. Der Patient mit den Schlafstörungen *denkt* nicht nur krampfhaft ans Einschlafen, er *will* auch einschlafen, und der Sexualneurotiker *denkt* nicht nur an den Beweis seiner Sexualleistung, er *will* auch beweisen, wie stark er in seiner Geschlechtsrolle ist. Diese Hyperintention (auch der Ausdruck der „Hyperintention" wurde erst von Frankl geprägt), die ähnlich wie die Hyperreflexion zu psychischen Erkrankungen führen kann, ist im Grunde nichts anderes als das *Fehlen der* so wesentlichen Fähigkeit zur *Selbst-Transzendenz.* Vegetative Körperfunktionen können nämlich kein echtes Ziel für menschliche Bemühungen darstellen, sie sind viel eher ein automatisches Nebenprodukt, ein Begleiteffekt im zielgerichteten Geschehen, und dieses Geschehen muß sich auf etwas außerhalb dem Selbst Liegendes konzentrieren. Der Mensch, der abends müde, aber zufrieden mit seinem Tagewerk, ins Bett fällt und noch ein wenig dieses Tagewerk überdenkt, ist auch schon eingeschlafen; der Liebende, der sich seinem Partner völlig hingibt, ist auch des Aktvollzugs fähig – sie alle haben nicht ihr Selbst zum Ziel, sondern etwas anderes: die Arbeit oder ein Du; ihr „Geist" ist darauf gerichtet, und ihr Körper reagiert automatisch richtig. Eine Korrektur der Reflexion beinhaltet daher auch vielfach eine Korrektur der Intention des Patienten, und das wiederum benötigt eine Einstellungsmodulation, insofern, als der Patient sich dazu durchringen muß, die gestörte vegetative Funktion als *unwichtig,* ein geeignetes Ziel jedoch als *wichtig* anzusehen. Dann und nur dann wird er seine volle Aufmerksamkeit dem Wichtigen, also dem Ziel, widmen, das Unwichtige, also die Körperfunktion, außer acht lassen, und damit zur heilenden Selbst-Transzendenz finden.

Die Komplikation dabei ist, daß der Patient nicht ganz darüber informiert sein darf, was der Therapeut im Sinne hat. Denkt er sich nämlich innerlich: „Aha, jetzt soll ich dieses beachten, damit ich nicht an jenes denke!" ist der gewünschte Effekt schon verschwunden, denn es wurde ja doch wieder an „jenes" gedacht. Diese Tat-

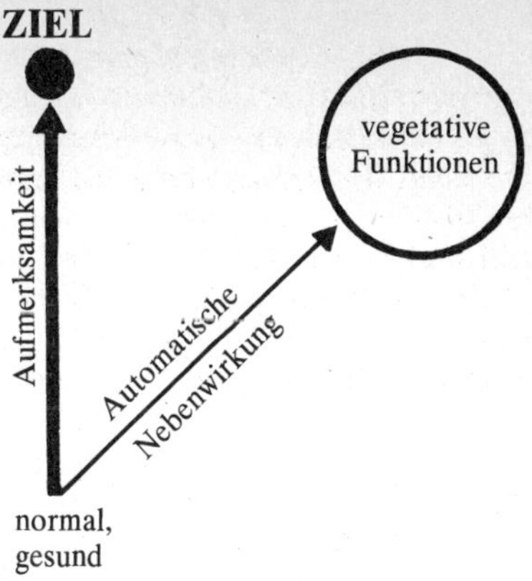

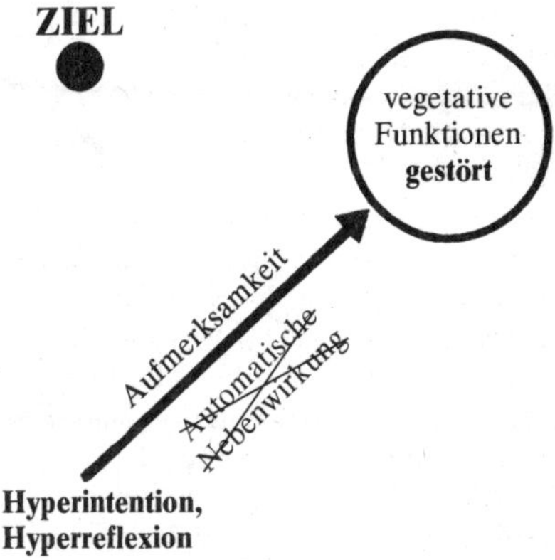

sache ist ein kleines Handikap für den Psychotherapeuten: er muß bei der Dereflexion meist *ohne Mithilfe des Patienten* arbeiten, und der Erfolg, den er eventuell erzielt, wird vom Patienten oft gar nicht mit den Vorschlägen des Therapeuten in Verbindung gebracht. Dadurch aber ist der Patient auch nicht so ohne weiteres in der Lage, sich bei wiederkehrender oder ähnlicher Problematik mit der gleichen Psychotechnik selbst zu helfen, wie er das blendend kann, wenn er einmal die paradoxe Intention kennengelernt hat.

In der logotherapeutischen Literatur wird die Anwendung der Dereflexion sehr schön am Beispiel männlicher Sexualstörungen demonstriert. Der Patient erhält zunächst ein Koitusverbot für eine begrenzte Zeit. Dann wird er aufgefordert, sich bei der Begegnung mit der Partnerin sehr intensiv mit ihr als „geliebtes Wesen" zu beschäftigen. Er soll versuchen, sie in ihrer Einzigartigkeit und Einmaligkeit, die jeder Mensch besitzt, zu erfassen und zu verstehen, sich in ihre Gefühle und Gedanken hineinzuversetzen, ihr seine Zärtlichkeit und Hingabe in jeder Weise auszudrücken – aber es soll zu keiner körperlichen Vereinigung kommen.

Der Logotherapeut zielt darauf ab, daß der Patient beginnt, sich im Kontakt zur Partnerin *selbst zu vergessen,* indem er seine ganze Aufmerksamkeit und Liebe auf sie überträgt. Auch Elemente der paradoxen Intentionshaltung mischen sich dazu.

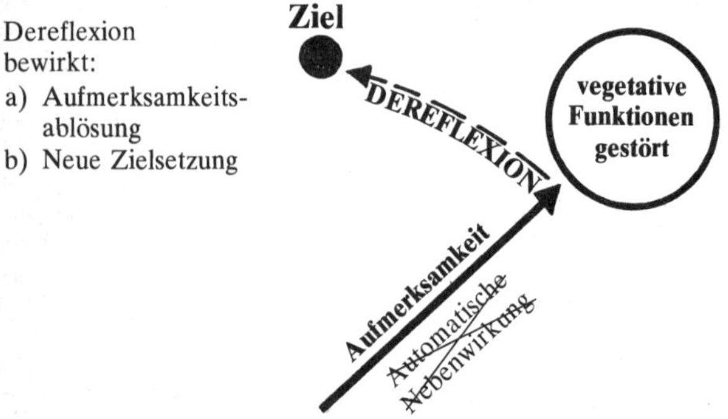

dadurch wieder **ungestörter Ablauf der vegetativen Funktionen!**

Das sich selbst Vergessenkönnen in der Zweisamkeit hebt die neurotische Blockade wieder auf, der Körper reagiert relativ unbeobachtet und daher angemessen, die Erektion läßt sich in zärtlichen Stunden beim männlichen, gesunden Organismus kaum verhindern. Patienten, die so angeleitet wurden, kommen mitunter beschämt zur nächsten Therapiestunde und „beichten", daß sie sich nicht mehr beherrschen konnten und es doch zum Koitus gekommen war, was praktisch gleichbedeutend ist mit der Heilung ihrer psychogenen Impotenz.

Bei dieser Taktik ist es unter Umständen angezeigt, die Partnerin ins Vertrauen zu ziehen, damit sie die Therapie unterstützt und nicht etwa durch Enttäuschung oder Anforderungen hinsichtlich der Männlichkeit ihres Partners dessen überhöhte Aufmerksamkeit auf seine ihm abverlangte Sexualrolle zurücklenkt. Man sieht, daß der Patient selbst eigentlich nicht erfährt, worauf es wirklich ankommt, sondern auf einem Umweg zum therapeutischen Ziel geführt wird[12].

Eine gewisse Parallelität besteht hierbei zum Autogenen Training, bei welchem der tiefe Entspannungszustand primär nicht durch die Ruhe-Autosuggestion, sondern dadurch erzeugt wird, daß Formeln rhythmisch wiederkehren und den Übenden daran hindern, über Tagesprobleme und Alltagssorgen nachzugrübeln, andererseits aber auch nicht einschlafen lassen, was eine Spannungsreduzierung im Wachzustand ermöglicht. Natürlich haben die Formeln *zusätzlich* suggestive Ausstrahlung, und man muß sich auch bei der Anwendung der Dereflexion bemühen, die Inhalte und Ziele, die man zur Ablösung der überhöhten Selbstbeobachtung anbietet, möglichst positiv ausstrahlend zu wählen.

Fall Nr. 27:
Ich habe einmal den Versuch gemacht, in einem Fall starker Schul- und Prüfungsangst mit Dereflexion zu arbeiten, um den es sich dabei handelte, besuchte das Gymnasium und war den Testbefunden zufolge ein hochintelligentes Kind, das den Lernstoff spielend hätte bewältigen müssen. Aber bei Prüfungen, Klassenarbeiten, Wettspielen usw. beobachtete der Junge plötzlich nur mehr seine eigene Aufregung und konzentrierte sich derart auf den Gedanken, vor Aufregung alles vergessen zu haben, daß er wirklich ganz blockiert war und in den Leistungen versagte.

Dazu gesellten sich die typischen psychosomatischen Magen-Darm-Beschwerden, die nicht selten bei ängstlich-nervösen Schulkindern zu finden sind. Ansonsten war keine gestörte Körperfunktion im Spiel, die automatisch ablaufen hätte sollen, es sei denn, man interpretiert das flüssige Denken und Reproduzieren von Merkstoff in dieser Hinsicht.

Im Sinne der Dereflexion vereinbarte ich mit den Eltern des Jun-

---

12 Diese logotherapeutische Technik der Behandlung von Sexualstörungen wurde von Frankl bereits 1947 in seiner „Psychotherapie in der Praxis" (Verlag Deuticke, Wien) ausführlich besprochen. Dem versierten Leser werden Parallelen zwischen Frankls Methode und der von Masters und Johnson auffallen, die ihre Sexualtherapie allerdings erst in den 70er Jahren systematisch vorgestellt haben. William und Jacquelin Sahakian, zwei Bostoner Psychologen, waren die ersten, die (in einer Publikation in den „Israel Annals of Psychiatry") auf die Ähnlichkeit der beiden Methoden hingewiesen haben. Analog äußerten sich in späteren Publikationen Michael Ascher und Reuven Bulka.

gen folgenden Plan: Das Thema Schule sollte mindestens drei Monate lang keinen Gesprächsstoff mehr in der Familie bilden. Statt dessen sollte das Freizeitprogramm des Jungen reichhaltig ausgebaut werden, indem er – was er sich immer schon gewünscht hatte – einem Fußballclub mit regelmäßigen Trainingsstunden beitreten und außerdem wegen seiner schönen Stimme auch einen Chor mit wöchentlichen Proben besuchen durfte. Ferner sollte die riesige Carrerabahn, die wegen Platzmangel sonst nur zu Weihnachten aufgebaut wurde, ihren Platz im Kinderzimmer bekommen, und fürs Wochenende standen Wanderungen und Ausflüge am Programm.

Die Eltern waren diesen Plänen gegenüber skeptisch; sie befürchteten ernsthaft, der Junge würde in der Schule noch mehr absacken, weil er mit soviel zusätzlicher Beschäftigung überfordert sei und kaum mehr zu seinen Schulaufgaben komme. Ehrlich gesagt hatte ich auch ein wenig Sorge, ob meine Hypothese, daß die Prüfungsangst bei dem Jungen durch eine übersteigerte Schulzentrierung bedingt sei, der Praxis standhalten werde.

Aber zu unserer gemeinsamen Freude begann der Junge bereits nach wenigen Wochen „aufzublühen". Anfangs sprach er zu Hause immer noch hauptsächlich von der Schule, doch die Eltern blieben bei unserer Vereinbarung und gingen auf dieses Thema nicht mehr ein; wann immer er davon anfing, fragten sie ihn, was am letzten Chorabend losgewesen sei, wie es ihm beim Fußballspielen gehe, oder wohin der nächste Ausflug gemacht werden solle. Es war ganz erstaunlich, wie rasch sich die Schulangst reduzierte! Je mehr der Junge mit Aktivitäten beschäftigt war, die nicht zum Schulbetrieb gehörten, desto mehr vergaß er die Angst vor der Schulsituation.

Am nettesten fand ich es, daß die Mutter mich nach ca. 9 Wochen anrief und mir folgendes mitteilte: An diesem Tage sei Mathematik-Klassenarbeit gewesen. Nach der Schule habe der Junge daheim beim Mittagessen plötzlich ausgerufen: „Ach, heute war doch Klassenarbeit, da müßte ich eigentlich Bauchweh gehabt haben – ich habe gar nicht daran gedacht!"

Das letzte, was ich von der Familie hörte, war die Information, daß sich das Halbjahreszeugnis des Jungen im Durchschnitt um 1,5 Noten verbessert habe.

Die Möglichkeiten der Dereflexion sind also gewiß noch lange nicht ausgeschöpft, aber wir Psychotherapeuten sind darauf angewiesen, zu improvisieren, zu experimentieren, zu forschen – es gibt keine Schablonen in der Logotherapie, wie ich schon mehrmals angedeutet habe.

In der Praxis hatte ich zwei Anfangsschwierigkeiten bei der Handhabung der Dereflexion, die ich kurz skizzieren möchte, um daran aufzuzeigen, daß sich Schwierigkeiten überwinden lassen, wenn die theoretische Basis stabil genug ist, und wenn der Therapeut phantasievoll genug ist, um den theoretischen Entwurf in eine praktikable Form zu gießen.

1. Ich arbeite in der Beratung fast immer mit der *vollen Mitarbeit des Patienten.* Es gelingt mir im allgemeinen gut, diese Mitarbeit zu aktivieren und für die Genesung sinnvoll einzusetzen. Den Therapieerfolg „teile" ich auch immer mit dem Patienten, indem ich ihm zu verstehen gebe, daß er zur Verbesserung oder Lösung seiner Probleme mindestens so viel beigetragen habe wie ich. Das vermittelt ihm Freude und Selbstvertrauen, vor allem aber befähigt es ihn, bei erneut auftretenden Problemsituationen den Mut und die Kraft zu finden, sich selbst zu helfen. Damit versuche ich eines der spezifischen therapeutischen Ziele der Logotherapie zu verwirklichen, nämlich das Bemühen, den Patienten möglichst unabhängig vom Therapeuten zu machen. (Die Psychoanalyse dagegen bindet den Patienten leider sehr stark an den Therapeuten und macht ihn dadurch manchmal völlig abhängig; die Verhaltenstherapie gibt dem Patienten zu wenige „Kenntnisse" an die Hand, als daß er selbständig mit ihren Methoden umgehen könnte!)
   Bei der Dereflexion allerdings muß auf einen Teil der Patienten-Mitarbeit verzichtet werden, um den Erfolg dieser Technik nicht zu gefährden, wie ich bereits erläutert habe.
2. Da die Methode der Dereflexion vorwiegend dann herangezogen wird, wenn beim Patienten eine übertriebene und übersteigerte Aufmerksamkeit auf einen negativen oder psychohygienisch ungesunden, weil besser unbeachteten, Inhalt fixiert ist (wodurch es eben zu den Blockaden von vegetativ oder cognitiv „natürlichen" Lebensvorgängen kommt), so ist es für den Therapeuten nicht immer leicht, *ein Äquivalent zu finden,* welches sich als positives Beachtungsziel eignet und die Aufmerksamkeit bzw. Intention des Patienten vom Ungesunden ablösen und auf sich hinziehen kann. Dies läßt sich gut am Beispiel des Sexualneurotikers demonstrieren: Bedeutet ihm die Partnerin viel, gelingt es gut über Koitusverbot und Hinwendung zur Partnerin die Aufmerksamkeit des Patienten auf die personale Beziehung der Liebe zu dirigieren, was die durch die angstvolle Selbstbeobachtung bedingte körperliche Blockade aufhebt. Bedeutet ihm aber die Partnerin wenig (z.B. eine Prostituierte),

dann läßt sich mit ihr kein geeignetes Aufmerksamkeitsäquivalent konstituieren, um die übersteigerte Selbstbeobachtung, die ja oft schon sehr stark fixiert ist, abzulösen. Dieselbe Problematik habe ich bei unterschiedlichen Symptombildern vorgefunden.

Um nun diese beiden Schwierigkeiten auszuschalten, habe ich eine Abwandlung der Dereflexion ausprobiert und recht gute Erfolge damit erzielt, und zwar die *Dereflexion mittels Alternativenkatalog*. Die theoretische Überlegung zur praktischen Vorgangsweise dabei ist folgende:

1. Ich kläre den Patienten auf, weise also auf den Zusammenhang zwischen seiner Hyperreflexion und dem Eintritt der unerwünschten körperlichen Reaktion hin und ziehe daraus die Schlußfolgerung, daß die Hyperreflexion mit vereinten Kräften abgebaut werden müsse. Dadurch gewinne ich die für mich so wichtige Mitarbeit des Patienten.
2. Ich schlage vor, gemeinsam Inhalte zu suchen, auf welche sich nunmehr die Aufmerksamkeit des Patienten richten könne und solle, also erwünschte, positive und gesunde Lebensinhalte, die zugleich eine Bereicherung seiner jetzigen Lebenslage bedeuten würden. Nur er selbst kann sagen, was seinen persönlichen Wertvorstellungen entspricht und was nicht. Wir einigen uns, danach einen Alternativenkatalog zusammenzustellen.
3. Der Patient wird aufgefordert, bis zur nächsten Therapiestunde solche mögliche Alternativen zu überdenken und zu notieren. Fällt es ihm schwer, gebe ich Anhaltspunkte, Vorschläge, Anregungen, notfalls sprechen wir sein bisheriges Leben kurz durch und suchen „Inhalte glücklicher Stunden". Eine Reihe von Alternativen für diejenigen Auslösesituationen, in denen gewöhnlich die Hyperreflexion einsetzt, wird schriftlich festgehalten.
4. Jetzt erst gehen meine theoretischen Überlegungen und Vorstellungen des Patienten ein wenig auseinander. Dem Patienten wird gesagt, er solle alle Möglichkeiten des gemeinsam erstellten Alternativenkataloges „durchprobieren" und gewichten. Er möge also zu jedem Zeitpunkt, der Anlaß für seine ungesunde Hyperreflexion werden könnte, eine der Alternativen (nach Wahl oder der Rangfolge nach) ergreifen und dabei *beobachten*, welche Wirkung die Alternative für ihn habe. Danach solle er diese Wirkung in einer Notenskala bewerten, damit wir „die beste Alternative zur Hyperreflexion herausfinden können".

   Das theoretische Konzept ist natürlich nicht so simpel orientiert; es geht vielmehr darum, dem Patienten nicht nur ein oder mehrere *Inhalte* als neues Ziel und Gegengewicht zur übersteigerten Aufmerksamkeit anzubieten, sondern daß ihm auch eine neue, andersgeartete *Aufmerksamkeit* zu entlocken, nämlich jene Aufmerksamkeit, die auf die Bewertung der Alternativinhalte gerichtet ist.

Aufmerksamkeit auf eine negative Sache gerichtet	**Dereflexion** -------------->	Hinwendung zu einer positiven Sache
Aufmerksamkeit auf eine negative Sache gerichtet	**Dereflexion mit** --------------> **Alternativenkatalog**	Aufmerksamkeit auf die Bewertung positiver Sachen gerichtet

Da man nur schwerlich die Aufmerksamkeit zugleich auf verschiedene Inhalte konzentrieren kann, löst die eine Aufmerksamkeit die andere ab. Während der Patient die Alternativen beobachtet, merkt er nicht, daß er den „blockierten" natürlichen Vorgang vergißt.

5. Der Patient benötigt längere Zeit, bis er alle Alternativen „ausprobiert" hat. Dadurch ist Zeit gewonnen, kostbare, heilende Zeit, in welcher die ungesunde Aufmerksamkeit permanent verringert und durch andere Beobachtungen überlagert wird. In dieser Zeit läßt die vegetative oder cognitive Blockade nach, das Symptom geht zurück, der Patient wird allmählich beschwerdefrei und merkt es kaum.
6. Wenn der Patient die fertige Gewichtung mit den für ihn fruchtbarsten Alternativen herausgefunden hat, kann ihm je nach seinem Zustandsbild erläutert werden, daß die Therapie gar nicht mehr notwendig ist, weil er inzwischen gesundet ist, oder es kann ihm angeraten werden, bei kleinen Rückfällen zu einer als günstig befundenen Alternative zu greifen, oder er hat mittlerweile auch schon so starke Erfolgserlebnisse gehabt, daß er selbst den Alternativenkatalog für „kindisch" ansieht und feststellt, daß er ihn nicht mehr braucht.
7. Nun sind nur mehr Schritte zur Festigung des erzielten Erfolges angebracht, die je nach Sachlage orientiert sind und nicht mehr direkt mit der Methode der Dereflexion in Verbindung stehen.

Fall Nr. 28:
Dieser Fall war ein Modellfall, der bei einem damit befaßten Ärzteteam viel Aufsehen hervorgerufen hat. Es handelte sich um eine dreiköpfige Familie, bestehend aus Vater, Mutter und einem 15jährigen Sohn. Der Vater war technischer Angestellter, die Mutter stammte

aus zweifelhaften Verhältnissen, die Ehe war schwankend gut. Im Mai hatte die Mutter die Familie verlassen und war seither unbekannten Aufenthaltes. Sie wurde mehrmals bei einem Wohnwagenlager außerhalb der Stadt gesehen, und es bestand der Verdacht auf geheime Prostitution und Hehlerei. Der Vater hatte diesen Schlag nicht verkraftet, er ging zwar weiterhin seiner Arbeit nach, doch wenn er nach Hause kam, tat er nur das Nötigste und verhielt sich absolut passiv. Er saß dann stundenlang in einer Ecke und schaute ins Leere, um den Jungen kümmerte er sich kaum. Mitunter hatte er Weinkrämpfe. Während der Ferienzeit war der Junge in einem Ferienlager, da ging es noch halbwegs gut, aber mit Schulbeginn im September fing der Junge an, die Schule zu vernachlässigen. Er lief dreimal von zu Hause weg, zweimal kam er von selbst zurück, einmal brachte ihn die Polizeistreife. Anfang Oktober beschloß das zuständige Jugendamt, den Jungen in einem Heim unterzubringen, und bat mich um eine psychologische Begutachtung im Sinne der gesetzlichen Maßnahmen zur Erziehungshilfe durch Heimeinweisung. Am Jugendamt äußerte man sich dahingehend, daß das Gutachten schnell gemacht werden könne, weil die Sachlage ja „eindeutig" sei.

Ein ausführliches Gespräch mit dem Jungen ergab, daß er sich zu Hause langweile, weil der Vater abends meistens unansprechbar sei, und er sich deswegen einsam und unglücklich fühle, weswegen er ausgerissen sei. Er hänge aber innerlich sehr an seinem Vater und weigere sich mit Händen und Füßen, ins Heim zu gehen. Daraufhin ließ ich mir den Vater kommen.

Gesprächsfragmente (gekürzt:)

Ich: Herr X., Ihr Sohn hat mir erzählt, daß Sie noch sehr unter dem Verlust Ihrer Frau leiden.

H. X.: Ja, das stimmt.

Ich: Es ist jetzt fast ein halbes Jahr seither vergangen, haben Sie das Gefühl, daß Sie Ihren Kummer mit der Zeit überwinden werden können?

H. X.: Nein, ich glaube nicht. Es geht immer mehr bergab mit mir. Und jetzt nehmen Sie mir noch den Jungen weg (weint!)

Ich: (nach einer Pause) Herr X., ich sehe in meiner Arbeit viele Menschen, die Kummer haben. Manche sind wirklich in extremer Not und bewältigen dennoch ihr Schicksal auf großartige Weise, und andere brechen schon unter einem kleinen Problem vollkommen zusammen …

H. X.: Nicht jeder hat gleichviel Kraft …

Ich: Da haben Sie völlig recht. Deswegen möchte ich Ihnen einen Vorschlag machen. Wenn Ihre Kräfte nicht ausreichen, um Ihren

Schicksalsschlag zu bewältigen, dann biete ich Ihnen meine Kräfte als Unterstützung dazu an. Vielleicht reichen die Kräfte von uns beiden aus, um Ihre Not zu lindern?

H. X.: Mir kann niemand helfen. Wie wollen Sie mir helfen?

Ich: Ich kann das, was geschehen ist, nicht ungeschehen machen. Aber ich bin ausgebildet, um anderen Menschen zu helfen, und ich *möchte* Ihnen auch gerne helfen. Mein ganzes Wissen und meine ganze menschliche Anteilnahme biete ich Ihnen zur Unterstützung Ihrer eigenen Kräfte an. Ich weiß nicht, ob wir beide stark genug sein werden, um Ihrem Unglück zu trotzen, aber wir sollten es versuchen.
Wollen Sie es versuchen?

H. X.: Ich weiß, Sie meinen es gut, aber ich habe nicht viel Hoffnung. Ich habe mir schon oft gesagt: „Jetzt reiß dich zusammen!', aber ich kann's nicht. Ich kann's nicht!

Ich: *Wir* können es, Herr X., verstehen Sie? Wir können es miteinander. Geben Sie mir Ihr Vertrauen, lassen Sie es uns versuchen! Überlegen Sie es sich zu Hause, heute abend! Denken Sie über mein Angebot nach, und kommen Sie bitte morgen wieder zu mir.

Nächster Tag:

Ich: Nun Herr X., wie geht es Ihnen heute?

H. X.: Ich bin gekommen ... ich möchte ... es versuchen. (Verlegen) Mein Sohn hat gesagt: „Du Papa, die Frau wird uns helfen!"

Ich: Ich freue mich darüber. Sagen Sie, was ist eigentlich das Schlimmste an dem Vorfall mit Ihrer Frau?

H. X.: Wie meinen Sie das?

Ich: Nun, jedes Ereignis hat auch seine Folgen. Es kann sein, daß das Ereignis selbst sehr schwer wiegt und eine tiefe Wunde hinterläßt, es kann aber auch sein, daß die Folgen des Ereignisses einen dunklen Schatten auf das Leben eines Menschen werfen. Deswegen frage ich Sie: Ist es das Weglaufen Ihrer Frau selbst, das Sie so sehr belastet, vielleicht Zorn oder Enttäuschung über Ihre Frau, oder sind es die Folgen dieser Tatsache, die Sie belasten, z. B. die einsamen Abende, der Verlust des Gesprächspartners, die alleinige Verantwortung für das Kind u. dgl.?

H. X.: Wenn ich es recht bedenke ... unsere Ehe war nicht sehr gut. Ich bin meiner Frau auch nicht böse, sie ist ein ganz anderer Menschentyp als ich, wir haben von vornherein nicht gut harmoniert ... (erzählt über seine Ehe)
Nein, ich glaube, es sind eher die Folgen, ein Schatten, wie Sie sagen, ich muß immer daran denken, darüber grübeln –

Ich: Erzählen Sie mir davon! Wann passiert das?

H. X.: Vor allem abends. Ich weiß nicht wieso, plötzlich fällt es mir ein, daß sie weg ist, daß sie nie mehr zurückkommt, ob ich's verhindern hätte können, meine Gedanken kreisen immer um diese Fragen, wie magnetisch angezogen, ich kann gar nichts tun –

Ich: Diese Gedanken hindern Sie daran, etwas zu tun?

H. X.: Genau, ich denke, es hat doch alles keinen Sinn, was immer ich tue –

Ich: Und solange Sie nichts tun, als eben denken, sind Sie auch diesen Gedanken ausgeliefert?

H. X.: Ja, so ist es, das Grübeln beherrscht mich ganz, ich muß mich dann zwingen, die nötigen Handgriffe zu machen, um ins Bett zu gehen. Nur der Schlaf erlöst mich –

Ich: Sie möchten damit sagen, daß Sie das dramatische Ende Ihrer ehelichen Gemeinschaft verkraften könnten, wenn nicht diese unglücklichen Gedanken darüber immer wieder über Sie kämen und Ihre Lebenskraft und Lebensfreude unterdrücken, ja schon im Keim ersticken würden?

H. X.: (Denkt nach) Ja, ich glaube, so ist es. Ich habe es nicht so klar gesehen bis jetzt, aber Sie mögen recht haben. Wenn ich nicht mehr daran denken müßte, Tag für Tag, dann könnte ich vielleicht darüber hinwegkommen. Aber die Gedanken lassen sich nicht unter meine Gewalt bringen, sie kommen ganz von selbst.

Ich: Tagsüber, während Ihrer Arbeit kommen sie nicht?

H. X.: (Lächelt ein wenig) Seltsam, da kommen sie nicht. Da habe ich gar keine Zeit dazu, da gibt es jetzt so viel zu tun, schon für das Weihnachtsgeschäft, ich bin wohl abgelenkt von meinen privaten Sorgen.

Ich: Da fühlen Sie sich innerlich besser, ausgefüllter als zu Hause?

H. X.: Ja gewiß, aber meinen Sie, soll ich deswegen Überstunden machen?

Ich: Vielleicht gibt es noch anderes als Arbeit, das Sie von Ihren Grübeleien abhalten könnte? Vermögen Sie sich irgendetwas vorzustellen, ein Hobby vielleicht? Musik? Sport? Spiele? …

H. X.: Das gibt es alles nicht mehr für mich. Ich habe kein Interesse mehr, seit … seit …

Ich: Vor dem Ereignis mit Ihrer Frau hatten Sie viele Interessen?

H. X.: Nun, eigentlich, (zögert) es gab immer etwas zu tun. Ich kann es gar nicht so genau sagen, im Haus vielleicht, nichts Bestimmtes …

Ich: Sie hatten wahrscheinlich wenig Zeit, Ihren Interessen nachzugehen –?

H. X.: Ja natürlich, so war es.

Ich: Aber jetzt haben Sie etwas mehr Zeit. Die Zeit, die Sie mit Grübeln und Nachdenken verbringen, das ist doch freie Zeit, nicht wahr? Diese Zeit könnten Sie auch nützen, um Ihre Interessen auszubauen.

H. X.: Ich kann nicht!

Ich: Sie könnten gewiß sehr vieles in dieser Zeit machen, auch gemeinsam mit Ihrem Sohn, wenn Sie nicht durch Ihre unglücklichen Gedanken und Grübeleien gehemmt, blockiert wären. Es käme also darauf an, etwas zu finden, das stärker ist als Ihre Gedanken, etwas, das Sie interessiert und freut, das Sie ablenkt von dem, was gewesen ist, und Ihnen neue Möglichkeiten für die Zukunft erschließt. Etwas, das stark genug ist, daß Sie es als *Waffe* gegen die zerstörerischen Grübeleien einsetzen können!

Anmerkung: Hier ringe ich ganz stark um die Distanzierung zwischen Patient und Symptom! –

H. X.: Als Waffe, das klingt so ... Ist es nicht eine Waffe gegen mich selbst? Ich bin doch der, der denkt, und ich kann mein Leid nicht vergessen, auch dann nicht, wenn ich etwas anderes tue.

Ich: Nein, es ist keine Waffe gegen Sie selbst. Es ist eine Waffe gegen ein Leid, das sich sinnlos vermehren will. Leid muß nicht noch mehr Leid erzeugen. Leid kann uns auch reifen und über uns selbst hinauswachsen lassen. Durch die Schwierigkeiten mit Ihrem Sohn sind Sie jetzt dabei, das Leid, das Ihre Frau über Sie gebracht hat, zu vergrößern; ich aber möchte, daß Sie an Ihrem Leid wachsen, daß Sie innerlich stärker werden, daß Sie mit dem „mehr" an Verantwortung, das auf Ihnen ruht, auch ein „mehr" an Kräften entwickeln.

H. X.: Wie Sie das sagen – ich wünschte, ich könnte das wirklich!

Ich: Sie brauchen nur ein wenig Geduld und ein wenig Vertrauen. Ich möchte Sie bitten, lassen Sie uns einmal zusammen überlegen, was alles für Sie geeignet wäre, um den Abend sinnvoll zu füllen. Können Sie sich etwas vorstellen?

H. X.: Wissen Sie, vorstellen schon, aber es freut mich einfach nichts mehr ...

Ich: Das macht nichts, ich möchte vorläufig nur zusammenstellen, was für Sie persönlich an Interessen, Betätigungen, Hobbies oder Erlebnissen geeignet wäre. Wir beide stellen einen Katalog zusammen, und dann erst probieren wir aus, was sich als „Waffe" gegen Ihre zwanghaften und unglücklichen Gedanken verwenden läßt.

H. X.: Da wird sich kaum etwas finden!

Ich: Vielleicht erwarten Sie zuviel? Ein sinnvolles Abendprogramm bedeutet nicht, daß Sie Ihre Frau vergessen sollen. Im Gegenteil. Sie haben gewiß auch schöne Erinnerungen an Ihre Ehe, und die müssen Sie gut in Ihrem Herzen bewahren. Sie sollen nicht vergessen, Sie sollen *mit* und *trotz* der Erinnerung leben können!
Was also könnte auf der ersten Seite in unserem Katalog stehen?

H. X.: (Nach langer Pause) Was ich früher sehr gerne gemacht hätte, wovon ich einmal geträumt habe, das ist der Aufbau einer technisch perfekten Kleinbahnanlage – das klingt wohl sehr kindisch?

Ich: Durchaus nicht, das finde ich hochinteressant. Haben Sie denn Material dazu?

H. X.: Ja, vieles liegt bei uns eingepackt herum, manches müßte freilich ergänzt werden. Irgendwie sind wir nie dazu gekommen ...

Mit Herrn X. wurde in drei Gesprächskontakten ein „Katalog" von insgesamt 15 Beschäftigungsmöglichkeiten für den Abend und das Wochenende zusammengestellt, wobei er jedesmal die „Aufgabe" bekam, bis zum nächsten Kontakt geeignete Inhalte zu suchen und zu notieren. Trotz seiner anfänglichen Skepsis und Resignation fand er einen gewissen Gefallen an dem „Spiel", betonte aber regelmäßig, daß er sich nicht vorstellen könne, damit seine Probleme zu beheben. Nach Fertigstellung des Katalogs bekam Herr X. folgende Instruktionen:

Ich: Sie haben in den letzten Tagen fleißig über unseren Interessenkatalog nachgedacht, und jetzt haben wir ihn hier schriftlich vor uns liegen. Ich mache nun neben jedes Interessengebiet eine Skala von 5 Punkten. Das sieht so aus:

Kleinbahnanlage zusammenstellen und ergänzen	−2	−1	0	+1	+2
In die Sauna gehen	−2	−1	0	+1	+2
Mit Sohn über Schule sprechen, Aufgabenkontrolle	−2	−1	0	+1	+2
Hitparade im Radio/TV hören und zum Teil aufnehmen	−2	−1	0	+1	+2
Salate und Mayonnaisen selbst zubereiten und abschmecken	−2	−1	0	+1	+2
zerlegen und reparieren	−2	−1	0	+1	+2
Kakteenzucht aus Samen im Dungbeet anlegen	−2	−1	0	+1	+2

usw.

Ich möchte Sie jetzt sehr dringend um Ihre Mitarbeit bitten. Stellen Sie sich vor, es sei ein Intensiv-Programm für die nächsten 15 Tage. An jedem Tag wählen Sie nach Dienstende eines der hier notierten Interessengebiete aus und beschäftigen sich bis zum Schlafengehen kontinuierlich damit, ohne Unterbrechung, auch dann, wenn Sie meinen, es macht Ihnen wenig Freude, versuchen Sie es bitte durchzuhalten, nur diese 15 Tage lang. Für Samstag und Sonntag lassen Sie sich Programmpunkte, deren Durchführung längere Zeit erfordert, z.B. die Aufstellung der Kleinbahn oder die Reparatur des Ofens. Und während Sie sich damit beschäftigen, registrieren Sie nebenbei den Grad der inneren Zufriedenheit, den Sie erreichen. Kurz bevor Sie schlafen gehen, kreuzen Sie bitte auf der Skala an, ob Sie sich sehr wohl und zufrieden fühlen (+2), mittelmäßig gut fühlen (0) oder so schlecht wie sonst fühlen (−2). Nach den 15 Tagen haben wir einen Überblick darüber, welche Interessengebiete Ihnen persönlich besonders viel zu geben haben und also später in unserer Therapie verwendet werden können. Wollen Sie das tun, Herr X.?

H. X.: Naja, 15 Tage lang kann ich das schon machen, wenn Sie es für wichtig halten. Aber wahrscheinlich werde ich lauter −2 ankreuzen müssen.

Ich: Tun Sie es ruhig, Herr X., ganz ehrlich, genau wie Sie sich fühlen. Wichtig ist nur, daß Sie unser Programm ganz konsequent durchhalten. Und wenn Sie Schwierigkeiten haben, rufen Sie mich bitte jederzeit an, ich werde Ihnen immer mit Rat und Tat zur Seite stehen, das wissen Sie, nicht wahr?

H. X.: Ja Frau Doktor, ich danke Ihnen.

Anruf von Herrn X. am 6. Tag nach dem Instruktionsgespräch:

H. X.: Ich wollte Ihnen nur sagen, gestern habe ich mich beim Schlafengehen richtig wohlgefühlt, zum ersten Mal seit langem. Ich habe mit meinem Sohn an der Kleinbahnanlage gearbeitet, und gegen Mitternacht waren wir beide so müde, daß uns fast die Augen zufielen, aber Sie können sich nicht vorstellen, wie glücklich der Junge war. Und ich selbst habe meinen Kummer fast völlig vergessen, erst beim Zähneputzen ist mir wieder eingefallen, daß alles ja praktisch nur ein Spiel ist und warum wir das machen, und daß ich noch die Liste ankreuzen muß. Dabei waren die ersten drei Tage schrecklich, ich mußte mich richtig zwingen, ich wollte schon aufhören, nur um Sie nicht zu enttäuschen, habe ich überhaupt weitergemacht ...

Ich: Ich freue mich sehr, daß es Ihnen gelungen ist, bis jetzt durchzuhalten!

H. X.: Ja, und jetzt wollte ich fragen, soll ich wirklich die anderen Sachen noch ausprobieren? Am liebsten würde ich eigentlich bei der Kleinbahn bleiben. Da ist noch soviel zu machen, ich könnte gelegentlich daran arbeiten, vielleicht hilft mir das schon?

Ich: Ich verstehe Sie gut, aber ich möchte Sie doch bitten, unser Programm so wie besprochen zu Ende zu führen. Sie haben noch viel Zeit vor sich, und die Kleinbahn wartet bestimmt auf Sie, aber es wäre ja denkbar, daß Ihnen auch ein anderes Interessengebiet Freude bereitet, und deswegen sollte wirklich der gesamte Katalog ausprobiert werden. Bitte Herr X. halten Sie durch, nicht mir zuliebe, nicht einmal um Ihrer selbst willen, sondern wegen Ihres Kindes. Machen Sie so tapfer weiter wie bisher!

Anruf von Herrn X. am 11. Tag nach dem Instruktionsgespräch:

Herr X. erkundigte sich wegen verschiedener Durchführungsdetails, wann er zum Beispiel 0 ankreuzen solle, ob er nicht einen Tag zwischendurch Pause machen könne, er sei etwas erschöpft, er halte es gar nicht mehr für notwendig, den Katalog bis zum Ende durchzuprobieren, er könne jetzt schon mit ziemlicher Sicherheit sagen, welche Interessengebiete für ihn künftig in Frage kämen. Mit keinem Wort erwähnte er Gedanken oder Grübeleien zum Verlust seiner Frau. Auch ich fragte nicht danach.

16. Tag nach dem Instruktionsgespräch:

Herr X. legte den Katalog vor, die Kreuze verteilten sich folgendermaßen:

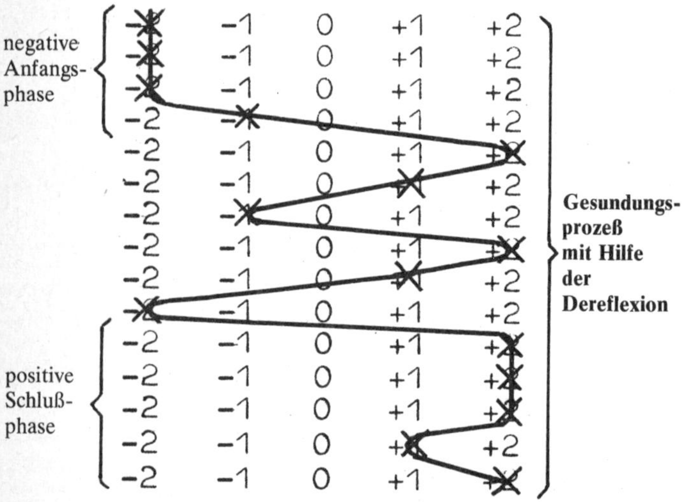

Ich: Herr X., ich beglückwünsche Sie zu Ihrem Erfolg! Sie hatten gar nicht erwartet, so viele Plus-Punkte zu finden, nicht wahr?

H. X.: Das stimmt, ich hätte es früher nie gedacht. Und jetzt wissen wir auch, welche Interessengebiete für mich geeignet sind.

Ich: Wir wissen nicht nur das, wir wissen viel mehr! Sehen Sie sich doch den Katalog an! In den letzten Tagen gab es fast nur mehr Pluspunkte, glauben Sie, daß dies bloß mit den Interessengebieten zusammenhängt?

H. X.: Wie meinen Sie das?

Ich: Haben Sie denn in den letzten Wochen viel gegrübelt und unglücklichen Gedanken nachgehangen wie früher?

H. X.: Ja also, ich hatte ja praktisch keine Zeit dazu: Arbeiten, abends noch unser Programm, alles registrieren und aufschreiben –

Ich: Und auch noch grübeln, das wäre zuviel verlangt gewesen, nicht wahr? (Wir lachen beide)
Sie haben durch Ihr Programm, das Sie so tapfer durchgehalten haben, Kräfte gewonnen, Herr X., viele zusätzliche Kräfte, Sie sind gesund geworden! Jetzt sollen die Gedanken an Ihre Frau nur kommen (paradox!), laden Sie sie ein, Sie am Abend zu besuchen, die Gedanken haben keine Macht mehr über Sie, Sie haben Waffen dagegen, einen ganzen Katalog voll Waffen, Herr X.!
Nie mehr wird es Ihnen passieren, daß Sie verzweifelt in der Ecke sitzen und sich nicht zu helfen wissen. Wenn die traurigen Gedanken übermächtig werden, dann mischen Sie einen Ihrer prächtigen Salate für sich und den Jungen, oder basteln weiter am Tunnel oder setzen sich zur Sportschau, und dann fühlen Sie bei sich selbst, wie stark Sie geworden sind, wieviel innere Ruhe und Sicherheit Sie gewonnen haben!

Anmerkung: Sicherung des erreichten Erfolges durch Suggestion! –

H. X.: Sie glauben, es bleibt dabei, ich habe keinen Rückfall mehr?

Ich: Sie dürfen sich schon hie und da einen kleinen Rückfall erlauben, Sie haben genug Schweres mitgemacht. Was bleibt, ist, daß Sie immer wieder die Kraft finden werden, sich daraus zu befreien. Das Leid, das Sie durchgemacht haben, hat Sie stark gemacht. Versuchen Sie in der kommenden Woche nur das zu tun, was Ihnen Spaß macht, ganz unprogrammiert, und Sie werden sehen, Sie *müssen* nicht einmal immer notgedrungen etwas tun, Sie dürfen sich sogar ausruhen zwischendurch, ohne daß Sie von trübseligen Gedanken belästigt werden. Haben Sie Vertrauen –

H. X.: Oh, ich habe unendlich großes Vertrauen zu Ihnen, ich weiß nicht, wie ich meinen Dank ausdrücken soll!

Ich: Sie können Ihren Dank ausdrücken, indem Sie in einer Woche wiederkommen und Positives zu berichten haben, und – indem Sie Ihrerseits auch dem Jungen helfen, aus seiner Krise herauszufinden. Er hängt sehr an Ihnen, schätzen Sie die Liebe Ihres Kindes hoch, zeigen Sie sich ihrer würdig!

Nach einer Woche kam Herr X. praktisch geheilt zu mir. Ich schrieb einen Bericht an das Jugendamt, mit dem Inhalt, daß die Heimeinweisung vorläufig zurückzustellen sei, weil sich Herr X. weitgehend stabilisiert habe. Zur Zeit bestehe keine Gefährdung für den Jungen, der Vater sei weiterhin bei mir in Beratung.

Eine junge Ärztin, die diesen Fall mitverfolgt hatte, fragte mich nach dem Schlußgespräch, ob nun letztlich die Dereflexionsmethode oder meine persönliche Zuwendung und Anteilnahme den Erfolg herbeigeführt hätte. „Sie haben die Frage falsch gestellt", antwortete ich der jungen Kollegin, „Logotherapie und Menschlichkeit sind eine einander bedingende Einheit im therapeutischen Geschehen. Eine Entweder-oder-Frage kann ich Ihnen nicht beantworten."

Dereflexion ist eine Art *Selektion* von geistigen Beobachungsinhalten. Der Therapeut deutet auf ein Ziel, welchem der Patient seine geistige Aufmerksamkeit widmen soll, damit dieser von einer fixierten, ungesunden Überbeachtung eines anderen Inhaltes loskommt.

Es gibt noch einen menschlichen Bereich, hinsichtlich dem sich die Logotherapie dieser Methodik bedient, und zwar den Bereich *ärztlicher Seelsorge*[13], die ärztliche Begleitung von unheilbar Kranken, Amputierten, Sterbenden.

Angesichts des Todes verlieren alle Psychomethoden an Bedeutung, und es gibt kaum Worte des Trostes, von einem Gesunden ausgesprochen, die einen Schwerkranken erreichen. Aber die dereflektorische Möglichkeit, die Gedanken des Schwerkranken von seinem bevorstehenden Ende weg- und hinzulenken auf die Sinnfülle seines vergangenen Lebens und auf die Unauslöschlichkeit all dessen, was er in diesem seinen Leben gewollt, getan und erreicht hat, diese Möglichkeit besteht bis zum Schluß. Hier trifft sich die Dereflexion mit der Einstellungsmodulation, das *ganze geistige Potential* eines Menschen kann auch nich in solch einer extremen Notsituation, und gerade in ihr, entfaltet werden, wodurch das scheinbar unabänderliche Schicksal des Patienten kraft seiner Einstellung dazu verwandelt wird in eine großartige menschliche Leistung, auf die er bis zu seinem letzten Atemzuge stolz sein kann.

Krankhafte Hyperreflexionen gibt es somit auch bei unkorrigierbaren Verstimmungen, z. B. bei Psychosen, epileptischen Anfällen, Organminderwertigkeiten und endogenen Depressionen. Der Kranke wartet richtiggehend auf seine Anfälle oder beobachtet sich ständig wegen irgendwelcher Unzulänglichkeiten oder beschäftigt sich nur mehr mit seinem eigenen weinerlichen Zustand[14]. Es ist außerordentlich wichtig, solchen Hyperreflexionen

---

[14] Was im besonderen die endogenen Depressionen anlangt, konnte Frankl nachweisen, daß es oft zu Fällen von „Pfropf-Depression" kommt, wie er jene sekundäre

entgegenzuwirken und auf jeden Fall zu versuchen, sie zu mildern, auch dann, wenn das Symptom unkorrigierbar ist.

Ich habe angedeutet, daß der Behandlungsplan bei den Störungen durch Hyperreflexion und Hyperintention etwas anders aufgebaut werden muß als bei Angst- und Zwang-Zirkel-Mechanismen. Erinnern wir uns an die vier Stufen:

1. Selbstdistanzierung (vom Symptom)
2. Einstellungsmodulation
3. Symptomreduzierung
4. Aktivierung der allgemeinen Sinnorientierung.

Bei allen Hyperreflexionen und Hyperintentionen beginnen wir im therapeutischen Geschehen bei der 4. Stufe. Wir suchen ja einen neuen Inhalt, dem sich die Aufmerksamkeit des Patienten zuwenden kann, ein passendes Ziel zur Aufmerksamkeitsablösung. Das ist nur möglich durch eine allgemeine Erweiterung und Beleuchtung der gesamten Sinn-Sphäre dieses Menschen in seiner aktuellen Situation.

Aber bevor wir unter seinen individuellen Interessen und Aufgaben nach einem geeigneten Zielobjekt Ausschau halten können, bedürfen wir seiner Bereitschaft, über sich selbst hinauszugehen und seine Aufmerksamkeit einem solchen nicht in ihm selbst liegenden Zielobjekt zu schenken. Wir bedürfen seiner *Selbst-Transzendenz!*

Die Fähigkeit zur Selbst-Transzendenz kommt in der gegenwärtigen Zeit eine nicht zu unterschätzende Bedeutung zu; vielleicht läßt sich sogar das Maximum der heutigen Verfallserscheinungen auf *ihr Fehlen* zurückführen.

Selbst-Transzendenz ist „Sich-selbst-Zurückstellen", ist „An-etwas-anderes-Denken", auch „An-jemand-anderen-Denken", sie

---

Depressionen nennt, die sich auf der primär endogenen Depression sozusagen aufpfropfen. In solchen Fällen ist der ursprünglich endogen deprimierte Patient nun auch psychogen deprimiert, und zwar insofern, als er über sein Deprimiertsein deprimiert ist. In manchen Fällen kann man direkt sehen, wie der Patient etwa über seine Weinerlichkeit weint, wegen seines Traurigseins traurig ist – und solcherart seine Depression nur noch potenziert. Die Dereflexion aber ermöglicht es, den Patienten wenigstens von seiner „überflüssigen" sekundären Depression zu befreien und damit sein Leiden auf das schicksalhaft notwendige Minimum zu reduzieren. (Vgl. auch S. 214.) Nähere Hinweise zur psychotherapeutischen Betreuung endogen Depressiver finden sich in den betreffenden Kapiteln von Frankls „Psychotherapie in der Praxis" und des „Handbuchs der Neurosenlehre und Psychotherapie" (hrsg. von V. E. Frankl, V. E. v. Gebsattel und J. H. Schultz).

ist die ethisch und sozial wertvollste Fähigkeit des Menschen überhaupt[15].

Zum Fall Nr. 28:
Herr X. wußte auch ohne Therapie sehr gut, daß er statt zu grübeln sich lieber ablenken sollte, aber er war im ungesunden Kreisen um sich selbst gefangen. Erst das Vertrauen zu mir brachte ihn dazu, sein Selbst ein wenig zurückzustellen und unser gemeinsames Programm trotz anfänglichem Unbehagen auszuprobieren. Das Vertrauen zu mir und meinem Plan war der erste Schritt seiner Selbst-Transzendenz, der alle weiteren Schritte erst ermöglichte.

Wenn es im Laufe der Beratung gelingt, die Selbst-Transzendenz eines Patienten zu wecken, sein fixiertes Kreisen um sich selbst zu lösen und seinen Blick auf ein außerhalb liegendes Sinnobjekt zu lenken, dann schwindet die Hyperreflexion von allein, es *muß* praktisch zu einer Symptomreduzierung kommen. Hat aber der Patient einmal die heilende Kraft des Hinwegblickens über sich selbst erfahren, bleibt auch seine Einstellung dazu konstant – eine gesunde Einstellungsmodulation hat stattgefunden.

Demnach zerfällt der neue Behandlungsplan im dereflektorischen Vorgehen in folgende Schritte:
1. Selbst-Transzendenz (Blick über sich selbst hinaus)
2. Aktivierung der allgemeinen Sinnorientierung und Finden geeigneter Beobachtungsziele darin
3. Symptomreduzierung
4. Einstellungsmodulation.

Parallelen zur logotherapeutischen Dereflexion finden sich auch in der modernen Beschäftigungstherapie. Allerdings bedeutet Selbst-Transzendenz mehr als nur Ablenkung, sie ist der Wider-

[15] Frankl definiert dieses sein Konzept der „Selbst-Transzendenz" als das eines „anthropologischen Grundtatbestandes" in streng ontologischen Termini, indem er sagt: „Unter Selbst-Transzendenz verstehen wir die Tatsache, daß Menschsein immer über sich selbst hinausweist auf etwas, das nicht wieder es selbst ist – auf etwas oder jemanden: auf einen Sinn, den es zu erfüllen gilt, oder aber auch auf mitmenschliches Sein, dem wir liebend begegnen. Mit anderen Worten, der Mensch ist eigentlich nur dann ganz Mensch und ganz er selbst, wenn er sich selbst *übersieht und vergißt,* sei es in der Hingabe an eine Aufgabe oder in der Hingabe an seinen Partner." Nur aus dieser Position heraus, die der Selbst-Transzendenz eine so fundamentale, zentrale Stelle einräumt in unserem Menschenbild, ist es auch möglich, so irreführenden Schlagworten unserer Zeit, wie dem Ruf nach „Selbstverwirklichung" kritisch entgegenzutreten bzw. ihnen die „Selbst-Transzendenz der menschlichen Existenz" als unabdingbare Vorbedingung jedes echten Erfüllungserlebnisses entgegenzuhalten.

spruch zur unheilbarsten aller psychischen Krankheiten, zum *Egoismus.*

Der Patient, der ausschließlich an sein Wohlbefinden denkt, wird immer Störungen und Symptome entdecken, und niemand wird ihn völlig heilen können. „Die bloße Reflexion ist die gefährlichste Geisteskrankheit", hat schon Schelling gesagt. Das wahre menschliche Glück liegt im „Sich-selbst-vergessen-Können". Bei der heutigen egoistischen Grundhaltung des zivilisierten Menschen wird es immer schwieriger, diese Wahrheit zu vermitteln, und deswegen zählt die Dereflexion zu den schwersten und dennoch wichtigsten logotherapeutischen Methoden.

Fall Nr. 29:
Ich habe vor einiger Zeit eine Patientin aus einer weit entfernten Stadt, die nur wenige Tage zur mir in die Praxis kommen konnte und dann wieder abreisen mußte. Sie zeigte ein multiples Störungsbild, kam jedoch vordergründig wegen Selbstzweifel, Ängsten und Mutlosigkeit. Rund 10 Therapiestunden hatten wir zur Verfügung, und in diesen 10 Stunden sprach sie ununterbrochen über sich selbst. Kein Wort über Mann und Kinder, kein Wort allgemeiner oder fachlicher Natur, nichts als „ich, ich, ich ..." Sie bemitleidete sich ungeheuerlich, alles würde sie aus der Fassung bringen, nichts wäre ihr gut genug, die anderen Menschen würden sich zu wenig um sie kümmern, zu wenig auf sie Rücksicht nehmen, die anderen Therapeuten wären auch nicht gut genug, niemand verstünde sie wirklich, und ich würde ebenfalls gerade eine Fehldiagnose stellen. Die ihr am nächsten stehende Person beurteilte sie mit folgendem Satz: „Ich habe Angst, er könnte eines Tages sterben, und ich habe noch nicht genug Liebe und Zuwendung von ihm gehabt!" Es ist eine ungeheure Tragik mit diesem Egoismus verbunden; ein Mensch, der solchermaßen aus sich selbst nicht herausfindet, muß *am Leben verzweifeln.*

Ich habe in den wenigen Stunden, die ich zur Verfügung hatte, nur um eines gekämpft, um die Selbst-Transzendenz dieser Frau. Meine einzig für sie akzeptable Ausgangsposition war die, ihr zu verdeutlichen: „Ich bin für dich da". Langsam und behutsam versuchte ich ihre Gedanken überzuleiten zu der Frage: „Und für wen bist du da?".

Als sie die Tragweite dieser Frage nicht begriff, mußte ich sie wie unter einem Schock wachrütteln, um ihr die Perspektive des „Du", des Mitmenschen, nahezubringen. In all der Zeit bin ich auf ihre Zweifel und Ängste nicht eingegangen, weil sie zu sehr gewohnt war, die Umwelt damit zu beschäftigen, einzig dieses Wachrütteln, *dieses Aufzeigen einer neuen Perspektive, die sie einen Schritt über sich selbst hinausführen sollte, stand im Vordergrund meiner Bemühungen.*

Leider weiß ich nicht, welche Früchte unsere Gespräche getragen haben, denn die Frau mußte wieder abreisen, doch meine besten Hoffnungen mögen sie in ihrem weiteren Leben begleiten.

Dereflexion steht also in Opposition zur vorherrschenden Egozentrierung des modernen Menschen, aber umso bedeutender ist ihr Gewicht in der Psychotherapie von heute. Es könnte direkt als Gradmesser für die Gesundheit eines Patienten gelten, inwieweit er bereit ist, ständig über seine eigenen Probleme zu sprechen. Leistet er einmal Widerstand und sagt: „Jetzt habe ich keine Zeit (oder keine Lust), über diese dummen Symptome zu reden!" dann ist er auf dem besten Weg, die Symptome zu überwinden. Die psychische Krise besteht, solange der Patient Zeit und Lust hat, über sein Wohlbefinden zu meditieren.

Wenn man diese Tatsache eingehend durchdenkt, kommt man zu schwerwiegenden Schlußfolgerungen für die Psychotherapie schlechthin. Denn jede Psychotherapie, die es bisher gegeben hat, veranlaßte – ob gewollt oder ungewollt – den Patienten dazu, sich als psychisch krank zu erkennen und über seine Krankheit nachzudenken. Schon das Befassen des Arztes mit der vorliegenden Krankheit oder Störung führt unausweichlich zu einer „Aufwertung" des befaßten Gegenstandes, und der Patient muß zwangsläufig seiner Störung noch mehr Aufmerksamkeit widmen als bisher. Selbst wenn er vom Nervenarzt nur Tabletten verschrieben bekommt, muß er mittags oder abends daran denken, diese auch einzunehmen, was ihn kontinuierlich daran erinnert, daß er nicht wie andere Menschen ist, die ja diese Tabletten nicht einzunehmen brauchen. Die psychotherapeutische Behandlung hebt zunächst das Anderssein ins Bewußtsein und verstärkt dadurch die Krankheits-Reflexion und nicht die Dereflexion.

Je mehr Erfahrung ich sammle und je mehr hilfesuchende Menschen durch meine Hände gehen, desto mehr gelange ich zu der Überzeugung, daß es das vordringlichste Ziel jeder Behandlung sein müßte, *die Krankheits-Reflexion aufzufangen* und ihr von Anfang an entgegenzuwirken; und zwar nicht nur dort, wo Dereflexion als logotherapeutische Methode gezielt einzusetzen ist, sondern grundsätzlich und ganz ungezielt – parallel zur Anwendung jedweder Methode!

Solche ungezielte und grundsätzliche Dereflexion bedeutet dann nicht speziell die Aufwertung neuer Sinnmöglichkeiten, um eine unglückliche Hyperreflexion abzubauen, wie zum Beispiel beim Vorgehen mittels Alternativenkataloges, sondern das allmähliche *Unwichtigwerden* der eigenen Problematik in dem Maße, in dem etwas außerhalb dem Selbst Liegendes an Wichtigkeit gewinnt. Viele Patientenschicksale haben mich zur Überzeugung gebracht, daß das Pendant zum Komplex „Durch Sinnerfüllung gesunden" (beim Patienten) der Komplex „Durch Dereflexion heilen" (beim Psychotherapeuten) ist. Hier verlassen wir die Symptombehandlung, hier erst steigen wir ein in die „Heilung von

1. Möglichkeit (von der Psychoanalyse aufgegriffen)

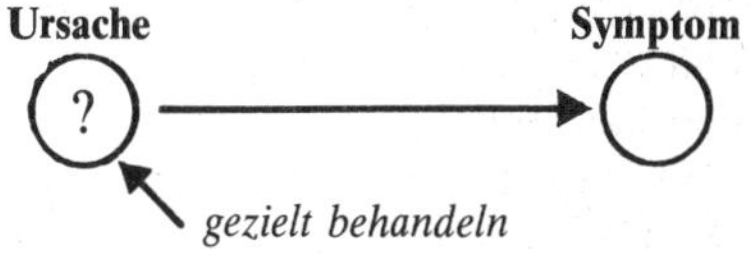

2. Möglichkeit (von der Verhaltenstherapie und Logotherapie aufgegriffen)

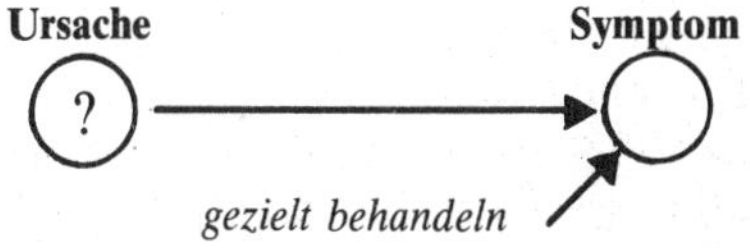

3. Möglichkeit (in der Logotherapie bereits entworfen)

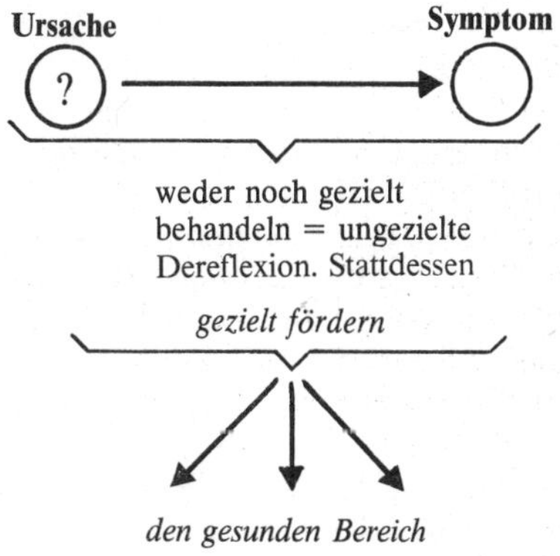

Grund auf", aber nicht dadurch, daß wir tiefliegende Ursachen zu Tage fördern, sondern indem wir den Ursachen samt ihren Folge-Symptomen zunehmend Einfluß auf die Persönlichkeit des Patienten entziehen. Wenn Symptome und schon gar ihre psychischen Ursachen bedeutungslos werden, können sie zwar existieren, aber keinen Schaden anrichten, und diese ihre Wirkungslosigkeit bringt sie irgendwann zum Erlöschen.

Ungezielte Dereflexion ist also die dritte Möglichkeit, mit der Ursachen-Symptom-Kette fertigzuwerden, die dritte Möglichkeit der Psychotherapie, die nicht nur noch nicht ausgeschöpft ist, die auch in den Büchern von Frankl erst andeutungsweise aufscheint! (Vgl. dazu auch S. 151/152.)

Zum Fall Nr. 8:

Es handelte sich um eine Patientin, die gerne darüber nachzudenken pflegte, ob sie nicht gerade Anlaß habe, sich unverstanden, vernachlässigt oder vereinsamt zu fühlen. Jedes geringfügige Vorkommnis des Alltags wurde gefühlsmäßig nach etwaigen negativen Bedeutungen abgetastet, und jedes kleinste Unbehagen wurde eifrig registriert. Nachdem wir in der Therapie kleinere Ehedifferenzen beseitigt und die geringe Frustrationstoleranz der Patientin hinsichtlich der gelegentlichen mit den Nachbarsleuten etwas verbessert hatten, kamen neue „Problemchen" an die Reihe: eine schlechte Verträglichkeit gewisser Fernsehfilme, eine Überempfindlichkeit gegen den Geruch vom nahen Kanal, schlechte Schlafperioden bei der Monatsregel und Unlust beim Hausputz. Zwar ließen sich alle „Symptome" einzeln recht gut „behandeln", aber ich begriff sehr bald, daß es die Grundhaltung dieser Frau war, die ständig neue „Krankheits-Reflexionen" produzierte, und an die ich zunächst nicht herankam.

Ich hatte mir schon ein recht kompliziertes Trainingsprogramm zurechtgelegt, als uns der Zufall zu Hilfe kam: In der Nähe ihres Wohnortes wurde ein vietnamesisches Flüchtlingslager errichtet. Als die Patientin mir davon recht interessiert erzählte, brachte ich die Überlegung ins Gespräch, ob sie bei der Verwaltung dieses Lagers nicht nachfragen könne, inwieweit Geschenke oder Hilfeleistungen aus der umliegenden Bevölkerung erwünscht seien.

Die Patientin kam diesem Vorschlag nach und entwickelte eine große Emsigkeit, Hilfsgüter zu organisieren und bei der Verpflegung mitzuwirken; ja sogar mit ihren Nachbarn söhnte sie sich aus, um alte gebrauchte Spielsachen von deren Kindern für das Lager zu erbitten. Wenn sie zum Gespräch zu mir kam, berichtete sie mir stets von ihrer neuen ehrenamtlichen Tätigkeit, und ich wartete immer auf irgendwelche gefühlsmäßige Komplikationen, aber es kamen keine. Es ließ sich nicht leugnen, die Frau war plötzlich gesund geworden.

Fälle wie diese, bei denen der Zufall ein bißchen „Therapeut" gespielt hat, sollten uns zu denken geben, zumal sie keine Einzelfälle sind, sondern immer wieder beobachtet werden können. All die kleinen, störenden Beschwerden bestanden bei der Patientin ja nach wie vor, aber sie waren so unwichtig geworden im Vergleich zum neuen Aufgabenbereich, daß sie keine Beachtung mehr erhielten, und unbeachtet – schwanden sie schließlich.

Heißt das nicht, daß unser gesamtes therapeutisches Vorgehen neu konzipiert werden müßte, indem die psychischen Probleme eines jeden Patienten, ob wir sie ignorieren oder behandeln, auf jeden Fall an Wichtigkeit und Bedeutung für den Patienten verlieren sollten, weil sie, von ihm unwichtig genommen, an Einflußkraft einbüßen bzw. leichter zu behandeln sind? Dann aber muß schon das Erstgespräch zwischen Patient und Therapeut anders als üblich verlaufen und darf sich nicht ausschließlich um das problembesetzte Anliegen des Ratsuchenden drehen. Ich habe Versuche unternommen, den Patienten beim Erstgespräch zwar erzählen zu lassen, aber keine Fragen zur Problematik zu stellen, sondern alle meine Fragen auf die Suche nach positiven Seiten im Leben dieses Patienten abzustimmen. Das erschwerte zwar meine diagnostische Arbeit, reduzierte aber von Anfang an den Stellenwert der Problematik. Noch stehe ich mit meinen Forschungen zur „ungezielten Dereflexion" am Anfang, aber die bisherigen Ergebnisse weisen daraufhin, daß sich solchermaßen die Situation des Patienten erheblich günstiger darstellt, während die des Psychotherapeuten etwas ungünstiger aussieht, einfach deswegen, weil er die für ihn wesentlichen Anhaltspunkte nur versteckt, indirekt und schrittweise erhalten kann. Was jedoch wiegt schwerer, das Auffangen der überaus kritischen Krankheits-Reflexion beim Patienten oder die rasche und ausführliche Krankheits-Anamnese für den Therapeuten – doch wohl ersteres?

Abgesehen von der Patient-Therapeut-Situation gibt es viele Problemsituationen des Lebens, in denen „ungezielte Dereflexion" hilfreicher wäre als anderen Bemühungen. So ist zum Beispiel die Aufmerksamkeit eines dicken Menschen, der abnehmen möchte, selbst beim Durchführen einer Diät immer auf sein Übergewicht gerichtet, welches er noch dazu täglich auf der Waage kontrolliert. Diese Hyperreflexion mag schuld daran sein, daß solche Diätvorhaben selten bleibenden Erfolg bringen. Wäre etwa die Aufmerksamkeit dieses Menschen auf Gartenarbeiten gerichtet, welche er noch schnell vor Einbruch des Winters zu Ende führen möchte, könnte es leicht geschehen, daß er manche Mahlzeit „vergißt" und sozusagen unmerklich Gewicht verliert. So konträr dieser Ansatz zu allen Tendenzen von Selbsterfahrung und Selbstverwirklichung stehen mag, er scheint mir der Umkehrpunkt in der Sackgasse der Psychotherapie zu sein.

Wenden wir uns damit wieder zurück zur *gezielten* Methodik; auch hier gilt für die Aktivierung der menschlichen Fähigkeit zur Selbst-Transzendenz ein Überordnungsprinzip: die „paradoxe Intention" normalisiert, die „Dereflexion" heilt.

Um nun zu wissen, ob man sich dem ersten oder dem zweiten Behandlungsschema zuwenden soll, oder klarer ausgedrückt, ob man *eher paradoxe Intention oder eher Dereflexion* anwenden soll, braucht man nur herauszufinden, ob es sich um einen abnormen Vorgang handelt, den der Kranke fürchtet, oder ob es sich um einen normalen Vorgang handelt, den der Kranke erzwingen will.[16] Ist es ein *Zuviel* (Ängste, Zwänge) oder ein *Zuwenig* (Unfähigkeit zu ...), das vorliegt?

Handelt es sich in erster Linie um einen abnormen Vorgang, den der Kranke fürchtet, ist paradoxe Intention indiziert; handelt es sich um einen normalen Vorgang oder Zustand, der durch Hyperreflexion blockiert ist und nicht zustandekommt, ist Dereflexion indiziert.

Dereflexion führt etwas herbei (z. B. den Schlaf), paradoxe Intention verhindert etwas (z.B. den Schweißausbruch). Es gibt auch Fälle, bei denen Kombinationen sinnvoll sind, dann ist es besser, zuerst aus den Klauen der Erwartungsangst zu befreien (paradoxe Intention) und dann erst zu versuchen, die Blockade der Hyperreflexion aufzuheben (Dereflexion).

---

[16] Die erste Theorie, die Frankl entwickelte, um die therapeutische Wirksamkeit seiner paradoxen Intentionsmethode zu erklären, ging tatsächlich von der folgenden Überlegung aus: Wenn die übertriebene Furcht vor etwas Abnormem das, was gefürchtet wird, auch schon in die Wirklichkeit umsetzt, und wenn andererseits der übertriebene Wunsch nach etwas Normalem dieses Normale auch schon verunmöglicht – „wie wäre es", fragte sich Frankl, „wenn wir den Patienten dazu anhalten würden, genau das, wovor er sich die ganze Zeit über so sehr gefürchtet hatte, nunmehr (paradoxerweise) herbeizuwünschen? Müßte dies nicht bewirken, daß er nunmehr seine ursprüngliche Furcht verliert, indem er ihr nämlich den Wind aus den Segeln nimmt?" Wir sehen, daß dieser erste Deutungsversuch der therapeutischen Effizienz paradoxer Intentionen durchaus nicht identisch ist mit jenen theoretischen Erklärungen, in denen die moderne Lerntheorie bzw. Verhaltenstherapie die therapeutischen Effekte der (von der Verhaltenstherapie durchaus respektierten, ja zum Teil auch vollauf akzeptierten) paradoxen Intentionstechnik zuspricht.

Methoden:		
Paradoxe Intention	*verhindert*	ein Ereignis oder einen Zustand
Dereflexion	*führt herbei*	ein Ereignis oder einen Zustand
Einstellungs-modulation	*bewirkt bessere Bewältigung*	eines Ereignisses oder eines Zustandes
Hilfen:		
Selbstdistanzierung	*erleichtert die Anwendung*	der paradoxen Intention
Selbst-Transzendenz	*erleichtert die Anwendung*	der Dereflexion
(Auto)Suggestion	*erleichtert die Durchführung*	einer Einstellungs-modulation

Fall Nr. 30:
Die vielfältigste Kombination habe ich einmal bei einem besonders hartnäckigen Fall von Seilbahn-Furcht angewandt. Es handelte sich um eine Frau, deren Ehemann eine Vorliebe für Bergphotographien hatte und jeden Urlaub dazu verwendete, in die Berge zu fahren, per Seilbahnen oder Sessellieften die Gipfel „zu erstürmen" und dort auf Motivsuche zu gehen. Seine Frau liebte es, ihn zu begleiten, zumal sie als Nebenbeschäftigung die schönsten Photos für Kalender zusammenstellte, aber sie konnte sich nicht überwinden, die Seilbahnen zu benützen. Das Sessellíftfahren machte ihr weniger aus, weil sie sich dabei nicht so „eingeschlossen" fühlte, und außerdem der Abstand zum Boden meist geringer ist.

Nun war sie in früheren Jahren die Berge zu Fuß hinaufgestiegen und eben etwas später am vereinbarten Treffpunkt zu ihrem Mann gestoßen, der inzwischen die Seilbahn benutzt hatte. Doch mittlerweile war ihr das Bergsteigen zu beschwerlich, und so häuften sich die Konflikte. Sie war jahrelang bei Nervenärzten in Behandlung gewesen und hatte verschiedenste Medikamente ausprobiert, wobei sie auch eines gefunden hatte, welches ihr relativ guttat und unter dessen Schutz sie hin und wieder Seilbahnfahrten riskieren konnte, aber nur unter Herzklopfen, Schwindelgefühlen und mit geschlossenen Augen, während sie sich an ihren Mann klammerte.

Als diese Frau zu mir kam, war es Januar, und sie gestand, daß sie sich bereits vor dem Sommer fürchtete und am Überlegen war, ob sie diesmal nicht allein zu Hause bleiben werde, wenn ihr Mann seine Bergtour mache. Aber ich unterbreitete ihr einen Gegenvorschlag: Da wir die Therapie nicht an Ort und Stelle, also in der Seilbahn, üben konnten, sollte sie die Therapie ganz allein bei sich selbst durchführen. In dem halben Jahr, das uns bis zum Sommer blieb, würde ich ihr alle geeigneten Methoden so sicher anlernen, daß sie aus eigener Kraft die Angst überwinden könne.

Und wir nutzten das halbe Jahr gut. In allen möglichen geschlossenen Verkehrsmitteln übten wir die paradoxe Intention, wobei sie sich vorstellen mußte, sie befinde sich nicht im Bus, sondern in der Seilbahn. Daneben lernte sie die „progressive Muskelrelaxation" (nach Jacobson), und zwar eine Variante, die sich zum schnellen Entspannen eignet. Zusätzlich suchten wir Beschäftigungsmöglichkeiten, die sich in einem geschlossenen Verkehrsmittel durchführen ließen und ihre ganze Aufmerksamkeit erforderten, wobei sie das Auflösen schwerer Kreuzworträtsel und Briefschreiben bevorzugte. So vorbereitet fuhren wir mehrmals kurze Strecken in einem Zugabteil, wo sie von sich aus die therapie-adäquate Reaktion zu suchen hatte, während ich ihr herausfordernde Fragen zur imaginären Seilbahnfahrt stellte.

Übungseinheit: *(ich frage, sie antwortet)*

Wir gehen gemeinsam zum Zug.

Frage: *Wie nützen Sie die Zeit vor dem Betreten der Seilbahn?*
Antwort: *Ich nehme mir innerlich fest vor, nur unter größtem Herzklopfen die Seilbahn zu betreten, schließlich will ich auch etwas haben für mein Geld.*
Frage: *Was ist mit den Augen?*
Antwort: *Die werde ich selbstverständlich offenlassen, sonst versäume ich das schönste Schwindelgefühl, und es gibt nichts Schöneres auf der Welt als richtig schwindlig zu sein, das ist wie Champagner-Trinken, sag' ich Ihnen!*

Wir betreten den Zug und setzen uns in ein Abteil.

Frage: *Die Zeit des Wartens ist gefährlich, oder?*
Antwort: *Ach wo, ich habe doch ein Rätselheft bei mir, und da werde ich mich jetzt gleich hineinvertiefen. Ich will nämlich eine Wette mit meinem Mann abschließen: Ich be-*

haupte, daß ich ein großes Silbenrätsel bis zur Bergstation fehlerfrei fertigbekomme, was er mir natürlich nicht glaubt. Der Gewinner bekommt eine silberne Anstecknadel: er für den Hut, ich für die Jacke.

Der Zug beginnt zu fahren, die Frau löst Rätsel.

Frage: *Die Seilbahn schwankt ein wenig, und Sie bekommen doch ein „komisches Gefühl", wird die Angst jetzt siegen?*

Antwort: *Die Angst wird nicht siegen, sie möchte es zwar gerne, aber es soll ihr nicht gelingen. Denn gegen das komische Gefühl weiß ich etwas: Fäuste anspannen, fest anspannen und die Spannung halten ... langsam loslassen, das Gefühl der Entspannung genießen ... noch ein wenig mehr genießen und dabei die Ruhe spüren, die durch meine Hände einströmt ... jetzt die Knie fest aneinanderpressen, fest pressen, noch ein wenig ... und jetzt auch die Knie lockerlassen, ist das angenehm schön, ich fühle die Wärme in den Knien ... die Wärme umhüllt meinen ganzen Körper ... und jetzt tief einatmen, einatmen, Atem anhalten, nicht loslassen, noch anhalten ... und langsam ausatmen ... das Gefühl der Entspannung genießen, die Ruhe und Wärme spüren ... es atmet ganz von allein, ruhig und gleichmäßig, ruhig und gleichmäßig, es atmet mich, noch die Entspannung genießen ... noch ein bißchen tiefer entspannen ... und wenn ich jetzt auf das Kreuzworträtsel schaue, dann bin ich wieder topfit, wenn ich auf das Kreuzworträtsel schaue ... fällt mir gleich eine Lösung ein ... Jetzt blicke ich hin!*

Frage: *Die Seilbahn nähert sich der Bergstation, Sie müssen das Rätselheft einpacken, was nun?*

Antwort: *Jetzt bin ich stolz, und vor lauter Stolz werfe ich noch einen Blick zum Fenster hinaus – soll doch kommen was will. Und wenn die ganze Gondel hinunterfällt, ich habe es gewagt, aus dem Fenster zu blicken, ich habe es wirklich gewagt, aus eigener Kraft; und wenn sich die ganze Gondel um ihre eigene Achse dreht – das wäre doch einmal lustig! – ich blicke allem zum Trotz direkt aus dem Fenster!*

Der Zug hält an einer Station und wir steigen aus.

Frage: *Sie verlassen die Seilbahn. Könnte nicht nachträglich die Angst Sie beschleichen?*

Antwort: *Die Angst, die lassen wir schön drin in der Seilbahn, wozu soll ich sie mitnehmen? Vielleicht findet sie einen anderen Passagier, der sich mit ihr anfreundet? Die Gondel ist noch da und nicht hinuntergefallen, das Herz ist noch da und nicht zersprungen; schade, ich wollte ein bißchen Abwechslung erleben, aber es passiert doch rein gar nichts auf so einer Gondelfahrt! Oh Schreck, jetzt fällt mir ein, daß das Rätsel nicht fertig ist, na, während der Rückfahrt mit der Seilbahn kann ich ja weiterknobeln. Da freue ich mich schon darauf! Aber die Anstecknadel bekommt leider mein Mann.*

Konnten Sie den verschiedenen Methoden folgen?

a) Medikamentenschutz (vor der Übungseinheit)
b) Paradoxe Intention (vor Eintritt der Erwartungsangst)
c) Dereflexion (zur Überbrückung gefährlicher Zeitspannen)
d) Selbstentspannung (im akuten Notfall)
e) Aktivierung der Trotzmacht des Geistes (zum Zeitpunkt relativ hoher Sicherheit)
f) „Belohnung“: Stolz auf die erbrachte Leistung
g) Paradoxe Intention (zur Vorbeugung bei Wiederholung der Situation)
(Dazwischen wiederholte Selbstdistanzierung von der Angst)

Damit ausgerüstet fuhr die Patientin auf Urlaub. Nach einiger Zeit erhielt ich eine schöne Bergmotivkarte von ihr, auf der geschrieben stand: „Sehr geehrte, liebe Frau Dr. Lukas! Das Kreuzworträtsel ist fertig, und bevor ich anfange, mit der Angst zu liebäugeln, schreibe ich Ihnen ein paar Zeilen. Ja, es ist wahr, ich schreibe in der Seilbahn auf dem Rücken meines Mannes, mit offenen Augen, und er kommt aus dem Staunen nicht heraus. Nicht wahr, Sie staunen auch? Ihre …“.

Einzig problematisch bei solchen Kombinationstherapien ist der Medikamentenabbau. Wiederholt habe ich bei Patienten erlebt, daß es durch die Beratung gelang, sie unter Medikamentenschutz zu stabilisieren, daß sie jedoch nach einem abrupten Verzicht auf das Medikament in Rückfallgefahr kamen. Ich bin nicht überzeugt, daß daraus gefolgert werden kann, das Medikament trage so sehr zur Stabilisierung bei; ich meine viel eher, daß zwei „Entzugserscheinungen“ mit im Spiel sind: a) körperliche Entzugserscheinungen, da stets eine gewisse Gewöhnung an Psychopharmaka zustandekommt, und b) psychogene Entzugserscheinungen insofern, als der Patient sich nach Weglassen des Medikaments selbst beobachtet (Hyperreflexion!), wie er sich denn nun fühlt, und zugleich jene Erwartungsangst produziert, die den Rückfall geradezu herbeizieht.

Zur Vermeidung dieser Phänomene wäre es sehr hilfreich, ein und dasselbe Medikament in verschiedener Konzentration aber in äußerlich gleich aussehenden Tabletten zur Verfügung zu haben, etwas, das mit den heutigen Fabrikationstechniken durchaus herstellbar wäre.

Beispiel:

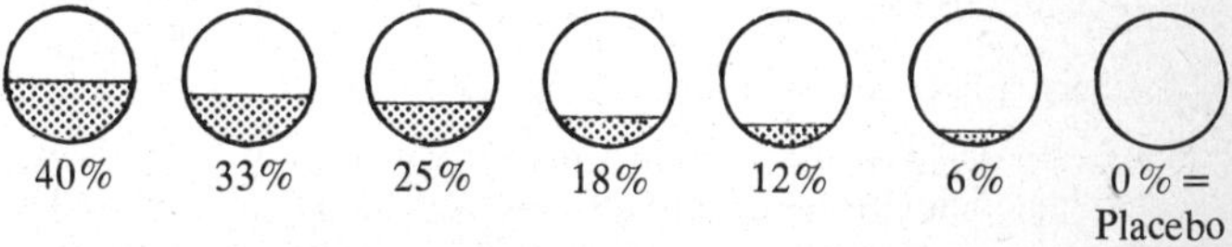

Die Prozentzahlen geben den jeweiligen Anteil der wirksamen Substanz in einer Tablette an.

Dadurch hätte der Arzt die Möglichkeit, dem Patienten während des Gesundungsprozesses auf Grund psychotherapeutischer Gespräche zur Begleitung eine immer schwächere Dosierung an Beruhigungstabletten, angstsenkenden Mitteln u. dgl. zu verabreichen, ohne daß dies dem Patienten bewußt wird. Erst auf Placebostufe, wenn die Tablette z.B. reinen Zucker enthält (auch der konstant bleibende Geschmack ließe sich chemisch erzeugen!), würde dann dem Patienten eröffnet werden, daß er längst keine Medikation mehr braucht und die sowieso wirkungslosen Tabletten weglassen kann. Auf diese Weise könnte einer körperlichen Abhängigkeit vom Medikament vorgebeugt werden, auch körperliche Entzugserscheinungen würden ebenfalls nicht auftreten, und selbst die psychischen Folgen des Tablettenabbaus könnten kein gefährliches Ausmaß erreichen; denn wenn der Patient erfährt, daß er bereits 2 Wochen lang nur mehr „Zucker“ geschluckt hat, erwartet er auch keinen Rückfall nach Absetzung des Medikaments.

Genauso wie durch wirkungslose Mittel positive Wirkungen erzielt werden können (Placebo-Effekt), genauso kann durch das Weglassen von überflüssigen Mitteln (plötzliche Medikamenten-Reduktion) eine negative Wirkung zustande kommen; Suggestionsphänomene sind nicht immer ein therapeutisches Plus, sie können sich auch gegen die Therapie wenden. Wichtig ist eben, daß der Arzt stets kognitive Feedback-Mechanismen beim Patienten einkalkuliert und diese zu dessen Heilung und Gesundung einsetzt. Alle logotherapeutischen Methoden sind auf die Berücksichtigung der geistigen Komponente abgestimmt und mit allen Methoden kombinierbar, die dieser Abstimmung entsprechen.

Was immer man über die logotherapeutischen Techniken sagen will, eines sind sie ganz gewiß nicht, nämlich *Überredungskünste*. Je mehr man einen Patienten zu einer anderen Krankheitseinstellung überreden wollte, desto mehr würde er die Identität seines Selbst mit seinem krankhaften Zustand verteidigen. Gewöhnlich hat auch die Familie des Patienten längst versucht, ihn davon zu überzeugen, daß alles nicht so schlimm sei, daß er sich vieles nur einbilde usw. Solche Überredung verstärkt nur den Widerstand, sich innerlich vom Symptom zu lösen.

Es gibt dazu Parallelen im Trotzverhalten von Kindern, deswegen möchte ich ein Analogon aus der Kinderpsychologie zur Demonstration der verschiedenen Techniken heranziehen: Nehmen wir an, eine Mutter geht mit ihrem Kleinkind (frühkindliches Trotzalter) spazieren. Plötzlich weigert sich das Kind, weiterzugehen, es zeigt regressive Verhaltensmuster wie Weinen, sich zu Boden Werfen, Aufstampfen und Schreien. Was zumeist als erstes probiert wird, aber bestimmt wenig hilft, ist das gute Zureden, also der Überredungsversuch, doch brav nach Hause zu gehen.

Jede logotherapeutische Technik hingegen wäre nutzvoll. Die Mutter kann Dereflexion einsetzen, das heißt, das Kind von seinem Trotz ablenken, indem sie ihm ein neues Aufmerksamkeitsziel anbietet. Wenn sie eine Weile gewartet hat, könnte sie ausrufen: „Schau, was für schöne bunte Lichter dort in dem Geschäft sind!" oder „Oh, da oben fliegt ein großes Flugzeug!" Es ist anzunehmen, daß das Kind vor Neugierde hinblickt oder seinen Trotz vergessend ruft: „Wo ist das Flugzeug?" und dabei weitergeht.

Die Mutter kann auch, was in diesem Fall vielleicht das Günstigere sein mag, paradoxe Intention anwenden und ruhig sagen: „Gut, ich bin einverstanden, wenn du da sitzenbleiben willst. Ich gehe inzwischen nach Hause, weil mir sonst kalt wird, und du bleibst eben hier." Wenn die Mutter dann gemächlich weitergeht, sich nicht umdreht, und ganz so tut, als ob nichts geschehen wäre, dann kommt das Kind mit größter Wahrscheinlichkeit alsbald angerannt, weil es viel zuviel Angst hat, allein zurückzubleiben.

Sogar eine Einstellungsmodulation könnte die Mutter versuchen, indem sie sagt: „Gut, wenn du meinst, bleiben wir hier stehen." Später aber hinzufügt: „Ach wäre das jetzt schön, einen Becher warme Schokolade zu trinken!" Worauf das Kind vielleicht antworten wird: „Ja, das wäre schön, bitte kauf mir eine!" Dann sagt die Mutter ruhig aber bestimmt: „Leider ist das nicht möglich, denn die Geschäfte schließen gleich, und wir wollen ja hierbleiben und nicht weitergehen. Folglich haben die Geschäfte geschlossen, wenn wir hinkommen." Vermutlich wird das Kind trotz seines Trotzes sofort auf ein Weitergehen drängen.

Außer den gezielten logotherapeutischen Techniken kommt auch der *allgemeinen Erweiterung der Sinnorientierung* eines jeden Patienten ein großer Anteil der logotherapeutischen Aufgabe zu, denn nichts schützt so sehr vor Neurosen, Depressionen und psychosomatischen Störungen wie Arbeit, Spiel, Sport, Freundschaft, Familie und Hobby. Merkwürdigerweise gibt es allerdings eine Sinneinengung trotz Überbelastung; Sinneinengung muß nicht immer mit Nichtstun und Langeweile verknüpft sein. Dabei handelt es sich um einseitige Überlastungen; zum Beispiel ist eine Hausfrau, die für eine große Familie ständig wäscht, kocht, aufräumt, näht und putzt, oft überlastet und dennoch bezüglich der Sinngehalte ihrer Existenz frustriert. Fände sie nur auch einmal Zeit, ein Buch zu lesen, eine Party zu geben, eine Wanderung zu machen oder das Theater zu besuchen, würden ihr die Hausfrauenpflichten gewiß mehr Freude bereiten. Sowohl Unterbelastung als auch einseitige Überlastung sind gefährlich und schaffen einen ungesunden psychischen Status. Ein reiches und weites Betätigungs- und Erlebnisfeld hingegen wirkt wie ein Rettungsring, der den Menschen trägt und vor dem Absinken in existentielle Frustration bewahrt.

Im logotherapeutischen Gesundungsprozeß erhält der Patient oft ein so positives Feedback durch seine neue Einstellung und Haltung zum Leben, daß er sich fast von selbst einer reicheren Sinnorientierung zuwendet und öffnet. Der Therapeut muß mehr und mehr überflüssig werden; der gesundete Patient übernimmt bewußt die Neugestaltung seines Lebens, das er nun zu einem wertreicheren und sinnerfüllteren Dasein machen will. Das logotherapeutische Gespräch ist oft ein Ringen, zuerst ein Ringen zwischen Patient und Therapeut, aber bald wird es ein gemeinsames Ringen auf der Suche nach Sinn-Möglichkeiten. Und wenn der Patient zu seinen eigentlichen Zielen gefunden hat, dann steht der Therapeut stumm zurück, ihm bleibt nichts mehr zu tun. Zu diesem gemeinsamen Ringen muß der Patient sein Vertrauen geben, der Therapeut aber muß alles geben, alles, dessen er fähig ist.

Wiederholt versuche ich Praktikanten diese Sicht aufzuzeigen, jungen Leuten, die mitten im Studium sind, voll Glauben an die Wissenschaft, voll Überzeugung und Idealismus: Es genügt nicht, wenn wir gute Psychologen sind, und es genügt nicht einmal, wenn wir gute Psychotherapeuten sind, wir müssen in unseren Beratungsstunden auch immer – Menschen sein. Und diejenigen, die zu uns kommen, sind nicht nur Ratsuchende und Patienten für uns, sie müssen in den Therapiestunden auch immer noch – Menschen bleiben.

Ich hoffe, daß ich mit den detaillierten Ausführungen zur angewandten Logotherapie verdeutlichen konnte, was das Operationsfeld dieser modernen Psychotherapie ist. Seine Quellen liegen im geistigen Bereich, seine Fluten durchdringen den ganzen Menschen. Geistige Feedback-Prozesse als Antwort auf Informationen aus der Umwelt, geistige Einstellungen zu sich selbst und zum Leben, geistige Distanzierung von Primitivsymptomen und Emotional-Reaktionen und schließlich geistige Selektion von Beobachtungsinhalten – das alles spielt sich eine Stufe höher ab, als das menschliche Gebäude gebaut ist, das die bisherige Psychologie ausleuchten und ergründen konnte. Deswegen wird die Logotherapie auch manchmal im Vergleich zur psychoanalytischen Tiefenpsychologie eine „Höhenpsychologie“ genannt.

Aber viel mehr als ein vages Vortasten in diese unsichtbare, in ihrer Transzendenz immer undurchsichtiger werdende geistige Dimension des Menschen kann auch die Logotherapie noch nicht leisten. Sie steht als Wegweiser an einer neuen Gabelung der *Erkenntnis des Menschen*. Die Frage stellt sich an uns, ob wir diesen Weg gehen wollen und können. Nicht der Mann des Volkes trägt die Verantwortung für das Menschenbild, das die Wissenschaft prägt. Die Frage stellt sich an uns, die sogenannten „Experten“, die wir alle irgendwo mitbauen am großen Mosaik der menschlichen Erkenntnis.

Jemand hat einmal zu mir gesagt, daß die menschliche Erkenntnis aus Irrtümern aufgebaut sei; aber ich glaube vielmehr, daß sie sich aus *Einsichten* von Irrtümern zusammensetzt, weil nämlich der menschliche Geist auch fähig ist, am Ende eines Weges, quasi in der Sackgasse, umzukehren, und dann stets wieder die Kraft findet, neue Wege zu beschreiten.

Hier ist ein neuer Weg in der Psychotherapie; nicht mehr, aber auch nicht weniger!

B) Relaxation und Willensstärkung

Der Leser hat nun schon viel über Logotherapie erfahren und wird verstehen, daß sie in Fachkreisen nicht widerspruchslos hingenommen wird. Wo immer sie zur Debatte steht, entbrennt ein ziemlich heftiges Pro und Contra. Das liegt hauptsächlich daran, daß ihr philosophisches Grundkonzept einen äußerst schwachen Faktor enthält, welchen man nennen könnte: das *Vertrauen zum*

Es ist wirklich erstaunlich, daß diese Richtung der Psychotherapie in einer Zeit geboren wurde, in der fast jede Art von Vertrauen erschüttert war, nämlich in der Zeit rund um den 2. Weltkrieg, als der Mensch hier in Europa begann, alles und jedes in Frage zu stellen – und am allermeisten sich selbst. Ausgerechnet in einer Umbruchszeit wie der heutigen, in der langgehegte Werte und Traditionen am laufenden Bande fallen, in der eine Welle der Unsicherheit durch das Volk geht, und in der die Wissenschaften sich mit Übereifer auf rein mechanisch-funktionale Methoden konzentrieren, in dieser Zeit entsteht ein Menschenbild, das von Begriffen wie „Menschenwürde", „Verantwortungsbewußtsein" oder „Sinnorientierung" getragen wird. Was für ein Unterfangen, die „geistige Person" im Menschen aus der Umklammerung eines überkommenen wissenschaftlichen Determinismus zu lösen zu versuchen! Ein halbes Jahrhundert haben Wissenschaftler gebraucht, um unzählige Abhängigkeiten des Menschen wie z.B. von der Kindheit, Konstitution, vom sozialen Umfeld, von bewußten und unbewußten Triebkräften und von der Lernvergangenheit festzustellen, und natürlich sind diese enormen Einflußmächte auch da, wer wollte sie leugnen? Der Logotherapie aber war es vorbehalten, die zentralste Kraft im Menschen, die Trotzmacht des Geistes, die einzige, die eben diesen diversen Einflüssen entgegenzustehen, ja, die sogar einem prädestinierenden Schicksal zu trotzen vermag, zu entdecken und nachzuweisen.

Der Mensch ist nicht das Produkt seiner Einflußfaktoren: mit diesem Leitmotiv der Logotherapie ausgerüstet, müssen wir auch an das schwierigste aller Probleme, das Suchtkrankenproblem, herangehen.

In der letzten Statistik zum Suchtkrankenproblem sind allein in Bayern erschreckende Zahlen genannt worden; dort leben zur Zeit etwa 6000 heroinabhängige Fixer, ganz zu schweigen von den Alkoholikern, und bereits jeder 8. Bayer im Alter zwischen 12 und 14 Jahren hat Drogenerfahrung. In der Interpretation zur Statistik hieß es, daß Wissenschaftler annehmen würden, dies sei

„... das Ergebnis einer Vielzahl miteinander verzahnter Probleme, angefangen vom inhumanen Wohnen bis hin zur Unterdrückung der kindlichen Phantasie, gestörter Zweierbeziehung und Streß an den Schulen" (Prof. H. E. Richter in „Die Gruppe").

Gewiß, wer wollte abstreiten, daß inhumanes Wohnen oder gestörte Elternvorbilder negative Faktoren sind, die junge Menschen belasten können? Und dennoch, nicht alle jungen Menschen greifen deswegen zu Rauschgift, manche widerstehen, manche entscheiden sich dagegen auf Grund ihres eigenen Willens. Es gibt keine vollkommene Abhängigkeit von negativen Umweltfaktoren, denn in letzter Instanz entscheidet der Mensch, auch der Jugendliche, selbst, welchen Weg er gehen möchte; diese letzte Entscheidungsfreiheit und Eigenverantwortlichkeit gegenüber dem Leben darf ihm niemals abgesprochen werden.

Es ist gefährlich, immer nur die negativen Faktoren als Beweggründe zur Drogensucht anzuprangern, denn es könnte mancher junge Mensch dann übersehen, daß er auch selbst mitentscheidet, und er könnte glauben, er *müsse* der Sucht anheimfallen, wenn solche negativen Faktoren zufällig auf ihn zutreffen.

Das ist es, wogegen sich die Logotherapie von Anfang an gewandt hat; eine Iatrogenie im Großen, die Reduktion des Menschenbildes, die jahrzehntelang an den Lehrstühlen der Universitäten gelehrt und in den Imaginationen der Laienwelt bedenkenlos übernommen wurde, solange, bis die große Phase der Mutlosigkeit begann.

Wer kann schon mit der Vorstellung leben, sein gesamtes Tun und Lassen werde von der Summe seiner Determinanten bestimmt, und er sei „nichts als" ein vergänglicher Organismus auf der Jagd nach kurzen Augenblicken ebenso vergänglicher Lust – wer kann damit leben, ohne sich zu fragen, welchen Sinn diese seine Existenz überhaupt haben soll?

Gerade der moderne Mensch, der soviel Wohlstand, soviel Konsumgüter, soviel Mitspracherechte, soviel Freizeit und soviel sexuelle Freizügigkeit besitzt wie kaum Generationen vor ihm, dieser Mensch ist auf einer verzweifelten Suche nach Sinn. Oder vielleicht war der Mensch schon immer auf der Suche nach Sinn, aber der moderne Mensch ist sich dessen bewußt geworden wie nie zuvor.

Wen es bei jedem Umbruch, bei jeder Revolte und bei jeder Entwicklungswende am härtesten trifft, das sind jene Menschen, die in sich selbst noch am wenigsten gefestigt sind und an ihren Erfahrungen den geringsten Halt finden können – das ist die Jugend.

Unsere moderne Jugend wird überschwemmt von einem Sinnlosigkeitsgefühl, das sie in tiefe existentielle Not treibt und das sich manifestiert in einem Übermaß an sinnloser Gewalt, gefährlicher Depression und – im Griff zur Droge.

Erst diese seltsame Verzweiflung einer Überflußgesellschaft, erst die latenten Hilferufe einer Jugend, der alles geboten worden ist, und erst die erschreckende Zunahme von Neurosen und Psychosen machte die Fachleute und Wissenschaftler hellhörig für jenes Phänomen, das Frankl als den „Wille zum Sinn" bezeichnet. Wäre ein solches Bedürfnis des Menschen, sein Leben in einem Sinnzusammenhang begreifen zu können, nicht existent, so wäre es nicht frustrierbar; ginge es dem Menschen tatsächlich primär um Lustgewinn, müßte er in der modernen Zeit höchst zufrieden sein. Wäre tatsächlich der homöostatische Zustand im Humanbereich der optimale, dann wäre die exzessive innere Unruhe der Jugend von heute unerklärlich. Aber mittlerweile hat man erkannt, daß die homöostatischen Regelkreisprozesse der physiologischen und psychologischen Dimensionen im Menschen *nicht* übertragbar sind in die spezifisch menschliche, in die geistige Ebene.

Im Gegenteil, im geistigen Bereich streben wir *nicht* nach Gleichgewicht und Wohlbehagen, sondern nach einem gesunden, dosierten Maß an Spannung. Frankl nennt es „die Spannung zwischen Sein und Soll". Der menschliche Geist erhebt Ansprüche, er setzt sich ein Ziel, er dokumentiert sich in einem Willensakt. Und tut er dies nicht, ist ihm alles gleichgültig, hat er keine Ziele mehr, ist er passiv und willenlos geworden, dann ist er krank. (Vgl. dazu die 6. Prämisse, S. 69/70!)

Die beiden Extreme Not und Überfluß sind nicht gleich gefährlich. Wenn Not auch das physisch gefährlichere Extrem sein mag, ist Überfluß doch das psychisch gefährlichere Extrem, denn Not hat im Sinnorientierungsprozeß immer noch den Stellenwert einer Zielsetzung, da alle Kräfte eingesetzt werden müssen, um die Not zu überwinden – es sei denn, es kommt zu einer Resignation, weil die Not unüberwindbar scheint oder ist. Aber Überfluß hat von vornherein keine Zielsetzung, er kann geradezu als zielloser Zustand definiert werden. Und das ist genau jener Zustand der existentiellen Frustration, aus dem heraus viele Verbrechen, Suizidgedanken, sexuelle Perversitäten oder auch – Drogenkonsum geboren werden. Um wieder ein Ziel sehen zu können, und sei es ein *Scheinziel,* oder um den ziellosen Zustand zu beenden, und sei es mit dem Tod. Das Homöostaseprinzip gilt einfach nicht für den Menschen, unzählige Beweise sprechen dafür. Gerade die jungen Menschen unserer Zeit hätten es relativ leicht, ihr inneres Gleichgewicht aufrechtzuerhalten, wenn sie nur *das* wollten. Es steht ihnen mehr Taschengeld und mehr finanzieller Rückhalt zur Verfügung als in früheren Zeiten, es stehen ihnen mehr sexuelle Möglichkeiten offen denn je zuvor, sie besitzen ein erhebliches Mitsprache- und Machtpotential, und schließlich wird ihnen auch ein perfektes Freizeitangebot gemacht, vom Jugendcenter bis zur Diskothek, vom Jugend-TV-Programm bis zur Jugendberatungsstelle. Aber die jungen Menschen suchen nicht bloß ihr inneres Gleichgewicht, sie suchen ein inneres Engagement, eine Sache, für die sie sich einsetzen können, eine Aufgabe, die sie begeistert, ein Vorhaben, das ihre Kräfte herausfordert. Es sind nicht so sehr die subhumanen Triebkräfte wie Libido und Aggression, die nach Triebobjekten drängen und sich Ventile suchen, es ist der Wille zum Sinn, der nach Engagement und Erfüllung ruft. Libido und Aggression kann unsere Jugend hinreichend abreagieren, wo aber bleibt die Zufriedenheit?

Frankl, der als erster darauf hingewiesen hat, daß wir Psychotherapeuten es heute mit einem neuen Typ von Neurosen zu tun haben, mit den „noogenen Neurosen", die gekennzeichnet sind durch Sinnlosigkeitsgefühle, Motivationsschwäche, Übersättigung und depressive Verzweiflung, fügt stets hinzu, daß jede Zeit ihre Neurose hat und daher jede Zeit auch ihre spezielle Therapie benötigt.

Aus dieser Sicht des kranken Zeitgeistes wird ersichtlich, was ich als den „schwächsten Faktor" in der Fundamentaltheorie der Logotherapie bezeichnet habe, nämlich das ungeheure *Vertrauen zum Menschen,* das dieses Menschenbild enthält. Ist der Mensch denn wirklich ein sinnorientiertes und zielgerichtetes Wesen? Trägt er wirklich das tiefe Bewußtsein der Eigenverantwortlichkeit in sich? Wird er wirklich von seinem Willen zum Sinn erfüllt, der über die Primärbedürfnisse dominiert? Ist der Mensch wirklich frei, zu seinem Schicksal Stellung zu nehmen, ja sogar, Einflußfaktoren zu trotzen?

Wir kennen den negativen Aspekt, wir wissen um die Folgen existentieller Frustration, wir kennen die psychischen Krankheitsbilder, die aus Sinnleere entstehen, aber sehen wir auch den positiven Aspekt? Wird die Menschheit in ihrer Realität *diesem* idealistischen Menschenbilde gerecht?

Hier möchte ich an unsere Überlegungen zu Feedback-Mechanismen erinnern. Wissenschaftler haben die Aufgabe, die Wahrheit zu suchen, zu finden und kundzugeben. Die *Wahrheit* – was für eine Faszination umgibt dieses Wort seit Anbeginn der Menschheit! Ewig unerreichbar auf der gegenwärtigen Stufe des Lebens ist sie wie ein gewaltiger Magnet: zu fern, um mit unserem Verstande erreicht zu werden, zu nah, um nicht von ihr angezogen zu werden. Die Wahrheit – Generationen sind versunken, und was von ihnen blieb, war immer nur jener Zipfel der Wahrheit, den sie in minimalen Dimensionen zu lüften vermocht und als wervollstes Gut ihren Nachkommen anvertraut haben, die wiederum irgendwann entdeckten, daß auch dieser kleine Zipfel nicht die ganze Wahrheit enthielt.

Noch ein Wort gibt es, einen Begriff ungeheurer Faszination, der seit Anbeginn des Menschwerdens den Geist beschäftigt: *Erlösung*. Die Sehnsucht nach der Wahrheit und der Traum von der Erlösung sind ein Pendant, ein gemeinsames vages Erahnen von dem, was nicht zu begreifen ist, noch nicht. Warum Erlösung, Erlösung wovon? Vom Tier-Sein des Menschen? Von der schwachen Natur, die bedingt, begrenzt und sterblich ist? Warum die Wahrheit, warum die nicht verstummende Frage nach dem tieferen Zusammenhang? Genügt nicht, was wir sind, genügt nicht, was wir sowieso verstehen?

Es genügt offensichtlich nicht, es genügt allen Wesen der Natur, nur dem Menschen nicht. Und deswegen ist es gefährlich, eine Wahrheit auszusprechen, genauso wie es gefährlich ist, eine Erlösung zu versprechen, ohne die unvermeidliche Rückwirkung auf die Menschen zu beachten. Spricht man von der Erlösung, rührt man am Glauben, spricht man von der Wahrheit, rührt man am Selbstverständnis des Menschen; ersteres bedeutet eine hohe Verantwortung für den Theologen, letzteres bedeutet eine hohe Verantwortung für den Psychologen. Ist die Wahrheit, die der Psychologe gibt, die realistische Vision einer egoistischen Bestie „Mensch" in Zivilisationskleidung, so *macht* er den Menschen *dazu*, auch wenn der Zipfel, den er dabei lüftet, nicht die ganze Wahrheit ist. Ist die Wahrheit, die der Psychologe gibt, jedoch ein Pendant zur Erlösung, das Bild eines Wesens, das „mehr als" bedingt, begrenzt und sterblich ist, dann läßt er dem Menschen die Chance offen, seinem Traum näher zu kommen und dadurch einen größeren Splitter der Wahrheit zu finden. Deshalb glaube ich persönlich, daß das ungeheure „Vertrauen zum Menschen", zu dem sich die Logotherapie bekennt, nicht nur ihr *schwächster Faktor* im theoretischen Konzept ist, es könnte in bezug auf ihre Effizienz auch ihr *stärkstes Argument* überhaupt sein!

Lassen Sie uns gemeinsam überlegen, was aus alledem für die Suchtkrankenhilfe folgt. Frankl schreibt in seinem Buch „Ärztliche Seelsorge“: „Der Mensch, der sich zu betäuben versucht, löst kein Problem, schafft ein Unglück nicht aus der Welt; was er aus der Welt schafft, ist vielmehr eine bloße Folge des Unglücks, nämlich der Gefühlszustand der Unlust. Aber der Akt des Hinsehens erzeugt nicht den Gegenstand, und der Akt des Wegsehens vernichtet ihn nicht.“

Diese sehr einleuchtende Formulierung bezieht sich auf jenen Fall von Süchtigkeit, dem ein erkennbarer Anlaß oder Auslöser vorangegangen ist. Ein Beispiel dafür ist der Mann, der beruflich versagt hat, und daraufhin zum Alkohol greift, oder die Frau, deren Kind gestorben ist, und die danach beginnt, Schlafmittel in zunehmendem Maße zu konsumieren. Die zeitweise Betäubung des Betroffenen ändert nichts an seinem Schicksal; er entflieht zwar der Wirklichkeit für Stunden, aber die Wirklichkeit bleibt bestehen.

Doch je öfter er der Wirklichkeit entflieht, desto weniger Kräfte hat er, die Wirklichkeit zu ertragen und dem Schicksal zu trotzen. Die Droge *untergräbt* die Trotzmacht des Geistes, sie *rüttelt* an den Kräften des Willens, sie *umnebelt* das Bewußtsein der Verantwortlichkeit, sie *zerstört* die Dimension der Freiheit im Menschen. Erst wenn diese Dimension gebrochen ist, tritt tatsächlich eine Reduktion des Menschseins ein, jene Reduktion, welche der gefährliche Psychologismus von einst beim normalen, gesunden Menschen als allgemeingültig darzustellen versucht hat, nämlich jener Determinismus, der zu Nihilismus und Subhumanismus führt[17].

Der Süchtige ist wirklich determiniert, er ist völlig abhängig vom Drogengehalt in seinem Blut, er ist dann „nichts als“ ein konditionierter Organismus mit bedingten Reflexen, er wird zu einem willenlosen Geschöpf auf subhumaner Stufe. Er orientiert sich nicht mehr nach Sinn und Ziel, nach Werten und Aufgaben in seinem Leben, sondern er gehorcht blindlings dem Diktat seines Verlan-

---

[17] Dieser Ausdruck wurde von Frankl geprägt im Zusammenhang mit dem sogenannten Reduktionismus, d. h. der Tendenz, die spezifisch humanen Phänomene (sagen wir: Liebe oder Gewissen – im Gegensatz zu bloßem Sex bzw. dem bloßen Über-ich) auf subhumane Phänomene zu reduzieren. Frankl sieht im Reduktionismus, ebenso wie im Determinismus, einen für unsere Zeit typischen Ausdruck des Nihilismus. (Vgl. dazu auch S. 118!)

gens, er orientiert sich nach seinen Konsumationswünschen und nahenden Abstinenzerscheinungen.

Jene Fälle von Süchtigkeit, denen ein entsprechender Anlaß oder Auslösemechanismus voranging, waren früher in der Überzahl. Aber in den letzten Jahrzehnten haben wir es nicht nur mit einem neuen Typ von Neurosen zu tun bekommen, wir haben es auch vorwiegend mit einem neuen Typ von Süchtigkeit zu tun, fast möchte man sagen, mit dem Typus einer „noogenen Süchtigkeit".

Menschen, insbesondere junge Menschen werden süchtig, und der Anlaß fehlt. Junge Leute aus gutem Hause, umgeben von Luxus und Komfort, aufgewachsen in einer Atmosphäre von Schonung und Verwöhnung, greifen plötzlich zu Stimulantien und Halluzinogenen. Ist tatsächlich kein Grund erkennbar, ist kein Anlaß gegeben?

Die Logotherapie meint, da *ist* ein Grund, ein sehr tiefgehender sogar, tiefergehend als jeder Schicksalsschlag, nämlich das Sinnlosigkeitsgefühl. Ein Schicksalsschlag bedeutet in irgendeiner Form Not. Not muß nicht immer finanzieller Art sein, Not kann viele Ausdrucksformen finden. Aber Not ist eine Aufforderung an den Menschen, sie innerlich zu bewältigen, sie äußerlich – wenn möglich – zu überwinden, die geistigen Kräfte an ihr zu messen. Sinnlosigkeitsgefühl jedoch ist Leere, ist Überfluß, ist Langeweile, ist absolute Gleichgültigkeit. Es gibt kein Kräftemessen, wenn alles unwichtig und bedeutungslos ist. Geistige Kräfte sind überflüssig und unsinnig, wenn nichts lohnt, sie einzusetzen. Nietzsche sagt: „Wer ein Warum zu leben hat, erträgt fast jedes Wie", und die Logotherapie fügt hinzu: „Wer kein Warum zu leben hat, erfreut sich an keinem Wie."

Die existentielle Frustration, die immer mehr Menschen erfaßt und insbesondere junge Menschen in ihren Sog zieht, ist der ideale Nährboden für den Griff nach Alkohol und Droge. Sie ist es vor allem deshalb, weil zu dem kognitiven Vermeidungsverhalten, zu dem sogenannten Vergessenkönnen, nämlich Vergessen von Schicksalsschlägen, was der ursprüngliche Anlaß für Betäubungsmittelkonsumation gewesen sein mag, eine neue Komponente hinzugekommen ist. Der moderne Mensch hat ja auch moderne Mittel gefunden, vor allem die große Gruppe der Psychomimetica, und nun kommt zum einfachen Vergessenwollen eine ganz neue Möglichkeit hinzu: das Erlebenkönnen einer *Scheinwelt.*

Welche Chance bedeutet es doch für einen Menschen voller existentieller Zweifel, gesättigt mit den Angeboten von Gesellschaft und Industrie und unzufrieden mit sich und der Welt, plötzlich eintauchen zu können in einer ganz neuen Anschauung von verändertem Selbstwertgefühl, gesteigertem Enthusiasmus und unbegreiflicher Magie? Scheinziele tauchen auf, ein scheinbarer Sinn wird in der so fragwürdigen Existenz sichtbar, und Scheinerlebnisse werden für Langeweile getauscht.

Frankl vergleicht die bedauernswerten Opfer solch kurzfristiger Illusionen mit jenen Ratten im Tierexperiment, die Elektroden zu Versuchszwecken ins Sättigungszentrum eingepflanzt bekamen, und die durch Druck auf eine bestimmte Taste im Käfig geringe Stromstöße über diese Elektroden auslösen konnten. Die Ratten wurden ganz süchtig auf die Stromstöße, weil dadurch Hunger-Befriedigung simuliert wurde, und „befriedigten“ sich daran bis zu 100mal am Tag; aber das echte Futter, das ihnen geboten wurde, ließen sie unberührt – sie waren ja satt, wenn auch nur scheinbar. Frankl meint nun, daß ähnliche Phänomene auch bei der Rauschgiftabhängigkeit vermutet werden können: Die jungen Menschen fühlen sich in ihrem gesunden Sinnbedürfnis vielfach frustriert, enttäuscht und ohne Ausweg, und so greifen sie zu scheinbaren Sinnobjekten, zu „Sinnestäuschungen“ in der doppelten Bedeutung des Wortes und gehen an den wahren Werten und Aufgaben ihres Lebens interesselos vorbei.

Demnoch kann man die *beiden großen Motivationsgrundlagen* der Süchtigkeit folgendermaßen zusammenfassen: Entweder wird die Betäubung gesucht, um einen Schicksalsschlag zu vergessen, oder es wird die Illusion gesucht, um eine Leere zu füllen. Entweder ist Not unüberwindbar geworden, oder es ist Langeweile unerträglich geworden. Beide Extreme, Not und Leid, wie Überfluß und Langeweile verlocken zur Flucht aus der Wirklichkeit. Natürlich gibt es vordergründig zahlreiche andere Ursachen zu nennen, wie Neugierde, Verleitung durch andere, Gewalt, Opposition gegen Autoritäten, gruppendynamische Vorbilder oder auch Naivität und fehlende Aufklärung. Dazu gewiß auch Wohnungsnot, gestörte Zweierbeziehungen und Schulstreß, wie angenommen wird. Aber diese Ursachen treffen nicht den tiefen Kern des Problems.

Lesen wir das folgende Zeitungsinterview mit einer jungen Frau; welche „Gründe“ für ihre Sucht finden wir darin?

Sie werden denken: Jede Menge Gründe, die Erziehung, das Elternhaus hat versagt, die Drogenberatungsstelle, der Freund, sogar die Verführung in Indien war schuld.

Wirklich?

Interview mit Doris:

„Seitdem ich selbst süchtig bin, habe ich viel Literatur zu dem Thema gelesen. Ich glaube, meine Kindheit ist geradezu ein Paradebeispiel. Mein Vater starb, als ich zwei Jahre alt war. Von da an habe ich bei meiner Großmutter gelebt."

„Mit acht wurde ich zum ersten Mal vergewaltigt, auf einem Spielplatz. Mit zwölf ist dann ein Fernfahrer über mich drüber, als ich zu meiner Freundin trampen wollte. Bei dem Kerl hab' ich mich nicht mehr gewehrt, und so war alles nur halb so schlimm. Heute zieh ich dafür anderen geilen Säcken das Geld aus der Tasche, das ist so 'ne verspätete Rache."

Gehst du auf den Strich?

„Ne, ne. So Parterre bin ich nun auch wieder nicht. Ich hab' ein paar gutbetuchte Typen, denen ich zwischendurch mal einen Gefallen erweise."

Gefallen?

Naja, da ist zum Beispiel so ein Großbauer. Vor dem muß ich immer nackt auf einem Gaul rumrutschen. Oder ein Geschäftsmann, der will, daß ich mich ohne Höschen hinsetze und die Füße auf den Tisch lege. Das ist für ihn das Höchste. Bei beiden kassiere ich jedesmal 500 Eier dafür. Natürlich hab' ich auch normalere Kunden."

Und das Geld, reicht das für deine tägliche Menge Stoff?

„Nicht ganz. Im Augenblick gibt's ja kein Morphium auf der Szene, deshalb nehme ich Heroin. Und davon brauche ich am Tag etwa zwei Gramm. Kostet 600 Mark. Das ist unheimlich viel Kohle. Ich muß deshalb zwischendurch ein bißchen mit Stoff dealen und immer wieder mal Nacktfotos machen. Und Hans bringt ja auch was mit nach Hause.

Hans?

„Das ist mein Freund. Mit dem lebe ich hier seit vierzehn Tagen zusammen. Hans klaut in der Gegend rum und verkauft Hasch. So kommen wir zusammen ganz gut über die Runden."

Wann hast du eigentlich mit Rauschgift angefangen?

„Mit dreizehn. Da hab' ich meinen ersten Trip geworfen. Nach genau dreimal wurde es mir zu langweilig. Immer die gleichen Farben, die gleichen Halluzinationen. Danach lief fast ein Jahr lang nichts mehr."

Und wie bist du zum Morphium gekommen?

„Das war ganz seltsam. Ich lebte inzwischen wieder bei meiner Mutter, die einen Bank-Filialleiter geheiratet hatte. Und dann gab's eines Abends furchtbar Krach. Mein Stiefvater wollte meine Alte zum Fenster rauswerfen. Da hab' ich ihm voll unten reingetreten. Er ließ zwar meine Mutter los, hat mich dafür aber grün und blau geschlagen. Und was das Enttäuschendste war: Die Alte hat zu ihm geholfen. Ich bin noch in derselben Stunde von zu Hause abgehauen und hab' die beiden seitdem nie wieder gesehen."

„In meiner Verzweiflung bin ich zu einer Drogenberatungsstelle ge-

rannt, da kannte ich nämlich ein paar Typen. Ich bin völlig fertig, ich brauch' sofort einen Trip, hab' ich denen vorgeflennt. Die hatten echt Verständnis, aber keine Trips. Ersatzweise gaben sie mir eine Spritze Morphium. So hat das angefangen."

„Ich habe die ganze Nacht nur gekotzt, so schlecht wurde mir von dem Morphium. Keine Spur von dem angekündigten ‚geilen feeling'. Ich hab' mich die ganze Zeit gefragt, was die anderen da bloß dran finden. Um das rauszukriegen, habe ich anschließend eine Woche lang weitergefixt. Danach war mir alles klar, aber ich war auch voll drauf auf dem Zeug."

Doris erklärt es so: „Du erlebst unter Morphium alles total bewußt. Du kannst lernen, denken, zur Schule gehen. Keiner merkt dir was an. Du siehst auch deine Probleme, aber es betrifft dich alles nicht mehr, nichts regt dich auf."

„Und dann: Morphium ist noch schneller in der Wirkung wie Heroin. Beim Morphium gibt's sofort einen Wahnsinnsknall im Hirn. Und das ist unheimlich geil."

Du warst damals 14 Jahre alt und hattest wahrscheinlich kaum Geld für den Stoff?

„Doch. Ich bin einfach mit Chris zusammengezogen. Der war vier Jahre älter und auch morphiumsüchtig. Wir haben Apothekeneinbrüche gemacht, so zwei, drei pro Woche. Das reichte dicke für uns selbst und meistens konnten wir auch noch Zeug verkaufen.

Nach dem Abitur nach Indien

Anderthalb Jahre ging alles gut, dann wurde Chris eines Nachts geschnappt.

„Ich habe von da an bis zum Abitur für einen Bekannten mit Morphinbase gedealt. Und nach dem Abi bin ich sofort nach Indien abgehauen. Ich hatte die kalten, unmenschlichen Typen hier einfach satt. Zu Chris wollte ich nicht mehr zurück. Der hatte nach dem Knast einen Entzug gemacht und war jetzt clean. Durch mich wäre er nur wieder in die Scheiße reingerutscht. Das war mit ein Grund, warum ich nach Indien bin."

„Da unten war alles sehr einfach: Morphium, Heroin, Opium, Shit – alles kann man da billig und völlig legal kaufen. Das Geld dafür haben mir Typen geschenkt, mit denen ich zwischendurch mal geschlafen habe."

„Mit Rauschgiftschmuggel hätte ich natürlich viel mehr Kohle machen können, aber es war wahnsinnig schwierig, das Zeug aus dem Land zu bringen. Bis ich eines Tages auf den Trick gekommen bin, wie man den Stoff nach Deutschland schleusen kann. Man mußte nur eine Nacht lang in einem Luxus-Hotel wohnen..."

Und dieses Mädchen Doris, das seinen Weg zur Sucht schildert, hat sie nichts beigetragen?

Mußte sie sich in den Streit zwischen Mutter und Stiefvater einmischen, mußte sie aus Verzweiflung zur Drogenberatungsstelle laufen und um einen „Trip" flehen, mußte sie nach den üblen Folgen der ersten Morphiumspritze „weiterfixen", mußte sie nach dem bestandenen Abitur nach Indien fahren? Gewiß, das Schicksal hat mitgespielt, der Vater ist früh gestorben, die Vergewaltigung war ein Schock, der Wechsel zur Mutter und zum Stiefvater war wahrscheinlich schwierig, die Enttäuschung, daß die Mutter ihrem Lebenspartner nähersteht als ihr, war bitter. Aber waren nicht auch positive Angebote da? Die Mutter hat sie zu sich geholt, sobald sie konnte, die Leute von der Drogenberatungsstelle wollten ihr sicher helfen, sie hatte die Chance, Abitur zu machen und dadurch bessere berufliche Möglichkeiten zu finden, und schließlich war sogar ihr Freund geheilt worden und hätte ihr Vorbild und Stütze sein können. War es nicht so, daß zuerst die *Not* dieses Kindes (Vergewaltigung, Stiefvater) nicht verkraftet werden konnte und ein Ausweg in der Flucht zur Droge gesucht wurde, daß aber später nach dem Abitur eine *Sinnleere* bestand, ein Nicht-wissen-was-jetzt-Tun, ein Verlust in der Wertorientierung und eine Einengung des Gesichtsfeldes auf das Selbst? „Ich hatte die kalten, unmenschlichen Typen einfach satt", erklärte Doris, aber wie war denn sie? Mit 14 Jahren ist sie der Mutter davongelaufen und zum Freund gezogen, den sie nach dem Abitur auch einfach verließ; inzwischen hat sie mit Morphinbase gehandelt – war das alles sehr „warm und menschlich"? Aber sie sah nur sich und nichts außerhalb, keine geliebten Menschen, keine Berufsziele, keine festen Standpunkte, keine Ethik, keinen Sinn in ihrem Leben. Der Zynismus, mit dem sie über ihr Leben spricht, zeigt den geringen Wert, den sie diesem Leben zubilligt, und etwas Wertloses kann man ja auch gefährden, wenn es Spaß macht, nicht wahr? Wo ist die Trotzmacht des Geistes, die nicht hätte zulassen dürfen, daß dieses Menschenkind sich seinem Schicksal beugt, wo ist die Fähigkeit zur Selbst-Transzendenz, die nach dem Schulschluß einen Lebensweg und ein Lebensziel hätte erkennen lassen müssen? Doris hat viel Literatur zum Thema gelesen, hat sie auch logotherapeutische gelesen?

Als Logotherapeutin würde ich zu ihr sagen: „Doris, Du sollst wissen, daß *Du allein* es in der Hand hast, durch Sinnerfüllung zu gesunden, wenn Du den festen Willen dazu hast. Keine noch so schlimme Krankheit, kein noch so kaputtes Elternhaus und keine jahrelange negative Erfahrung kann Dich niederzwingen, wenn Du die Kraft Deines Geistes einsetzt, um in Deinem Leben einen neuen Anfang zu finden. Die Droge hat Deine geistigen Kräfte vorübergehend ausgeschaltet, Du mußt einen Entzug machen, aber danach werden Deine geistigen Kräfte wieder wachsen, werden wieder die Führung in Deinem Leben übernehmen, und sie allein vermögen Dich freizuspielen von allem, was gewesen ist! Beweise es, Dorits, beweise es jenen, die Dich aufgegeben haben, beweise, daß Du einer übermenschlichen Leistung fähig bist, daß Du es schaffst, aus den tiefsten Tiefen der Hölle emporzusteigen zu dem, was auch in Dir schlummert, zu wahrer Liebe, zum Guten, zum Vernünftigen, zu dem, was Dich einmalig und einzigartig macht. Dein Leben ist wertvoll, Du weißt es nur noch nicht, aber eines Tages wirst Du es vielleicht erkennen und wirst wünschen, Du hättest mehr Zeit, um die Aufgaben zu erfüllen, deren Du eben erst ansichtig geworden bist. Ein „geiles feeling“ ist zu wenig für Dich, Doris, es ist Deiner nicht würdig, es macht Dich auch nicht glücklich! Kämpfe mit Dir, ringe Dich durch, noch hast Du eine Chance, bis zu allerletzt hast Du eine Chance, und niemand kann sie Dir nehmen!“

Was die praktische Arbeit mit Süchtigen betrifft, kann man selbstverständlich nicht mit Logotherapie allein auskommen, ja nicht einmal damit anfangen. Einem schweren Alkoholiker helfen zu wollen, seine eigentlichen Lebensziele wiederzufinden, ist zunächst völlig aussichtslos, denn er kennt nur ein einziges Ziel, und das ist der Alkohol. Der therapeutische Erstansatz muß in der physiologischen und psychologischen Ebene des Patienten erfolgen, und zwar wegen der *dimensionalen Einschränkung* des Patienten, die im Zusammenhang mit seiner gebrochenen Willenskraft steht. Logotherapie, soweit sie spezifische Psychotherapie ist, braucht das ungebrochene geistige Potential des Menschen, das der Suchtkranke nicht mehr zur Verfügung hat. Deshalb sind vorerst nur Methoden indiziert, die im Psychophysikum ansetzen, also medikamentöse und psychologische Hilfsmittel.

Später allerdings, wenn eine Entgiftung des Patienten erzielt worden ist, regeneriert auch wieder die geistige Freiheit und Willenskraft, es entstehen Überlegungen zum Sinn und Zweck der eigenen Existenz, und der Rekonvaleszent sucht nach einer neuen Orientierung seines zukünftigen Lebens – die geistige Dimension des Menschseins wird wieder aktiv! Nun aber darf die therapeutische Hilfe nicht plötzlich aufhören!

Denn was geschieht, wenn man einen ehemalig Süchtigen aus der Klinik entläßt, zwar mit einem gesunden Blutspiegel und einer eingeimpften Aversion gegen das Suchtmittel, aber voller Lebensangst, voller existentieller Zweifel und Frustration, mit all der

Fragwürdigkeit seiner Vergangenheit und all der Unsicherheit einer möglichen Weiterentwicklung? *Jetzt* erst bricht die echte existentielle Not durch, die im Stadtium der Süchtigkeit überhaupt nicht mehr wahrgenommen wurde, jetzt erst taucht die große Frage auf, wozu die ganze Entziehungskur gut war, wozu der Heilungsprozeß vorangetrieben wurde, welchen Wert das weitere Leben haben soll und welchen Stellenwert die Erlebnisse der Vergangenheit darin einnehmen können. *Jetzt* braucht man eine Therapieform, die es wagt, auch in die geistige Dimension des Menschen vorzudringen und sich an dessen „Ringen nach Sinn" zu beteiligen, eine Therapieform, die Argumente hat, die sie beim Aufbau einer neuen Lebenseinstellung hilfreich anbieten kann. *Jetzt* wird die vielfältige Methodik und das Instrumentarium der Logotherapie wesentlich, ja, fast möchte ich sagen: unentbehrlich.

Auch in der Suchtkrankenhilfe gilt also, was ich bei der grundsätzlichen Besprechung logotherapeutischer Indikation und Effizienz ausgesprochen habe: Man kann mit Logotherapie *allein* nicht auskommen, aber man kann in der Psychotherapie auch nicht *ohne* Logotherapie auskommen.

Was also geschieht, wenn der geheilte Patient entlassen wird und in dasselbe Milieu zurückkehrt, in dem er schon einmal zur Droge gegriffen hat? Was passiert, wenn er wieder mit dem täglichen Leben konfrontiert wird und noch die gleichen Sinnlosigkeitsgefühle in sich trägt wie ehedem? Wenn sich seine Sinnzweifel durch das bisherige Scheitern im Leben und durch die traurigen Stationen von Betäubung, Rausch, Horrortrip, Zusammenbruch, Koma, Klinik und schließlich Reintegrationsversuch noch erheblich verstärken? Wenn er dann innerlich denkt: „Es hat doch alles keinen Sinn mehr, mein Leben ist sowieso verpfuscht!" – dann kommt der Rückfall, unaufhaltsam. Ich brauche nicht darau hinzuweisen, wie hoch die Rückfallquoten bei Süchtigen sind.

Logotherapie ist eine ergänzende Therapieform, auch in der Suchtkrankenhilfe. Sie war einmal eine Gegenbewegung, vor allem zur Psychoanalyse, aber heute bahnt sich allmählich eine Annäherung zwischen den verschiedenen therapeutischen Schulen an, und die starren Dogmen lockern sich glücklicherweise. Und gerade die Logotherapie kommt dem Fernziel einer therapeutischen Synthese in der Psychotherapie/Psychiatrie weitgehend entgegen, denn sie besitzt eine Flexibilität, die noch keine Therapieform vor ihr besessen hat.

Die Logotherapie bietet eine ideale Kombinationsgrundlage,

und sie *muß* auch kombiniert werden, denn es ist unzulässig, nur auf einer Ebene menschlicher Daseinsentfaltung helfen zu wollen. Es ist genauso falsch, sich ausschließlich um psychische Konditionierungsprozesse zu kümmern, wie es falsch ist, sich ausschließlich auf Sinn- und Existenzfragen zu spezialisieren. Es war auch nie das Anliegen der Logotherapie, eine Monopolstellung innerhalb der Psychotherapie einnehmen zu wollen. Wogegen sie sich allerdings immer schon aussprach, war die Tatsache, daß die geistige Dimension des Menschen lange Zeit einfach vergessen und übersehen worden ist.

Frankl erzählt ein Beispiel zur Notwendigkeit, Logotherapie mit anderen therapeutischen Hilfsmitteln zu kombinieren, das für unser Thema der Suchtkrankenhilfe sehr aufschlußreich ist. Es handelte sich um einen Fall periodisch rezidivierender endogener Depression in seiner Klinik. Angesichts der endogenen Komponente war zunächst medikamentöse Therapie indiziert. Doch die Patientin, um die es sich handelte, erwies sich auch als psychogen verstimmt, insofern, als sie über ihren ständig weinerlichen Zustand in Verzweiflung geriet, und in dieser Not bedurfte sie psychotherapeutischer Beratung. Frankl führte mit ihr helfende Gespräche des Inhaltes, daß sie das Grübeln über ihre Depression beenden solle, weil es begreiflicherweise zu nichts führe, und daß sie statt dessen die Depression an sich vorüberziehen lassen solle wie eine Wolke, die an der Sonne vorüberzieht und den Blick auf die Sonne für kurze Zeit verdeckt. Er tröstete sie also damit, daß nach Abklingen der Depression ihr Blick für die Schönheit und Freude des Lebens wieder offen sein werde.

Aber nun, als die Depression leichter wurde und die geistige Blockierung durch die psychische Verstimmung nachließ, kam erst die ganze geistige Not und Frustration zum Vorschein, nun brach das Sinnlosigkeitsgefühl durch, die vermeintliche Sinnleere einer durch rezidivierende Depression gehandikapten Existenz. Nun ging Frankl zum rein logotherapeutischen Ansatz über und führte mit der Patientin solange Sinnfindungsgespräche, bis sie lernte, nicht nur trotz ihrer gelegentlichen Verstimmungszustände ein Leben voll persönlichster Aufgaben vor sich zu sehen, sondern auch *in* ihren depressiven Zuständen eine Aufgabe *mehr* zu erblikken, nämlich die Aufgabe, mit ihnen fertig zu werden und sich innerlich über sie zu stellen. Die Trotzmacht des Geistes wurde aktiviert, um trotz der wiederkehrenden Depressionsphasen einen persönlichen Lebensstil der Patientin zu finden, der für sie zufriedenstellend und sinnerfüllend war.

Diese Erfahrung, daß bei endogenen Depressionen oftmals gerade in den *gesunden Zwischenphasen* massive Zweifel an der eigenen Existenz und am Wert des Lebens auftreten, während in den akuten Verstimmungsphasen der geistige Horizont viel zu stark eingeengt ist, um überhaupt über Sinn und Wert des Lebens nachzudenken, kann ich nur bestätigen.

Und ich muß hinzufügen: nicht anders ist es bei den Süchtigen. Solange sie sich in den Klauen der totalen Abhängigkeit vom Suchtmittel befinden, ist der geistige Horizont nicht weit und offen genug für logotherapeutische Sinnfindungsgespräche; wenn aber die körperliche und psychische Abhängigkeit auf Grund adäquater ärztlicher Hilfe nachläßt, dann wird das logotherapeutische Sinnfindungsgespräch zur Existenzgrundlage des Patienten und dessen Heilung und zum einzigen wahren Schutz gegen den Rückfall in existentielle Verzweiflung und in wiederkehrende neuerliche Drogenabhängigkeit. Insofern ist die Logotherapie in der Suchtkrankenhilfe *ergänzende Psychotherapie und grundlegende Prophylaxe zugleich,* und das ist nicht wenig!

Entsprechend diesem Grundkonzept sind auch meine eigenen Erfahrungen mit Süchtigen verlaufen. Bei eindeutiger Abhängigkeit, die meist nicht vom Patienten selbst, sondern von Freunden oder Angehörigen vorgebracht wurde, habe ich stets meine ganze Überredungskraft darauf verwandt, den Patienten zu einem geeigneten Klinikaufenthalt zu bewegen. Gleichzeitig war ich aber auch immer bereit, die Nachbetreuung zu übernehmen. Die physiologische Gesundheit war also Voraussetzung für die logotherapeutische Hilfe in der Suchtkrankenbetreuung.

Diese Nachbetreuung nach der Entziehungskur habe ich in zwei Stufen aufgebaut, nämlich zuerst noch eher auf psychologischer Ebene, und danach erst auf höherem, geistigem Niveau. Dabei bemühte ich mich aber schon im psychologischen Bereich, die Weichen für die nachfolgenden anspruchsvolleren Sinnfindungsgespräche zu stellen.

In erster Stufe werden Entspannungsübungen (Autogenes Training, Progressive Relaxation nach Jacobson oder Meditationsverfahren) durchgeführt, wobei der Patient an das Abhören von Kassetten gewohnt wird. Sobald er die körperliche Entspannung gut beherrscht, werden als Übergang Formeln zum „suggestiven Willenstrainung“ miteingeflochten, die den Weg zum logotherapeutischen Gespräch ebenen sollen. (Vgl. S. 87.)

↑ III *Geistige* Sinnfindungsgespräche
(Zweite Stufe der logotherapeutischen Nachbetreuung)

Übergang: suggestives Willenstraining

II *Psychologisch* wirkende Entspannungsübungen
(Erste Stufe der logotherapeutischen Nachbetreuung)

I *Körperlicher* Entzug
(Vor-logotherapeutische Stufe in der Klinik)

Die auf Kassetten gesprochenen Übungen gebe ich den Patienten mit nach Hause; das hat sich nicht nur bei der Nachbetreuung Süchtiger, sondern auch bei anderen neurotisch-psychosomatischen Krankheitsbildern gut bewährt. Solange nämlich der Patient in der Sprechstunde des Therapeuten ist und dessen Ausstrahlung von Wärme, Verständnis, Sicherheit und Geduld spürt, solange fällt es ihm relativ leicht, sich zu beruhigen, feste Vorsätze zu fassen und sich einen neuen Anfang vorzustellen. In dem Moment jedoch, da der Patient wieder allein zu Hause ist und mit seinen schwankenden Stimmungslagen den normalen Anforderungen der Umwelt gegenübersteht, in dem Moment geht die Erregung wieder hoch, die Ruhe ist vorbei, die Vorsätze fallen um, und der neue Anfang sieht fraglicher aus denn je. Von so jemandem zu verlangen, er möge sich jetzt auf das Bett legen und eine Übung aus der Erinnerung machen, ist eine glatte Überforderung, denn dies würde viel mehr Selbstdisziplin, Konzentrations- und Willenskraft erfordern, als der Patient in seiner Situation aufbringen kann.

Es ist ein enormer Vorteil, wenn der Patient nun eine Tonkassette hat, die er einfach einschaltet und abspielen läßt, während er sich entspannt; eine Kassette, die ihm die Stimme des Therapeuten wiederbringt und das Denken abnimmt, damit er sich ganz der suggestiven Wirkung der Ruheformeln hingeben kann.

Hierzu kommt bei Süchtigen, daß sie ja gewohnt waren, sich eines Hilfsmittels zu bedienen, um ihren inneren Zustand zu verändern. Man hat ihnen beim Entzug das Hilfsmittel weggenommen, es wurde ihnen gewissermaßen verboten – wie erleichtert sind sie oft, gibt man ihnen dafür ein anderes Hilfsmittel in die Hand, eine Kassette. Außerdem besteht bei Süchtigen generell eine erhöhte Suggestibilität, die nicht ungefährlich ist, die aber beim Einsatz von Tonkassetten den Stabilisierungsprozeß positiv unterstützt: die Worte des Therapeuten werden allmählich zur eigenen Überzeugung.

Fall Nr. 31:
Es handelte sich um eine junge Frau mit 5 kleinen Kindern, die seit der Inhaftierung ihres Mannes begonnen hatte, mehr und mehr Schlafmittel einzunehmen. Als die Nachbarn einmal die Kinder einen ganzen Nachmittag lang weinen und schreien hörten, verständigten sie die Polizei, welche die Tür aufbrach und die Frau völlig betäubt im Bett liegen fand, während die Kinder in jämmerlichem Zustand waren. Die Kinder wurden provisorisch bei den Nachbarn untergebracht, während die Frau in eine Klinik kam. Nach der Entlassung aus der Klinik drohte ihr die Wegnahme der Kinder, sollte ein Rückfall eintreten, doch die Frau versicherte, daß sie sich auf der Stelle umbringen würde, kämen die Kinder aus dem Haus. Man riet ihr dringend zu einer psychologischen Nachbetreuung, und so kam sie zu mir.

In den ersten Informationsgesprächen stellte sich heraus, daß die junge Frau insbesondere dann zu Schlafmitteln zu greifen pflegte, wenn sie Ängste empfand um die Zukunft ihrer Familie (durchaus begreifliche Ängste, wenn der Ehemann im Gefängnis sitzt!) oder wenn sie wegen der Kinder in Aufregung war (auch durchaus verständlich bei 5 Kleinkindern, die alle zugleich die Aufmerksamkeit der Mutter beanspruchen!). Sie verkrampfte sich dann, konnte gedanklich nicht abschalten, sich nicht beruhigen, selbstverständlich auch nicht schlafen und suchte Hilfe im künstlichen Schlaf. Es war ein geradezu idealer Fall für Entspannungsübungen, die sie auch mit Eifer mitmachte. Nachdem sie sie recht gut beherrschte, ließ ich Formeln zum suggestiven Willenstraining miteinfließen. Der Text war ungefähr folgender:

1. Normale Entspannungsformulierungen, *angelehnt an die Progressive Relaxation.*

2. Suggestives Willenstraining *(sehr ruhig und suggestiv gesprochen, mit Pausen zwischendurch):*

„Sie befinden sich jetzt in einem Zustand völliger Entspannung – Sie werden auch innerlich ruhig und immer ruhiger – fühlen sich seelisch ausgeglichen und zufrieden. Sie hören nur mehr meine Stimme – nichts dringt sonst an Sie heran – Sie hören wohl so manches Geräusch, doch es hat keinerlei Bedeutung mehr für Sie – nichts kann Sie stören. Sie sind völlig ruhig und entspannt, alle Krämpfe sind gelöst – alle Ängste sind verflogen – Sie höre wohl so manches Geräusch – nichts kann Sie mehr stören.
Arme und Beine sind schwer und warm – schwer und warm – Sie wol-

len sie gar nicht bewegen – alles ist Ruhe in Ihnen, angenehme Ruhe und Stille – Stille – –
Sie befinden sich in einem Zustand völliger Entspannung – und Sie werden nun – aus dieser inneren Ruhe heraus – Ihre Gedanken sammeln – ihre Gedanken konzentrieren – Sie lauschen Ihren Gedanken, die in Ihnen erwachen – spüren die Schwere des Körpers – die Wärme, die Sie einhüllt – lauschen auf Ihre Gedanken – die nicht mehr weggleiten – die nicht mehr an kleinen Sorgen des Alltags haften – alles ist weit weg – hat keinerlei Bedeutung für Sie – nur ihre Gedanken formen sich – zu einem festen Willen – Sie bleiben völlig ruhig und entspannt – nichts kann Sie stören – alle Krämpfe sind gelöst – Sie lauschen Ihren Gedanken – konzentrieren sie zu einem festen Willen – Sie fühlen das Erlebnis des Wollens – wollen Sie, so stark Sie können!
Sie wollen gesund bleiben –
Sie denken an nichts als an diesen Ihren Willen – in dem alle Ihre Gedanken gesammelt sind –
Sie wollen gesund bleiben –
Atmen Sie ruhig und gleichmäßig – ruhig und entspannt – alle Ängste sind verflogen – nichts kann Sie stören. Sie fühlen die Ruhe und Wärme – die Sie umgibt und einhüllt – fühlen die Schwere Ihres Körpers auf der Unterlage – Sie konzentrieren Ihre Gedanken noch ein klein wenig – auf diesen Ihren Willen, gesund zu bleiben – halten Sie Ihren Willen innerlich fest – und noch ein wenig fest – lassen Sie Ihre Gedanken noch nicht abgleiten –
Sie wollen gesund bleiben –
Sie halten diesen Ihren starken Willen ganz fest – ganz fest –
Sie wollen gesund bleiben –
Sie können auch gesund bleiben – Ihr eigener Wille hält Sie ganz fest – ganz fest – –
Und nun atmen Sie tief ein – und wieder tief aus – ein und aus – Sie dürfen Ihre Gedanken wieder freilassen – Sie brauchen sich nicht mehr zu konzentrieren – wenden Ihre Gedanken allmählich wieder der Umwelt zu – bleiben ruhig und entspannt – losgelöst von den Sorgen des Alltags – innerlich froh und ausgeglichen – froh und ausgeglichen –

3. *Weckung:*

Noch sind Sie völlig ruhig und entspannt – genießen die angenehme Ruhe und Wärme Ihres Körpers – doch wenn ich dann „jetzt“ sagen werde, dann öffnen Sie die Augen – schauen sich im Raum um, und fühlen sich wieder frisch und munter und hellwach – wenn ich dann „jetzt“ sagen werde, dann bewegen Sie ihre Arme und Beine, öffnen die Augen, sind geistig wieder rege und aktiv – und stehen mit all Ihren Kräften mitten in der Wirklichkeit –
Jetzt!
Sie sind nun hellwach, froh und einsatzbereit. Ihr fester Wille und Ihre tiefe innere Ausgeglichenheit werden Sie in den Tag hinein begleiten.

Verweilen Sie noch ein wenig in sitzender Haltung, bis Sie sich ganz gefaßt haben.

Das Training ist beendet."

Die Frau gewöhnte sich sehr rasch an die Kassetten (ich hatte nicht nur diese eine Form, sondern insgesamt 4 verschiedene Fassungen von unterschiedlicher Dauer und Intensität) und behauptete nach einiger Zeit, sie würden viel besser helfen als das Valium. Auch zum Einschlafen bekam sie eine eigene Kassette, auf der die Weckung ausgetauscht war durch den „posthypnotischen Auftrag", die Hand auszustrecken, das Gerät auszuschalten und gut weiterzuschlafen bis zum Morgen, an welchem sie die Augen öffnen werde und wieder frisch und munter sein werde, wobei sie der feste Wille und die innere Ausgeglichenheit in den kommenden Tag hinein begleiten werde. Wann immer ihr Erregungsniveau anstieg, griff sie zu einer Kassette und konnte sich damit beruhigen.

Selbstverständlich war das allein noch kein großer Erfolg, es war lediglich eine Umpolung auf ein wesentlich harmloseres Hilfsmittel. Immerhin, die Wirkung war anhaltend, auch wenn sie nicht weiterschlief, sondern die Übung normal beendete, wodurch sie unvergleichlich besser ihre Kinder versorgen konnte als unter dem zeitweisen Schlafmittelkonsum.

Der nächste Schritt war die Instruktion, die Kassette immer leiser zu drehen und immer selbständiger die Ruhe herbeizurufen, sich dann aus eigener Kraft auf ihren festen Willen zu besinnen und diesen aus tiefer Überzeugung mit in den Alltag zu nehmen.

Da sie nun einen festeren Willen hatte, sollte sie auch kleine Beweise erbringen, wie sie durch ihre versträkte Willenskraft besser zurechtkäme. Wir gingen also kleine Alltagsszenen durch, die sie früher leicht aus der Fassung gebracht hatten, und besprachen positivere Handhabungen und bessere Konfliktlösungen. Wenn sich zum Beispiel ein Kleinkind von ihr weigerte, seinen Brei zu essen und vielleicht damit in der Küche herumspritzte, dann brauchte sie sich nicht mehr aufzuregen, sondern konnte willentlich ruhig und gelassen bleiben, sie sollte den Brei eben wegnehmen, das Kind säubern und ins Kinderzimmer bringen und ihm bis zur nächsten Mahlzeit nichts mehr geben. Sie lernte dadurch, ruhiger und konsequenter zu bleiben und die kleinen Vorkommnisse nicht mehr zu dramatisieren – dadurch wiederum verringerte sich die Wahrscheinlichkeit für ernsthafte Rückfall-Auslöser.

Eines Tages erzählte sie mir stolz, daß sie die Kassette nicht mehr brauche, sie könne sich selbst hinlegen, beruhigen und „ihren festen Willen spüren", wie sie sagte. Sie war um vieles ausgeglichener ge-

worden und nun bereit für logotherapeutische Gespräche. Wir überlegten gemeinsam, was sie für ihre Familie und für ihr eigenes Leben beitragen könnte, um die selbstgewählten Aufgaben positiv und sinnbringend zu erfüllen. Im Vordergrund stand die Aufgabe, 5 Kinder zu gesunden und glücklichen Menschen zu erziehen, aber auch ihrem Manne zu helfen, sich nach der Rückkehr sich ins normale Leben einzugliedern und wieder Fuß zu fassen. Schließlich erwies es sich als am günstigsten, die drei Kleinkinder in einem heilpädagogischen Kindergarten unterzubringen, denn dadurch konnte die junge Frau am Vormittag, wenn die beiden anderen Kinder in der Schule waren, putzen gehen und ihre Familie wirtschaftlich unterstützen. Der Zufall wollte es, daß sie bei einer Baufirma aushalf, bei der auch noch offene Hilfsarbeiterstellen für ungelernte Arbeiter vorhanden waren. Nachdem sich die Frau einige Zeit dort eingearbeitet hatte und man sie als verläßlich und ordentlich kannte, bat sie ihren Chef, auch ihrem Mann eine Chance zu geben und ihn nach der Entlassung probeweise aufzunehmen.

Nach ca. einem Jahr traf ich die junge Frau zufällig auf der Straße, als sie mit zwei Kindern an der Hand und einem großen Einkaufskorb aus einem Geschäft kam. Freudestrahlend kam sie auf mich zu und erzählte, daß sie und ihr Mann beide bei dieser Baufirma beschäftigt waren, und – dabei strahlten ihre Augen besonders glücklich – daß sie und ihr Mann beide nicht mehr rückfällig geworden seien, er nicht mit einem Griff in die Ladenkasse, und sie nicht mit einem Griff zum Valium. „Die Kinder merken es auch“, sagte sie, „daß es uns jetzt zu Hause gut geht. Und stellen Sie sich vor, wir sparen sogar auf einen Gebrauchtwagen; das wird schön, wenn wir alle zusammen am Sonntag ins Grüne fahren können, um dort Picknick zu machen! Ihre Kassetten habe ich noch für den Notfall, aber ich glaube, ich habe wirklich jetzt einen festeren Willen, so leicht kann mich nichts mehr umwerfen!“

Ich gratulierte ihr und wünschte ihr alles Glück für die Zukunft.

Mit den Entspannungsübungen und den entsprechenden Kassetten erreicht man auf erster Stufe, daß sich der Patient in jedem Fall zunächst einmal selbst emotional beruhigen kann, daß er zu irgendwelchen vorhergegangenen Aufregungen oder Anspannungen Distanz gewinnen kann, und daß er aus Angst, Verkrampfung und Alpträumen sozusagen auf eigenen Wunsch aussteigen kann, denn die reziproke Hemmung verhindert (ähnlich wie bei der paradoxen Intention) das gleichzeitige Auftreten von emotionaler Erregung und neuromuskulärer Entspannung.

Schema der Entspannung

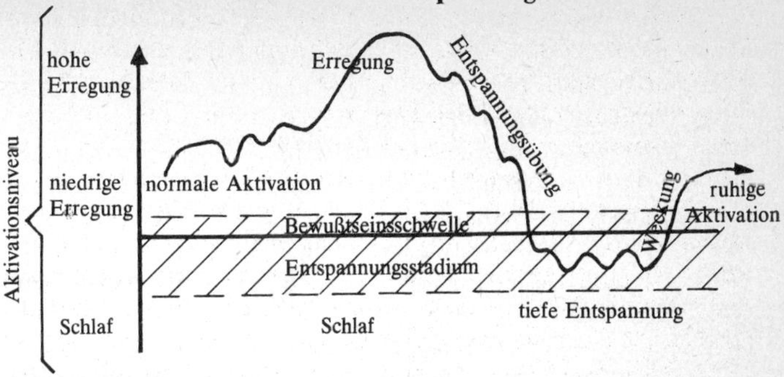

Hat der Patient einige Übung im Autogenen Training, kann man ähnlich der „formelhaften Vorsatzbildung" Formeln zur Kräftigung des Willens oder auch einer positiven Einstellung zum Leben einschieben, wie sie zur logotherapeutischen Zielvorstellung gehören. Dadurch wird versucht, noch von der psychologischen Ebene aus die Aktivierung der geistigen Ebene zu fördern, indem positive Feedbackwirkungen in Gang gebracht werden.

Eine solche Aufbaustufe zum normalen Autogenen Training sieht folgendermaßen aus (wobei die Formeln ungefähr im Minutentakt gegeben werden):

Vorbereitung:
Bitte legen Sie sich ruhig und bequem auf Ihrer Unterlage zurecht und schließen Sie die Augen. Geben Sie sich ganz hin dieser Ruhe und Entspannung, die Sie erfüllt und durchströmt, lassen Sie sich von nichts stören. Gedanken steigen in Ihnen auf und ziehen vorüber, alle Ihre Sorgen und Probleme sind jetzt weit weg, unwichtig, Sie fühlen nur diese tiefe innere Stille, aus der Sie Kraft und Mut zum Leben schöpfen: neue Kraft und neuen Mut für ein neues Leben – Sie liegen ruhig und entspannt, lassen sich von nichts stören, meine Stimme hat keine Bedeutung für Sie – nur *Ihr* Wille und *Ihre* Konzentration allein bewirken die tiefe innere Ruhe, die Sie umfängt und durchströmt – –

Formeln (im Minutentakt):

Ich bin ruhig, ganz ruhig, ich bin ruhig, ganz ruhig –

Arme und Beine sind schwer, ganz schwer, Arme und Beine sind schwer –

Arme und Beine sind warm, ganz warm, Arme und Beine sind warm –

Ich bin ruhig, ganz ruhig, ich bin ruhig –

Stirn angenehm kühl, Stirn angenehm kühl –

Ich bin ruhig, ganz ruhig, ich bin ruhig –

Ich konzentriere mich jetzt, ich konzentriere mich jetzt – ganz intensiv – auf einen Gedanken, ich konzentriere mich jetzt – ganz intensiv – auf einen Gedanken:

Immer mehr Willenskraft, immer mehr Willenskraft –

Ich konzentriere mich noch, für kurze Zeit, ganz intensiv – auf einen Gedanken:

Immer mehr Willenskraft, immer mehr Willenskraft –

Ich fühle mich ruhig, schwer und warm, ruhig schwer und warm –

Ich bin ruhig, ganz ruhig, ich bin ruhig, ganz ruhig –

Weckung:
Wir beenden nun das Training, wir beenden nun das Training, bitte atmen Sie tief durch, und nochmals tief durch, und nun ballen Sie die Fäuste, spannen Sie fest die Oberarmmuskulatur an, und nun machen Sie einige rasche Armbewegungen: heben Sie die Arme, strecken Sie die Arme, beugen Sie die Arme und lassen Sie wieder locker, bitte mehrmals hintereinander. Und nun erheben Sie Ihren Oberkörper, ganz langsam, bis zum Sitzen. Wir zählen nun gemeinsam von 4 zurück bis 1, und wenn wir bei 1 sind, dann öffnen Sie die Augen und fühlen sich wieder frisch und munter und hellwach! Die innere Ruhe wird Sie in den Tag hinein begleiten. Wir zählen: 4, 3, 2 und 1, Augen auf! Sie sind nun geistig wieder völlig aktiv, froh und einsatzbereit. Verweilen Sie noch ein wenig in sitzender Haltung, bis Sie sich ganz gefaßt haben. Das Training ist beendet.

Es hat sich als günstig erwiesen, bei dieser Aufbaustufe nicht alle 7 Formeln des Autogenen Trainings, sondern nur die drei ersten Grundformeln: Ruhe, Schwere und Wärme, und eventuell zusätzlich die Stirnkühle zu verwenden. Andernfalls wird die Übung zu lang, zu vielfältig und oft auch zu intensiv. Es wird kein schwerer hypnotischer Zustand angestrebt, sondern nur eine tiefgehende Beruhigung rund um die Bewußtseinsschwelle, bei welcher die Formeln durchaus noch geistig verarbeitet werden können. Wer allerdings damit arbeiten will, der möge sich erst ausreichend bei einem Fachmann über Indikation, Kontraindikation, Handhabung, Gefahren und medizinische Grundlagen informieren, denn es ist verantwortungslos und gefährlich, ohne entsprechende Ausbildung Suggestivverfahren anzuwenden!

Für jede Art von *Suggestion* gelten folgende Regeln:

1) Gleichgeschlechtliche Stimme in Ich-Form, gegengeschlechtliche Stimme in Sie-Form,
2) Pausen mit zunehmender Länge, individuell ausgewogen,
3) Formeln müssen echt, einfach und einprägsam wirken,
4) Weckung muß hinreichend stark sein,
5) Grundsätzlich zeitweise Blutdruckkontrolle!

ad 1) Sind Therapeut und Patient beide weiblich oder beide männlich, so kann die Stimme des Therapeuten zur Identifizierung mit den eigenen Gedanken des Patienten herangezogen werden. In dem Fall sollten die wichtigen Formeln unbedingt in Ich-Form aufs Band gesprochen sein, was diese Identifizierung erleichtert. Sind Therapeut und Patient unterschiedlichen Geschlechts, nützt man leichte Übertragungsphänomene zur Suggestivwirkung und bleibt entsprechend bei der Sie-Form.

Zum Fall Nr. 31:
Bei dieser jungen Frau habe ich dennoch die Sie-Form gewählt, weil sie sehr leicht lenkbar, aber selbst wenig gefestigt war, und ich vermutete, daß sie eher auf meine „Befehle" als auf eigene Vorsätze ansprechen würde. Später sah ich jedoch, daß sie auch auf Ich-Form gut reagieren konnte; je selbständiger sie wurde, desto mehr konnte ich sie von meinem Einfluß lösen und „auf eigene Beine stellen".

ad 2) Die benötigten Pausen sind von Patient zu Patient sehr verschieden. Wer gut abschalten kann und nicht ständig von quälenden Gedanken geplagt wird, verträgt längere Pausen zum Absinken in die Entspannung; wer jedoch in den Zwischenzeiten zwischen den Formeln unruhig wird oder zu grübeln beginnt, darf anfangs nur kürzere Pausen bekommen. Die Pausenlänge wird nach den Rückmeldungen der Patienten von Stufe zu Stufe korrigiert und ausgewogen.

ad 3) Mit Formeln zu arbeiten ist nichts Neues. Worauf es mir dabei ankommt, ist, logotherapeutisches Gedankengut, das anders nicht vermittelt werden kann, weil die geistige Dimension blokkiert ist, in solche geeigneten Formeln zu „verpacken". Da dieses Gedankengut ungeheuer positiv und hoffnungsvoll ist, trägt es sehr viel dazu bei, über Suggestion und geistige Feedbackwirkungen die innere Gesundung zu forcieren.

ad 4) Gewarnt seien nochmals alle Leser, die mit Suggestivverfahren experimentieren möchten! Jede Entspannung hat auch Folgereaktionen im körperlichen Bereich, sie ist nicht nur „Spiel und Einbildung", es kommt zu tatsächlichen Veränderungen im EEG, im neuromuskulären Bereich, im Blutspiegel, im Kreislauf u. a. Wer ambulant mit dieser Methodik arbeitet, muß sichergehen, daß sein Patient „topfit" ist, ehe er ihn hinaus auf die Straße entläßt. Die Weckung ist ein wichtiger Teil bei der Suggestion, und wenn sie nicht ausreicht oder falsch gemacht wird, kann der Patient nach der Übung noch lange benommen sein und herumtaumeln, er kann über die Treppe stürzen oder in ein Auto laufen.

ad 5) Dazu gehört auch das Wissen um die Stabilität des Blutdrucks beim Patienten. Während der Entspannung kommt es zu einer Blutverlagerung, die Blutmenge steigt an die Oberfläche („Wärme"), während die Kerntemperatur absinkt. Das kann eine Blutdrucksenkung zur Folge haben. Und das bedeutet wiederum dann, wenn der Blutdruck in der Ausgangslage schon sehr niedrig war, beim Aufstehen nach der Übung Kollapsgefahr!

Soviel zur Durchführung und Verantwortlichkeit. Zur Frage, ob eine Suggestion nicht wieder eine „Unfreiheit" des Patienten verstärkt, indem ihm etwas „eingeredet" wird, kann man nur darauf hinweisen, daß diese erste Stufe eben der Übergang von der völlig willenlosen Abhängigkeit vom Suchtmittel zur völligen Wiederherstellung der geistigen Freiheit ist, und daß bei diesem Übergang noch keine zu hohen Ansprüche an die Tragkraft der neu aufzubauenden Fähigkeit zur Selbstdistanzierung und Selbst-Transzendenz gestellt werden dürfen.

Es ist mir etliche Male gelungen, über den Umweg des „suggestiven Willenstrainings" eine echte Willenskräftigung herbeizuführen, weil der Patient die Überzeugung gewann, tatsächlich über mehr Konzentration und Durchhaltevermögen zu verfügen, und diese Überzeugung wiederum den eigentlichen Heilungsprozeß initiierte.

Danach kann zur zweiten Stufe, zu den *logotherapeutischen Sinnfindungsgesprächen* übergegangen werden, die sich in der Suchtkrankenhilfe nicht von der allgemeinen Erweiterung und Festigung der Sinnorientierung bei anderen psychischen Störungen unterscheiden.

Wieder gilt die Regel, daß Sinn nicht vom Therapeuten gegeben werden kann, sondern vom Patienten gefunden werden muß. Der Patient selbst muß Einsicht gewinnen in seine eigenen persönlichen Möglichkeiten, Aufgaben und Ziele, er muß sich seiner eigenen Wertskala bewußt werden und lernen, hinzuleben auf etwas, wofür es sich lohnt zu leben. Der Psychotherapeut kann ihn herausfordern, er kann ihn mit naiver Fragetechnik in einen sokratischen Dialog verwickeln, er kann ihm Sinnmöglichkeiten aufzeigen und entsprechende Kataloge zusammenstellen, aber er kann ihm die Entscheidung einer endgültigen Stellungnahme zum eigenen Leben nicht abnehmen. Einmal muß der vormals Süchtige „ja" sagen zu seinem Leben, dann findet er auch seinen besonderen Wirkungskreis, in dem er letztlich Erfüllung und Zufriedenheit erreichen kann.

Wenn die erste Stufe der Nachbetreuung gut verlaufen ist, hat der Logotherapeut eine bessere Ausgangsposition für das existentiell tiefgehende Gespräch, als unmittelbar nach der Entziehungskur. Gute Vorsätze allein hat jeder Süchtige schon oftmals zuvor gefaßt, aber er hat auch immer wieder erlebt, daß er sie nicht durchzuhalten vermochte. Diesmal aber ist es anders, diesmal hat er durch das vorangegangene Willenstraining die Überzeugung gewonnen, daß er viel mehr innere Kraft habe als früher, und dadurch eine wesentlich höhere Chance, standhaft zu bleiben. Selbst wenn ihn Unruhe und Unbehagen überkommen und die Erregung ansteigt, kann er sich selber mit Entspannung helfen, er ist einfach besser gewappnet gegen sein eigenes schwaches Ich.

Was ich auf zweiter Stufe im logotherapeutischen Gespräch als Wichtigstes zu mindern versuchte, ist das permanente Selbstmitleid der Patienten. Dieses Selbstmitleid ist wie ein Strudel, der unweigerlich hinabzieht in ausweglose Gründe. (Erinnern Sie sich an Doris und ihre Geschichte?) Dazu gehört der Hader mit dem Schicksal – die Frage „Warum gerade ich?" –, dazu gehören die Vorwürfe gegen Elternhaus und Umwelt, die an allem schuld seien und doch im Grunde nur als ewiger Entschuldigungsgrund für die eigenen Schwächen dienen, dazu gehört auch das Gejammer über den eigenen Zustand und die Resignation, daß doch alles keinen Sinn mehr habe. Dazu gehört jene Unzufriedenheit, die nicht konstruktiv ist, indem sie zu Veränderungsmaßnahmen treibt, sondern die destruktiv ist, weil sie die Kräfte lähmt. Es gibt nichts Gefährlicheres für einen Patienten als Selbstmitleid! Hier darf der Psychotherapeut kein Verständnis zeigen, wenn er das Leid nicht noch verstärken will, hier muß er im Gegenteil eine Einstellungsmodulation herbeiführen, indem er dem Patienten klar aufzeigt, daß Faktoren wie unglückliche Kindheitserlebnisse, Versagen in Beruf und Gesellschaft oder ein labiles gesundheitliches Zustandsbild gerade die Chance in sich bergen, eine besonders anerkennenswerte *menschliche Leistung* zu vollbringen, nämlich trotz alledem ein inhaltsreiches und wertvolles Leben aus eigener Kraft neu zu gestalten.

Wenn alles im Leben gut geht, wenn man einen glücklichen Start im Elternhaus bekommt, das geeignete Naturell mitbringt und noch Verständnis und Förderung in der Umwelt findet, dann ist es ja kein Kunststück, Glück, Erfolg und Zufriedenheit zu erringen; aber je schwieriger die Ausgangslage, um so beachtenswerter ist jeder kleine Teilerfolg aus eigener Schöpfung.

Der Patient beginnt zu begreifen, daß er bei *seiner* Vergangenheit stolz sein kann auf jeden positiven Schritt, den er aus eigenen Kräften tut, und der ihn von dieser seiner Vergangenheit entfernt. Nicht immer weist der Weg, der hinter uns liegt, den Weg in die Zukunft. Der *Stolz* darauf, daß die kleinen Erfolge desjenigen, der eine schlimme Vergangenheit hinter sich hat, unvergleichlich mehr wiegen als der größte nur denkbare Erfolg eines anderen, der unter wesentlich besseren Voraussetzungen und Bedingungen leben kann, *dieser Stolz verhindert den Rückfall!*

Wir sehen, der Logotherapeut will in der Suchtkrankenhilfe *zwei* Abhängigkeiten des Patienten durchbrechen: nicht nur die Abhängigkeit vom Suchtmittel, sondern auch die Abhängigkeit von der Vergangenheit und den „Umständen". Solange ein Patient sagt: „*Weil* ich den Eltern unerwünscht war, haben sie sich nicht um mich gekümmert, und ich bin auf die schiefe Bahn geraten", so lange hält ihn auch die schiefe Bahn fest. Erst wenn er im logotherapeutischen Sinne den Mut aufbringt zu sagen: „*Obwohl* meine Eltern nicht gut für mich gesorgt haben, werde ich dennoch ein ordentliches Leben führen!", gibt ihm die schiefe Bahn frei.

Man soll die Trotzmacht des menschlichen Geistes nicht unterschätzen, sie ist ein enormes Energie-Reservoir, aus dem man in der Psychotherapie unbedenklich schöpfen kann!

Die negativen Erlebnisse eines ehemals Süchtigen müssen in einem Sinnzusammenhang aufgearbeitet werden, sozusagen rückwirkend ihren Sinn bekommen, dann sind sie auch überwindbar. Es ist allgemein bekannt, mit welcher Begeisterung und mit welchem persönlichen Einsatz ehemals Süchtige bereit sind, selbst in der Suchtkrankenhilfe mitzuarbeiten. Dies gibt ihnen das Gefühl, eine sinnvolle Aufgabe durchzuführen, bei der sie sogar noch ihre eigenen unglücklichen Erfahrungen bestens verwerten können. Keiner kann den Zustand der Sucht-Patienten so nachfühlen wie sie, kein Therapeut deren verzweifelte Lage so erfassen und begreifen wie sie. Es war dann nicht alles umsonst; ihre eigene überwundene Krankheit gibt ihnen das Basisverständnis für den akut Süchtigen und eröffnet ihnen auch dessen Vertrauen. Ihr eigenes Scheitern hat somit rückwirkend den Sinn gehabt, ihnen später als kostbarer Erfahrungsschatz in einem neuen Wirkungskreis zu dienen. Wie stolz sind sie oft auf die neue Verantwortung, die sie mit der Aufgabe, anderen Süchtigen zu helfen, übernommen haben! Und wie sehr hilft es ihnen selbst, stabil zu bleiben!

Man sollte diese großartige Chance eines jeden Menschen, eigene Fehler dadurch rückwirkend mit Sinn zu erfüllen, daß sie zur Veranlassung werden, anderen Menschen, die den gleichen Fehler gerade begehen, zu helfen, viel mehr nützen; nicht nur in der Suchtkrankenhilfe, sondern auch in der Kriminalpsychologie. Der Kriminelle, der sich gebessert hat – und das gibt es durchaus! –, muß den Teil seines Lebens, in dem er gefehlt und dafür gebüßt hat, als „verloren“ ansehen, und das mag ihn oftmals entmutigen. Würde er andererseits dazu herangezogen, straffälligen Personen auf den Weg der Besserung zu helfen, so hätte dies nicht nur den Vorteil, daß diese ihn eher akzeptieren, weil er einer von ihnen gewesen ist und ihre Sprache, ihre Tricks, ihre Ansichten kennt; es würde auch für ihn selbst eine sinnvolle Aufgabe darstellen, innerhalb der sogar seiner Vergangenheit eine wesentliche Bedeutung zukommt.

Ich habe mich, wenn dies möglich war, immer wieder gerne an ehemals süchtige und inzwischen stabilisierte Patienten von mir gewandt und sie gebeten, mir beim Überreden eines Neuankömmlings, er möge sich erst in die Klinik zur Entziehungskur begeben, zu helfen. Und ich gebe offen zu, daß diese ehemaligen Patienten ihre Sache ausgezeichnet gemacht haben, besser als ich es vermocht hätte. Es gab ihnen das Gefühl, für etwas gut zu sein und gebraucht zu werden, und es war unglaublich beeindruckend zu beobachten, wie ernst sie bei der Sache waren und wie sehr sie sich um jeden „Neuen“ bemühten. Wenn in der Psychotherapie nur dieses Gefühl beim Patienten erweckt werden kann, daß er gebraucht werde, *im* Leben und *vom* Leben, *in* seiner Mitwelt und *von* seiner Mitwelt, dann ist schon unendlich viel erreicht worden. Denken wir an den Satz von Nietzsche: „Wer ein Warum zu leben hat, erträgt fast jedes Wie!“

Abschließend möchte ich noch auf eines hinweisen, das uns wieder zum Ausgangspunkt unserer Überlegungen zurückbringt, zum „Vertrauen zum Menschen“. Die ganze Routine, alle rhetorischen Techniken und alle Künste des Psychotherapeuten reichen nicht aus, wenn er nicht auch eine echte, persönliche Überzeugung mit ins Gespräch bringt, nämlich die Überzeugung, daß der Patient, der da vor ihm sitzt, es schaffen werde, aus den Trümmern seiner bisherigen Existenz eine neue, sinnerfüllte und glückliche Zukunft aufzubauen. Das unbegrenzte „Vertrauen zum Menschen", das das theoretische Konzept der Logotherapie kennzeichnet, durchströmt auch die einzelne Fallarbeit in der Praxis. Der Patient muß das Vertrauen des Therapeuten fühlen, er soll erfahren, daß jemand an ihn glaubt, denn manchmal genügt es schon, daß nur *ein* Mensch an ihn glaubt, um ihn vor dem Zurückfallen in Sucht, Krankheit und Verzweiflung zu bewahren.

Fall Nr. 32:
H. ist ein 11jähriger Junge, welcher in einem weit entfernten Kinderheim lebt. Sein Vater hat vor 5 Jahren eine starke Krise durchgemacht, wobei es auch zur Scheidung kam und das Kind weder ihm noch seiner Frau zugesprochen wurde, sondern einen Vormund bekam. Der Vater verfiel unmittelbar danach immer mehr dem Alkohol und vernachlässigte seinen Beruf, seine Finanzen und sein Kind, das der Vormund im Heim unterbringen mußte.

Ein sehr guter Arzt hat schließlich die Behandlung des Vaters übernommen und ihn vom Alkoholismus geheilt; seit drei Jahren hat dieser Vater keinen Tropfen Alkohol mehr angerührt. Er hat seinen Malerberuf neu aufgebaut, einen Großteil seiner Schulden abgetragen und sich eine ordentliche kleine Wohnung eingerichtet. Seit einem Jahr besucht er seinen Sohn H. regelmäßig und stellte vergangene Weihnachten an den Vormund des Kindes den Antrag, H. wieder zu sich nehmen zu dürfen. Der Vormund hat unsere Beratungsstelle um eine psychologische Begutachtung gebeten, ob dem Antrag des Vaters guten Gewissens zugestimmt werden könne.

Ich habe mehrere Gespräche mit Vater und Sohn geführt, das Kind auch psychologisch untersucht und bin zu folgendem Ergebnis gekommen: Der Vater ist H. in großer Liebe zugetan, er möchte nach Kräften alles wiedergutmachen, was geschehen ist. Das Kind selbst ist im Heim recht unglücklich, fühlt sich dem Vater gegenüber jedoch auch etwas fremd und gehemmt, es wirkt entwurzelt und ohne richtigen Bezug zu Heimat oder Familie. Der Vater würde zur Reintegration des Kindes in seinen Haushalt zeitweise beratende, pädagogische Hilfe brauchen, um zu dem Kind eine neue Beziehung zu finden. Bisher war das Kind stets in den Ferien beim Vater gewesen (seit dessen Heilung), der dann auch Urlaub genommen hatte; dieses Zusammensein hat nach Aussagen beider immer gut geklappt. Daraus kann man natürlich nicht unbedingt schließen, daß der Vater ne-

ben seinem ganztägigen Beruf der Kindesbetreuung auch in der Schulzeit gewachsen sein würde. Ich schlug deshalb dem Vormund eine „Probezeit" für Vater und Kind während der letzten sechs Wochen vor Schulschluß vor, was schulisch am ehesten zu vertreten war, und erklärte mich außerdem bereit, den Vater insofern zu unterstützen, als er mich bei allen eventuellen Erziehungsproblemen aufsuchen und sie mit mir besprechen könnte,

Sollte diese „Probezeit" positiv verlaufen, so würde ich die Zustimmung des Vormundes, das Kind dem Vater wieder anzuvertrauen, bejahen; sollte jedoch der Vater selbst in der „Probezeit" einsehen, daß er überfordert sei, oder sollte das Kind danach doch lieber ins Heim zurückwollen, so würde ich vorschlagen, mit dem Versuch noch 1 Jahr zu warten und die Frage danach neu zu stellen.

Der Vormund teilte meinen Vorschlag dem Heim mit, woraufhin sich der dortige Heimpsychologe, ein psychoanalytisch orientierter Kollege, meldete und erklärte, er sei damit nicht einverstanden. Der Vormund lud uns beide zu einer klärenden Besprechung ein, und es kam zu folgender Diskussion:

Gesprächsfragment (gekürzt):

Ich: Was haben Sie für Befürchtungen, Herr Kollege?

H. P. (Heimpsychologe): Sie wollen das Kind *diesem* Mann anvertrauen? Er war doch Alkoholiker!

Ich: Er war Alkoholiker und hat das geschafft, was nur ganz wenigen gelingt: er hat seine Sucht überwunden. Ich habe ein Attest von seinem behandelnden Arzt, in welchem ihm bescheinigt wird, daß er jetzt gesund ist und die Verantwortung für ein Kind übernehmen kann.

H. P.: Klar, daß sein Arzt ihn lobt, er lobt damit nur (wohlgemerkt: „nichts als") seinen eigenen Erfolg! Die Burschen werden doch alle wieder rückfällig, früher oder später. Warum muß es auch so schnell sein, lassen wir ihn doch noch einige Zeit warten, er soll beweisen, daß er wahrhaft stabil ist!

Ich: Er hat es jetzt drei Jahre lang bewiesen, ist das nicht genug? Er hat auf dieses Ziel hingearbeitet, er hat seine Schulden dezimiert mit Hunderten von Überstunden, er hat eine Wohnung mit einem kleinen Kinderzimmer eingerichtet, man kann ihm das Ziel nicht auf unbestimmte Zeit hinausschieben, er muß wissen, wofür er sich hochgerappelt hat, die Wiedervereinigung mit seinem Kind ist letztlich die Krönung all seiner Bemühungen –

H. P.: Aber Frau Kollegin, welche Sentimentalität! Daß er das Kind wiederhaben will, ist nichts als (!) Ausdruck seiner narzißtischen Regungen: Man hat ihm etwas weggenommen, und er will es wieder haben. Er denkt nicht im geringsten an das Kind selbst, er hat sich jahrelang nicht um das Kind gekümmert …

Ich: Er hat sich damals nicht gekümmert, als er selbst krank war. Aber er hat sein Kind nicht vergessen, er ist wieder aufgetaucht, er hat es besucht, er möchte es zu sich nehmen, weil es offensichtlich nicht glücklich ist im Heim! Mann kann mit der Zurückführung des Kindes zum Vater nicht auf unbestimmte Zeit warten, weil eine zu starke Entfremdung zwischen Vater und Sohn zwangsläufig eintreten muß, wenn sie sich nur selten sehen, dadurch wird die Rückführung immer schwieriger! Wir sollten dem Mann eine Chance geben, und ich bin bereit, ihm mit pädagogischen Anleitungen zu helfen, ist das nicht ein Angebot? Das Kind hat eine gute Intelligenz, ich habe es geprüft, trotzdem versagt es in der Schule, seine ganze Laufbahn –

H. P.: Kollegin, natürlich versagt es, weil es ein psychisches Trauma durch die früheren Auseinandersetzungen seiner Eltern und daraus entstandene ödipale Konflikte hat, das wird sich nicht ändern, auch wenn der Vater mit ihm lernt!

Ich: Ich glaube doch, denn beim Vater hat es mehr persönliche Zuwendung, er hat das Kind wirklich gern, und das spürt der Junge, da verblassen alle Erinnerungen –

H. P.: „Wirklich gern", ich muß mich sehr über Sie wundern! Bei Ihrer Praxis sollten Sie schon wissen, daß hinter sogenannten wahren Gefühlen immer etwas steckt. Vielleicht verdrängte Aggressivität des Vaters? Aber mir scheint, Sie haben selbst eine heimliche Zuneigung für den Vater gefaßt …?

Der Vormund hat gegen meinen Vorschlag einer „Probezeit" entschieden, und H. blieb weiterhin im Kinderheim. Der Vater nahm es angeblich sehr schlecht auf, daß man ihm seinen Antrag ohne Begründung und ohne Hoffnung auf spätere Genehmigung abgelehnt hat.

Ich lud ihn noch einmal zum Gespräch ein, um ihn etwas zu trösten, aber mein Brief kam mit dem Vermerk „Adressat unbekannt verzogen" zurück, und ich hoffe sehr, daß der Vater durch diesen Schicksalsschlag nicht wieder dem Alkohol verfällt.

Das psychoanalytische Menschenbild hat keinen Platz für *echte* menschliche Gefühle, weil es eben kein „Vertrauen zum Menschen" hat. In der Logotherapie hingegen gilt in der Suchtkrankenhilfe mehr noch als in jedem anderen Bereich das Wort Pestalozzis:

„Ihr müßt die Menschen lieben,
wenn Ihr sie ändern wollt!"

Der ideale Logotherapeut

Wie wird man Logotherapeut? Das werde ich oft gefragt, und stets zögere ich mit der Antwort. Eine psychotherapeutische Methode muß ja nicht nur zum Patienten und zu dessen Problematik passen, sondern auch zum Therapeuten.

Gewiß, jeder kann die Werke von Frankl und seinen Schülern durchstudieren und dieses Gedankengut in seinen eigenen Erfahrungsbereich von Ausbildung und Praxis mit hineinnehmen. Aber trotzdem wird nicht jeder imstande sein, ein guter Logotherapeut zu werden.

Ich selbst bezeichne mich auch als „Logotherapeutin", aber bin ich wirklich eine gute Logotherapeutin?

Das enorme Sinnlosigkeitsgefühl des heutigen Menschen, seine Unzufriedenheit und Desorientierung erschrecken mich gewaltig – aber soll der Logotherapeut überhaupt erschrecken? Soll er nicht viel eher über den Dingen stehen, von einer inneren Ruhe durchflutet auf die zweifelnden und verzweifelten Menschen um sich herabblickend, sie Zufriedenheit lehrend? Wenn er dies aber tut, kann er sich dann noch weit genug hinabbeugen, um diesen unglücklichen Menschen seine Hand zu reichen und sie festzuhalten, oder ist dann vielleicht sein Abstand von ihnen zu groß und seine Hilfe für sie zu fremd?

Wie schwer ist es doch für den Gesunden, dem Kranken durch tröstende Worte zu helfen, denn der Kranke wird sich immer denken: „Du kannst leicht reden, du bist ja nicht krank wie ich!" Soll demnach der Logotherapeut selbst um seine Sinnerfüllung ringen, dem Patienten sein eigenes Zweifeln gestehen? Aber wird dann nicht Unsicherheit und Mutlosigkeit von ihm ausstrahlen und dem Patienten die Hoffnung rauben? Es ist das alte Problem des Psychotherapeuten, daß er gemeinsam mit dem Hilfesuchenden im schwankenden Boot sitzen und zugleich am rettenden Ufer stehen und winken müßte.

Um diese Fragen, was zur Qualifikation des Logotherapeuten

von variabler und was von essentieller Bedeutung sein könnte, zu klären, habe ich aus meiner vieljährigen Praxis heraus versucht, eine Liste aller Qualitäten oder persönlichen Einstellungen zu eruieren, die mir für einen guten Psychotherapeuten und speziell Logotherapeuten erforderlich scheinen. Das Ergebnis war verblüffend, denn es war eine *Liste von Widersprüchlichkeiten,* und doch ist darin ein „roter Faden" erkennbar. Ich möchte deshalb meinen Lesern dieses Ergebnis nicht vorenthalten und es im folgenden, kurz gefaßt, wiedergeben.

Die schönste Definition des Logotherapeuten habe ich allerdings von einem Laien gehört, der mich einmal einem Vortragspublikum vorstellte mit den Worten: „Sie ist Psychologin, aber sie ist noch normal" Wenn man uns Logotherapeuten nur *das* nachsagt, dürfen wir uns schon glücklich schätzen!

1. Widerspruch

Der Logotherapeut muß Pessimist und Optimist sein.

Nach allem, was ich über Logotherapie erzählt habe, wird der Leser erwarten, daß der Logotherapeut Optimist sein muß. „Nimm den Menschen, wie er sein soll, und mach ihn zu dem, was er sein kann!", das klingt schon sehr optimistisch; und erst der Mut, dem Menschen ein „mehr als", eine geistige Dimension zuzusprechen, die ihn über alle Lebewesen erhebt und die sogar dem unabänderlichen Schicksal zu trotzen vermag, das ist wahrer Optimismus.

Dennoch darf der Logotherapeut kein tagträumender Idealist werden, der den Boden der Wirklichkeit unter den Füßen verliert. Wie gefährlich wäre dies doch für seine Patienten! Nein, der Logotherapeut muß pessimistisch genug bleiben, um die Wirklichkeit zu erkennen und auch zu akzeptieren wie sie ist, und niemals darf er vergessen, *alle* Ursachen und Fakten zu erforschen, die ein gewisses Krankheitsbild umgeben!

Mit Hypothesen allein ist niemandem geholfen, auch nicht mit logotherapeutischen.

Es klingt ein bißchen nach Warnung, aber es soll auch eine Warnung sein, denn ich weiß, daß die Logotherapie gerade idealistische Menschen fasziniert und Psychotherapeuten anspricht, die bereit sind, an das Gute im Menschen zu glauben. Die unverbesserlichen Zyniker und Spötter kommen kaum in Versuchung, ausgerechnet Logotherapie erlernen zu wollen. Und doch genügen Idealismus, Optimismus und der Glaube an den Menschen nicht, wenn man diesen Beruf verantwortungsbewußt ausüben will.

Nicht jeder Schmerz ist psychosomatisch und nicht jede Depression ist noogen, und glauben Sie nicht, daß jeder psychisch Kranke Sinnlosigkeitsprobleme hätte!

Der Logotherapeut ist wie jeder andere Psychotherapeut verpflichtet und durch seinen ärztlichen, psychologischen oder seelsorgerischen Berufseid daran gebunden, in jedem Falle alle Informationen zu suchen, die einer wahren Interpretation des Sachverhaltes dienen. Fehldiagnosen mögen unvermeidbar sein, aber sie dürfen Logotherapeuten nicht öfter passieren als anderen Psychotherapeuten auch.

Vorsicht und die Einkalkulation von Irrtümern haben mir in der Praxis oft geholfen, entscheidende Fehler zu vermeiden, denn was immer der Logotherapeut tut, eines darf er nicht: sich überschätzen!

An zwei Fallbeispielen möchte ich diese Warnung erläutern:

Fall Nr. 33:
Es handelte sich um eine erwachsene Frau, die wegen psychogenen Stechens in der Brustgegend bei mir in Behandlung war. Da sich diese Beschwerden bei Aufregungen wesentlich verstärkten und außerdem kein organischer Anhalt zu finden war, stand die Diagnose „psychogen" fest. Wir machten viele Entspannungsübungen, führten auch logotherapeutische Gespräche, und die Beschwerden reduzierten sich. Schließlich verschwanden sie völlig.

Einige Monate später kam die Patientin erneut zu mir und erklärte, diesmal habe sie die Schmerzen etwas weiter unten in der rechten Magengegend. Sie sei deswegen beim Hausarzt gewesen, der habe sie kurz abgetastet, gelächelt und gemeint, sie habe wohl einen Rückfall, sie wisse ja, ihre Nerven seien nicht die besten. Deswegen sei sie jetzt wieder zu mir gekommen. Ich fragte sie sogleich, wie es mit den Entspannungsübungen aussehe, doch sie versicherte, daß sie diese noch beherrsche, sich auch sonst gut fühle, trotzdem würde sie der Schmerzen nicht Herr.

Nun habe ich vor nichts so große Angst, als vor organisch bedingten Beschwerden, die irrtümlich dem Psychologen in die Hand gedrückt werden, der naturgemäß mit seinen Bemühungen scheitern muß. Auch in diesem Fall war ich pessimistisch genug, die Frau erst zu einem anderen Arzt zu schicken und sie nochmals untersuchen zu lassen, bevor ich sie wieder in Therapie nahm. Und siehe da, dieser zweite, völlig unvoreingenommene Arzt, der gar nicht wußte, daß jemals eine psychogene Störung bei der Frau vorgelegen war, diagnostizierte ohne Schwierigkeiten einen Gallenstein, den das Röntgen-

bild bestätigte. Ohne meinen Pessimismus hätte kostbare Zeit verlorengehen können.

Fall Nr. 34:
Dieser Fall war besonders merkwürdig, weil er eigentlich nur irrtümlich bei mir gelandet war. Ein in der Nähe arbeitender Kollege von mir mußte für längere Zeit ins Krankenhaus und bat mich, einige seiner laufenden Fälle währenddessen zu betreuen. Da er Kinderpsychologe war, handelte es sich bei seinen Fällen um Kinder und Jugendliche, und da in unserer Beratungsstelle auch Kindergruppen behandelt wurden, war es nicht schwierig, diese Kinder kurzfristig zu übernehmen. Mehr oder weniger interessehalber prüfte ich die Krankengeschichten jener Kinder und den bisherigen Therapieverlauf. Dabei fiel mir ein Mädchen auf, aus dessen Krankengeschichte hervorging, daß ursprünglich die Lehrerin auf es aufmerksam geworden war, weil es angeblich in der Schule „onanierte". Die Lehrerin hatte gemeint, das Kind bräuchte deswegen eine längerfristige Spieltherapie, und hatte es an meinen Kollegen überwiesen. Aus den Unterlagen ging ferner hervor, daß es zu keiner Zusammenarbeit mit den Eltern des Mädchens gekommen war und daß auch das Kind nur sporadisch zur Therapiestunde geschickt wurde. Es kam meist in recht vernachlässigtem Pflegezustand, eine Besserung war bisher nicht eingetreten.

Gegenüber vorschnellen tiefenpsychologischen Spekulationen bin ich jedoch etwas keptisch, und diese Sache gefiel mir gar nicht. Daher gab ich dem Kind ein Schreiben an die Eltern mit, aus dem hervorging, daß ich eine eingehende ärztliche Untersuchung in unserer Beratungsstelle für unbedingt erforderlich hielte und sie zum ärztlichen Termin zusammen mit dem Mädchen erscheinen sollten. Was aber geschah?

Die ärztliche Untersuchung erbrachte eine chronische Scheidenentzündung im fortgeschrittenen Stadium! Das war der Grund gewesen, warum das Mädchen in der Schule am Stuhl hin- und hergewetzt und sich zwischen den Beinen gekratzt hatte. Und fast ein halbes Jahr war es mit analytischer Spieltherapie behandelt worden!

Unsere Ärztin löste das Problem mit einer dreistündigen Belehrung der Mutter über Hygiene und die Anwendung von entsprechenden Salben und Sitzbädern; eine Kontrolle nach 8 Wochen erbrachte erhebliche Genesungsfortschritte. Als der zuständige Kollege in seine Praxis zurückkehrte, konnte ihm dieser Fall als „normalisiert" und „abgeschlossen" übergeben werden.

Der Logotherapeut muß also pessimistisch genug sein, um die Realität zu sehen, um konkrete Fakten hinter den Störungsbildern zu vermuten, und um sich in seiner Diagnosestellung allen Rückversicherungen zu unterwerfen. Sinnfrustration und Motivationsschwäche dürfen nicht als alleinige Ursache in den Mittelpunkt der Sachinterpretation gestellt werden, wo auch nur die entfernteste Möglichkeit besteht, daß andere Determinanten eine Rolle spielen.

Genauso ist Vorsicht bei der Prognoseerstellung geboten, denn bei tiefgehenden psychischen Störungen, die eng mit der Persönlichkeitsstruktur des Patienten verknüpft sind, darf auch der Logotherapeut nicht einfach die rosa Brille aufsetzen und einen raschen Heilungserfolg vorhersagen, geschweige denn versprechen! Nichts wirft den einen Patienten eher in die Krankheit zurück als die bittere Enttäuschung eines negativen Therapieverlaufes, deswegen ist es wesentlich günstiger, Rückfälle zu prophezeien, aber in ihrer Gewichtung zu bagatellisieren, als die Möglichkeit von Rückfällen leichtsinnig auszuschließen, und dann bei ihrem Eintreten für alle Zeit unglaubwürdig zu sein.

Worin unterscheidet sich also der Logotherapeut von seinen Berufskollegen? Ich habe lange darüber nachgedacht und bin zu dem Schluß gelangt, daß das Unterscheidungsmerkmal, das ich unter dem Zeichen des „Optimismus" einordnen möchte, nicht das *Übersehen* von Ursachen, Fehlern und Krankheitsabhängigkeiten, sondern der *Glaube an die trotzdem bestehende Gesundungschance* des Patienten ist. Es ist das „therapeutische Credo", die unbedingte Überzeugung, daß jeder Mensch – sofern die geistige Dimension bei ihm noch intakt ist – trotz all seiner Vergangenheit, seiner Anlagen und seiner Persönlichkeitsausprägung immer und bis zuletzt, konkret: bis zum letzten Atemzug, die Möglichkeit hat, sein Leben aus eigener Kraft zu ändern, zu verbessern, mit Sinn zu erfüllen.

Das ist ein wunderbarer Gedanke, der allerdings in der Praxis verlangt, daß der Logotherapeut niemals aufhört, an sich selbst zu arbeiten, um diesen Gedanken in die Wirklichkeit seines Wirkens hineinzuretten.

Oft fällt es mir schwer, bei Patienten anzunehmen, daß sich jemals etwas in ihrem Leben ändern wird; manchmal bin ich sogar geneigt, Ratsuchende als „hoffnungslos" einzustufen, und immer wieder ringe ich mich durch, innerlich auch diesen Menschen eine Chance zuzusprechen. Wenn es mir einmal besonders schwerfällt und ich fast resignieren möchte, dann wende ich mich an andere Patienten, die selbst mit ihren Sinnzweifeln ringen, trage ihnen mein Problem (selbstverständlich unter Beachtung der Anonymität aller Patienten) vor und bitte sie, mir bei der Suche nach positiven Argumenten zu helfen. Man würde es nicht glauben, welch gutes Optimismustraining dies zugleich für die Patienten selbst bedeuten kann.

Fall Nr. 35:
Bei mir war eine ca. 38jährige Frau zur Behandlung wegen existentieller Frustration. Ihr Mann war vor 8 Jahren gestorben, und sie war mit einem kleinen Kind zurückgeblieben, lebte in bescheidenen Verhältnissen und war eine typische Nur-Hausfrau. Ihr Leben gestaltete sich recht langweilig, sie ging nie aus, fuhr nicht auf Urlaub, hatte wenige Bekannte und erlebte nicht viel Neues. Ihr Störungsbild zeigte ewige Unzufriedenheit mit sich und dem Leben, nichts gefiel ihr, an allem hatte sie etwas auszusetzen. Sie war ständig mißgestimmt und verhinderte dadurch Kontakte zu Mitmenschen, die ihr andererseits gutgetan hätten; aber jeder ging ihr wegen ihrer schlechten Laune aus dem Weg, was sie noch mißgestimmter machte.

Zuerst versuchte ich, ihr Sinnmöglichkeiten in ihrem Leben aufzuzeigen: berufliche Möglichkeiten, soziale Möglichkeiten, Hobbys und Freizeitausfüllung. Auch einen Sparplan zur Ermöglichung von kleineren Reisen und Ausflügen heckten wir zusammen aus. Aber an jedem Vorschlag hatte sie etwas zu bemängeln: Beruflich sähe sie keine Aussichten bei der heutigen Wirtschaftslage, Mitmenschen und speziell Männerbekanntschaften gegenüber wäre sie sehr mißtrauisch, denn sie wolle sich nicht ausnützen lassen, und für die Freizeit hätte sie wenig Interessen. Auch würde ihr eine Reise nicht gefallen, wenn sie vorher monatelang dafür hätte sparen müssen, dann verzichtete sie lieber ganz darauf.

Fast alle ihre Äußerungen und Antworten waren negativ und wurden nur negativer, je mehr ich versuchte, das Positive in ihrem Leben zu finden.

Aber eines Tages, als sie wieder zum Gespräch kam, war ich selbst in keiner guten Stimmung. Ein junges Mädchen, für das ich mich lange eingesetzt hatte, war auf die schiefe Bahn geraten, in Diebstähle verwickelt und hatte ihrem kriminellen Freund sogar bei einem Raub „Schmiere" gestanden. Ich war mutlos und traurig und gar nicht aufgelegt, mich nun auch noch mit den ewig negativen Äußerungen der sinn-frustrierten Patientin herumzuplagen.

Deswegen erklärte ich ihr, daß ich diesmal nicht von ihrer Situa-

tion sprechen wollte, sondern ihr ein anderes Schicksal vortragen und sie um ihre Meinung bitten würde. Ich erzählte ihr vom Abrutschen des jungen Mädchens und von meinen Befürchtungen, daß es den rechten Weg nicht mehr erreiche. Und siehe da, meine Patientin fand auf einmal Worte des Trostes, Worte unter dem Zeichen des „Optimismus". „Vielleicht ist das nur eine wichtige Durchgangsstation für die Jugendliche", sagte sie, „durch die sie lernen muß, in der Wahl ihrer Freunde vorsichtiger zu werden. Manche müssen tief fallen, um die Höhe zu erkennen! Sprechen Sie kein hartes Urteil über sie, wie es wahrscheinlich die Eltern und Verwandten tun werden, sondern geben Sie ihr zu verstehen, daß sie jederzeit wieder bei Ihnen Hilfe und Halt bekommen kann, wenn sie nur möchte." So und ähnlich äußerte sich meine Patientin zu dem ihr vorgetragenen Problem, und ich staunte gewaltig, wie sehr sie sich in die Suche nach positiven Aspekten und Chancen des Mädchens hineinsteigerte. Ich brachte dieses Staunen und meinen Dank auch zum Ausdruck und merkte bald, daß die Patientin selbst etwas dabei für sich gewonnen hatte. War es doch zum erstenmal seit langem gewesen, daß sie eine optimistische Einstellung zu negativen Faktoren gedanklich entwickelt hatte!

Plötzlich fiel es uns beiden leichter, auch ihre eigene Lebensposition, die ja bei weitem günstiger lag als die des Mädchens, positiver einzuschätzen und Anhaltspunkte für eine gesündere und sinnreichere Entfaltung zu erkennen.

Der Logotherapeut hört auf seine Patienten, er lernt von ihnen, er gibt und nimmt. Eine Psychotherapie kann nicht in Büchern ausgedacht, sie kann nur den Worten und Berichten der Patienten entnommen werden. Mögen die Fachleute hellhörig bleiben, wenn sie therapeutisch tätig sind, und nicht das Wesen dessen überhören, was der Patient Ihnen vielleicht unbeholfen zu sagen versucht; wer seine Ohren der Stimme des Patienten verschließt, verschließt auch sein Herz.

Fall Nr. 36:
Eine ältere, geschiedene Frau kam zu mir, weil sie ihre anderwärtig begonnene psychologische Behandlung nicht mehr bezahlen konnte. Sie kam zum ersten Gespräch, nahm Platz und begann mir zu berichten, daß ihre Mutter, die seit 20 Jahren tot war, ihr in der frühen Kindheit zu wenig Liebe gegeben habe. Ferner sei sie auf die Mutter eifersüchtig gewesen, als diese bei einer Muttertagsfeier einmal ihrem Vater einen Kuß auf die Wange gedrückt hätte, obwohl dieser gar

kein so schönes Billet geschrieben habe, wie sie es mit ihren damals 8 oder 9 Jahren getan hätte.

Ich hörte einige Weile zu und fragte dann die Frau, warum es sie eigentlich jetzt noch störe, daß ihre Mutter vor so langer Zeit ihren Vater geküßt habe und dergleichen Kleinigkeiten mehr.

„Aber es stört mich doch nicht!" rief die Patientin aus, „es erklärt nur meine Schwierigkeiten!"

„Welche Schwierigkeiten?" mußte ich fragen, denn davon hatte ich nichts vernommen.

„Davon darf ich nicht sprechen", flüsterte die Frau den Tränen nahe. „Aber Sie sind doch zu mir gekommen, um mir Ihre Schwierigkeiten anzuvertrauen!" rief ich aus. Da erzählte mir die Patientin, daß ihre Therapeutin stets böse geworden wäre, wenn sie von ihrem Verlobten zu sprechen begonnen hätte, mit dem sie jetzt Probleme habe. „Ich durfte nur von der Vergangenheit erzählen", schluchzte sie, „aber was Mutter oder Vater jemals gemacht haben, das ist nicht mein Problem. Mein Problem ist die Hochstapelei und Geltungssucht meines jetzigen Freundes, die mich bedrückt ..."

Wenn doch die Psychotherapeuten lernen würden, auf das zu hören, was die Patienten sagen, und aufhören würden, Probleme zu suchen, die gar nicht da sind!

Zurück zu unserem Widerspruch: Der Logotherapeut ist Pessimist und Optimist, er sieht das Schicksal seines Patienten, aber er glaubt an die Entrinnbarkeit aus diesem Schicksal, er sieht die gewaltige Einschränkung aller Chancen bei bestimmten Milieu-Konstellationen, aber er glaubt an das Verbleiben zumindest einer Chance bis zuletzt. Er weiß um die Schwächen seines Patienten und nimmt ihn dennoch als vollwertigen Menschen an, er sieht die Fesseln aus Kindheit und Erziehung und spricht ihn trotzdem frei. Es gibt Fanatiker, die immer einen Sündenbock brauchen, um ihn zu bekämpfen, ihnen wird eine solche Einstellung nicht gefallen. Sie würden am liebsten die ganze Gesellschaft, die ganze Politik, die ganze Kultur verdonnern, am Scheitern jedes einzelnen schuldig zu sein.

Verdonnern ist leicht, verbessern ist schwer.

Ich bin mißtrauisch gegenüber den Weltverbesserern, die damit beginnen, anzuklagen, denn wer mag guten Gewissens Richter sein? Die eigenen Fehler sind es, die wir nirgends klarer erkennen als im anderen, und die Schuldabwälzung ist eine verbreitete Form des eigenen Schuldeingeständnisses.

Wer das therapeutische Credo, das letzte Stückchen unbedingter Freiheit in der geistigen Dimension des Menschen nicht anerkennt, muß der Logotherapie den Rücken wenden. Er muß dann aber auch bereit sein, sich selbst als Zufallsprodukt seiner ihn bestimmenden Faktoren hinzunehmen.

2. Widerspruch

Der Logotherapeut muß Ursachen erforschen und Ursachen ignorieren.

Ursachen erforschen ist zur zweiten Natur eines jeden Psychotherapeuten geworden. Nach einigen Jahren Praxis registriert er nicht nur automatisch psychische Phänomene bei seinen Mitmenschen, er entwickelt sofort auch Hypothesen über die dazugehörigen Ursachen.

Manchmal wäre ich gerne „außer Dienst", aber im Grund gibt es das für den Arzt und Psychologen nicht. Wenn ich im Eisenbahnabteil sitze, spreche ich mit den Mitreisenden nicht anders als im Beratungszimmer; wenn ich am Strand sitze und der Urlauberin neben mir zuhöre, dann mit derselben Geduld und demselben Verständnis wie bei meinen Patienten. Ich hatte einen alten Nachbarn, der wußte nichts von meinem Beruf, der wußte auch nicht, daß er an einer leichten Paranoia litt – was ich nach wenigen Gesprächen feststellte –, und der wußte schon gar nicht, daß ich bei unseren Begegnungen versuchte, ihm therapeutische Hilfen gegen die Verfolgungsängste nahezubringen. Aber eines Tages erwähnte er mir gegenüber, daß er sich besser fühle …

Ursachen erforschen und Hypothesen bilden wird uns zur Gewohnheit. Aber der Logotherapeut muß noch etwas darüber hinaus beherrschen: das bewußte Ignorieren von Ursachen, insbesondere dann, wenn sie nicht zu ändern sind, und ihre Kenntnis mehr Schaden bringt als Nutzen. Wenn man zum Beispiel einem Heimkind ein Leben lang vor Augen hält, daß es eben ein Heimkind war, so verschlimmert man die Sache, ja man kann diesen Menschen zu einem seelischen Krüppel machen, der er wegen seiner Heimerziehung allein keinesfalls sein müßte.

Es ist ein unverzeihlicher Fehler, Behinderten ihre Behinderung ständig als Grund ihrer Schwächen und Fehler darzustellen, auch wenn selbstverständlich ein Zusammenhang bestehen mag, ähnlich wie junge Menschen nicht ihre Jugend und alternde Menschen nicht ihr Alter vorschieben sollten, um törichtes Handeln zu entschuldigen. Es gibt Zusammenhänge, die besser ruhen, denn wenn man sie zu sehr ans Licht des Bewußtseins zerrt, dann hemmen sie die gesunde Trotzmacht des Geistes, die solchen Zusammenhängen entgegensteht.

Fall Nr. 37:
Pflegeeltern kamen aufgeregt zu mir, weil ihr 4jähriges Pflegesöhnchen in letzter Zeit vorwiegend mit Frauenkleidern Verkleidungsszenen gespielt hatte. Sie wußten, daß das Kind aus sehr schlechtem Milieu stammte, und vermuteten sofort, daß eine Anlage zur Homosexualität oder zum Transvestitismus beim Kind bestünde. Aus Sorge waren sie dazu übergegangen, das Kind öfter zu beobachten und alle seine Äußerungen in dieser Hinsicht abzuwägen. Selbst so harmlose Formulierungen wie „Der Papi ist viel guter als Mami" schockierten die Pflegeeltern, weil sie wieder eine Bestätigung ihrer Hypothese vermuteten.

Wäre es ihr eigenes Kind gewesen, hätten sie wahrscheinlich ganz anders auf die Spiele des Kindes reagiert, vielleicht hätten sie darüber gelacht und sie nicht ernst genommen. Aber die Möglichkeit eines geschädigten Erbgutes bedrückte sie und erzeugte Verwirrung, die wiederum auf das Kind ausstrahlte. Der Bub merkte nämlich die besondere Beachtung, die die Eltern ihm schenkten, wenn er Muttis Rock vor dem Spiegel probierte, fühlte sich interessant und wurde in seinem Verhalten nur verstärkt.

Dies war ein Fall, in dem die möglichen Ursachen einer erblichen Belastung – die durchaus bestehen konnten – ignoriert werden mußten. Spekulationen über eventuell perverse Anlagen halfen nicht weiter, also ließen wir sie zunächst beiseite. Ich sagte den Eltern ungefähr folgendes: „Ich will nicht behaupten, daß das Verhalten des Kindes in der vorliegenden Intensität vollkommen in der Norm ist, Aber wir werden jetzt einmal so tun, als wäre alles völlig normal. Beachten Sie das Kind nicht, wenn es sich verkleidet, zeigen Sie sich gleichgültig, wenn es Muttis Rock ausleiht, und uninteressiert, wenn es Vatis Zuneigung bevorzugt. Verstärken Sie jedoch ein wenig das väterliche Vorbild: basteln Sie mit ihm, lassen Sie es zuschauen, wenn der Vater das Auto wäscht oder im Hause werkt, erzählen Sie ihm Geschichten von starken Helden und kühnen Männern, und sagen Sie ihm ruhig dazu, daß es auch einmal so stark und kühn werden wird wie diese. Zeigen Sie sich interessiert am normalen Spiel des Kindes, und tun Sie ganz genau so, als wäre es Ihr eigenes Kind. Denn selbst wenn es Ihr Kind wäre, wüßten Sie ebensowenig, welche Ahnen und Urahnen sich in seinem Blute mischen, und ob alle Ihre Ahnen einen makellosen Lebenswandel geführt haben, wissen Sie bestimmt auch nicht."

Die Pflegeeltern versuchten es, und die Symptome hörten nach einiger Zeit auf. Was dieses seltsame Interesse an Frauenkleidung ausgelöst hatte, läßt sich nicht mehr rekonstruieren, aber die „abnormalen Erbanlagen“ hätten noch viel Schaden anrichten können, wenn sie weiterhin in den Köpfen der Pflegeeltern „herumgespukt“ hätten.

Manchmal müssen Ursachen ignoriert werden, auch wenn sie sich dem routinierten Psychotherapeuten aufdrängen wollen. Man hüte sich vor dem vorschnellen Aha-Erlebnis und bleibe kritisch, auch wenn Ratsuchende selbst geeignete Ursachen auf den Tisch legen. Manchmal kommen Eltern mit Erklärungen dieserart:

„Wissen Sie, unser Töchterchen fürchtet sich im Dunkeln. Das ist aufgefallen, seit unsere Großmutter gestorben ist. Das Mädchen war leider dabei, wie die Oma tot im Bett aufgefunden wurde, und seither hat es Angst im Dunkeln.“

Alles ist glasklar, jeder Therapeut ist sofort geneigt, den Zusammenhang zu bestätigen. Aber siehe da, wenn man genauer nachfrägt, stellt sich heraus, daß das Töchterchen auch schon vor dem Tod der Großmutter nur bei Licht hatte schlafen wollen, oder daß es die Oma gar nicht so besonders leiden mochte und es „ganz gut“ fand, daß diese jetzt im Himmel sei. Die Ursachen zu erforschen, dazu nimmt sich jeder Therapeut die Zeit, aber er sollte auch den Mut finden, manche Ursache zu ignorieren!

Der Logotherapeut jedenfalls muß diesen Mut aufbringen, darin unterscheidet er sich von vielen seiner Kollegen. Seine Devise lautet nicht, Ursachen aufzudecken um jeden Preis, sondern Ursachen zu erforschen, wo es sinnvoll ist, und Ursachen ruhen zu lassen, wo es sinnvoll ist. Er darf das Wohl des Menschen nicht opfern um der Verifizierung seiner Hypothesen willen, aber er kann sehr wohl seine Hypothesen opfern um des Wohles des Patienten willen.

Zu diesem Abschnitt zählt noch ein weiterer Widerspruch aus der speziell logotherapeutischen Praxis, der jedoch den Patienten betrifft:

Der Patient muß lernen, sein Schicksal hinzunehmen – der Patient muß lernen, gegen sein Schicksal anzukämpfen.

Oder kurz formuliert:

„dulden können – trotzen müssen“.

Ist das nicht ein gewaltiger Widerspruch? Dennoch besteht ein enger Zusammenhang zwischen der Bereitschaft des Logotherapeuten, sich mit Krankheitsursachen abzugeben, und der Notwendigkeit des Patienten, mit seiner Krankheit fertig zu werden. Immer dann, wenn Ursachen nicht zu verändern sind, wird der Logotherapeut sie in gewisser Weise ignorieren, und der Patient wird mit dessen Hilfe lernen, sie hinzunehmen (z.B. in einer Einstellungsmodulation). Und immer dann, wenn Ursachen und Zusammenhänge geändert werden können, wird der Logotherapeut alle Kräfte aufbieten, sie zu erforschen, und zugleich alle Kräfte des Patienten aktivieren, um adäquat dagegen anzukämpfen.

	Ursachen unveränderbar	Ursachen veränderbar
	↓	↓
	Der Logotherapeut ignoriert sie	Der Logotherapeut erforscht sie
	↓	↓
	Der Patient akzeptiert sein Schicksal	Der Patient bekämpft sein Schicksal
	↑	↑
Der Logotherapeut lehrt den Patienten	**„dulden können“**	**„trotzen müssen“**
	↑	↑
durch die Technik	*z. B. Einstellungsmodulation oder Dereflexion*	*z. B. Paradoxe Intention oder sugg. Willenstraining*

Das unveränderbare Schicksal, das getragen werden muß, wobei die Art und Weise, wie es getragen wird, immer noch der freien Entscheidung des Menschen unterliegt, steht dem veränderbaren Schicksal gegenüber, bei dem es ganz in die Hand des Menschen gegeben ist, seine Kräfte zur optimalen Veränderung zu mobilisieren. Welche Psychotherapie hat jemals diesen klaren Trennungsstrich gezogen und sich zur unterschiedlichen therapeutischen Hilfestellung in beiden Fällen bekannt?

Ein weiser Ausspruch besagt: „Die Hälfte allen Unglücks ist vermeidbar, und die andere Hälfte ist eine falsche Interpretation des Lebens“. Es wird nicht immer gelingen, Unglück zu vermeiden, und es wird schon gar nicht immer gelingen, unvermeidbares Unglück akzeptabel zu interpretieren, dennoch werden alle Bestrebungen des Logotherapeuten in diese Richtung gehen. Er unterscheidet Vermeidbares und Unvermeidbares und orientiert sowohl seine eigene Vorgangsweise danach als auch seine Instruktionen für die Ratsuchenden.

Dulden können – trotzen müssen, beides fehlt uns in der heutigen Zeit. Wir zivilisierten Menschen sind verwöhnt, wir können nicht mehr dulden und hinnehmen, wir rebellieren gegen alles und jeden, wir pochen auf unsere Rechte, wo es nur möglich ist, und reagieren aggressiv-hysterisch, wenn wir nur das kleinste bißchen zurückstecken müssen. Wie sollen wir Kinder unserer Zeit Krankheit und Tod verkraften, wie sollen wir mit einer schlechteren Wirtschaftslage, mit Arbeitslosigkeit und Not jemals umgehen? Es ist eine unschätzbare Gabe, dulden zu können, ein Schicksal auszuhalten und nicht daran zu zerbrechen, hinnehmen zu können, was hingenommen werden muß.

Man sollte glauben, wir zivilisierten Menschen könnten schon eher trotzen, aber wir können es nicht dort, wo wir es müßten. Es fehlt uns die Courage, gegen die eigenen Schwächen zu trotzen, gegen die eigene Unsicherheit aufzutreten, gegen die eigene Gier zu handeln – uns innerlich zu überwinden. Hier wäre der Trotz richtig angebracht, sich *selbst* und nicht der Umwelt gegenüber, im Kampf gegen das schwächere Ich. Man muß Versuchungen nicht erliegen, man muß sich wegen eines kleinen Rückschlags nicht gleich Depressionen hingeben, man muß nicht bei jedem Ärger losbrüllen und bei jeder Gelegenheit andere übertrumpfen. *Man muß sich von sich selbst nicht alles gefallen lassen,* wie es in einem der markantesten Lehrsätze der Logotherapie heißt. Man kann eben auch an sich arbeiten, unermüglich, in diesem Sinne sich selbst „verwirklichen". Ursachen ignorieren und sie dulden, Ursachen erforschen und ihnen trotzen, das ist wohl der gewaltigste Widerspruch im logotherapeutischen Konzept, eine Aufgabe, der sich der Logotherapeut gewachsen fühlen sollte.

3. Widerspruch

Der Logotherapeut muß Menschen verstehen, die eigentlich nie eine Chance zur *gesunden Entwicklung gehabt haben – aber er muß auch Menschen verstehen, die* alle Chancen *gehabt und dennoch nicht genützt haben!*

Wirkt dieser Widerspruch befremdend?

Was ist leichter: die Anteilnahme bei einem Jugendlichen, der aus asozialen Verhältnissen kommt, mit zahlreichen Geschwistern in engsten Wohnverhältnissen aufgewachsen ist, den Vater nie gekannt hat, kein geeignetes Spielzeug, keine schulische Förderung und keinen Ausbildungsplatz bekommen hat und schließlich auf kleinere Diebereien verfallen ist, oder die Anteilnahme bei einem

Jugendlichen aus bestem Hause, behütet und umsorgt, geliebt und gefördert, der alle schulischen und beruflichen Möglichkeiten gehabt hat und dennoch durch sinnlose Diebstähle aufgefallen ist? Nicht wahr, der zweite Fall legt sich schwer aufs Gemüt, er ist so überflüssig, grundlos und unbegreiflich – fast nicht zu verstehen.

Durch meine Arbeit im öffentlichen Dienst erlebe ich die krassesten Gegensätze in der Beratungssituation: Arbeitslose, Sozialhilfeempfänger, Trinker, Zigeuner, Exhibitionisten und Prostituierte auf der einen Seite, wohlhabende Neurotiker, Direktoren, deren Kinder schulisch versagen, alternde Künstler mit Depressionen, selbstmordgefährdete Arztfrauen oder Gymnasiasten und existentiell frustrierte Studenten auf der anderen Seite.

So schwierig die Arbeit mit Unterschichtbevölkerung auch ist, meines Erachtens enthält sie ein großes Moment der Befriedigung: der Therapeut weiß, daß die Lebensumstände des Patienten ungünstig waren und sind. Er versucht ihnen innerhalb seiner geringen Einflußmöglichkeiten entgegenzutreten und ist stolz, wenn ihm eine kleine Verbesserung gelingt. Er kennt den Gegner, den er bekämpft und dem er seinen Patienten entreißen möchte, und er versteht das Versagen seines Schützlings voll und ganz. Es ist wie die Reparatur einer zerbrochenen Vase. Liebevoll wird Stückchen für Stückchen gesucht und mehr oder weniger haltbar aneinandergekittet, um eine menschenwürdige Form daraus entstehen zu lassen. Arbeitssuche, Wohnungsbeschaffung, Versorgung der Kinder, rechtliche Beratung und die Erklärung einfachster Lebenspraktiken gehören selbstverständlich dazu; der Psychotherapeut erwartet ein Minimum von seiten des Patienten und ein Maximum von sich selbst.

Anders ist die Arbeit mit der höheren Mittel- und Oberschicht. Die Patienten leben oft in paradiesischen Verhältnissen, sie kennen keine Sorgen um den Arbeitsplatz, sie kennen keine Wohnungsnot, sie können die meisten ihrer Wünsche erfüllen und werden oftmals umhegt und umsorgt. Sie züchten ihre Neurosen und Depressionen, ohne daß der Therapeut im Grunde weiß, warum, sie sind an kleinen Verbesserungen nicht interessiert, sie wissen selbst nicht, was sie wollen, nichts ist ihnen gut genug. Der Therapeut kennt den Gegner nicht genau, gegen den er ankämpfen soll, die wunderschön bemalte Vase wird ihm vor die Füße geknallt, aber er braucht gar nicht erst zu versuchen, sie zu kitten. Repariertes ist zu minderwertig für diese Klientel.

Auch sie muß er zu verstehen versuchen, so schwer es ihm wird. Die grundlose Verstörung, das sinnlose Leid, den makabren Egoismus, der alles durchdringt – auch das muß versucht werden zu verstehen.

Manchmal denke ich, das ist der Punkt, an dem ich aufhöre, eine gute Logotherapeutin zu sein, weil ich einfach nicht mehr genügend Verständnis aufbringen kann.

Zum Fall Nr. 29:
„Sie stehen auf den Blumen und gießen das Unkraut!" sagte ich einmal zu dieser Patientin, da lachte sie. „Genau das tue ich!" rief sie aus. „Warum?" fragte ich immer wieder, „warum?"

„Deswegen komme ich ja zu Ihnen", sagte sie, „Gießen Sie *doch die Blumen,* ich *gieße das Unkraut."*

Diese Frau besaß alles, was man sich nur wünschen kann, einen liebevollen Partner, gesunde Kinder, einen hohen Lebensstandard, ein prächtiges Haus und viele Möglichkeiten, sich sinnvoll zu betätigen. Hunderte von meinen Unterschicht-Patienten hätten nicht einmal von all dem zu träumen gewagt. Und doch legte sich diese Frau tagsüber stundenlang ins Bett und ließ sich von besorgten Verwandten und Bekannten bedauern. Man bekam die Vision, daß sie nicht geheilt werden wollte, *daß sie ihren Zustand auf jeden Fall aufrechterhielt, um selbst im Mittelpunkt zu bleiben. Wer immer diese Familie besuchte, der fragte nicht: „Wie geht es den Kindern?" oder „Was macht Herr ...?" – er fragte nur: „Wie geht es denn heute Frau X.?"*

Das Unkraut wurde demonstrativ gepflegt, und die Blumen in ihrem Leben wurden zertreten, damit ihr andere Menschen Blumen mitbringen mußten.

Menschen, die alle Chancen haben und sie nicht nützen – wie schwer sind sie zu verstehen! Und doch muß sich der Logotherapeut gerade ihnen intensiv zuwenden und für sie offen bleiben, weil er auf Grund seines Menschenbildes die destruktive Kraft der Sinnleere im Hintergrund der Symptomatik spürt und damit seine Kräfte zu messen bereit ist.

Haben Sie schon einmal beobachtet, um wievieles stabiler *regelmäßig arbeitende* Menschen sind? Arbeit ist ein sehr wichtiger Faktor unserer psychischen Gesundheit, ohne Arbeit werden Menschen innerhalb kürzester Zeit krank. Alle Statistiken zeigen, wie gefährdet junge Menschen und insbesondere Studentengruppen sind, die auch am allermeisten freigestellt sind von (körperlicher) Arbeit. Weiterhin gefährdet sind „Nur-Hausfrauen", Rentner, Behinderte. Oder auch: Reiche. Besitzen trägt nichts zur psychischen Gesundheit bei, Erwerben sehr wohl.

Speziell in den Fällen extremer Unter- und Oberschicht finden wir Menschen mit geringer Arbeitsbelastung, sei es, daß sie nicht arbeiten wollen oder können, sei es, daß sie nicht zu arbeiten brauchen. Während bei denen, die nicht arbeiten *wollen oder können,* ein Lern- und Entwicklungsdefizit zum Tragen kommt, für das sie nur beschränkt verantwortlich sind, kommt bei denen, die nicht zu arbeiten *brauchen,* ein Defizit im sozialen Verständnis zur Auswirkung, ein Egoismus, für den sie allein verantwortlich zeichnen.

Ja, der Logotherapeut muß auch das Schlimmste verstehen können, das es gibt, nämlich sinnlosen und alles zerstörenden Egoismus. Mag sein, daß seine Therapie daran scheitern wird, sein Mitgefühl muß er auch diesen unglücklichen Menschen gewähren.

4. Widerspruch

Der Logotherapeut muß ein eigenes Wertsystem besitzen, aber er muß jedes fremde voll anerkennen.

Jeder Psychotherapeut anerkennt ein fremdes Wertsystem, sofern es nicht ganz abnormal und krankhaft ist, das gehört einfach zu seinem Rüstzeug. Es gibt keinen Therapeuten, der nicht eine religiöse, politische oder sonstige weltanschauliche Ansicht seines Patienten respektieren und wertfrei hinnehmen würde, auch wenn er sie selbst in keiner Weise teilt. Aber das impliziert noch nicht, daß er selbst ein reiches Wertsystem sein eigen nennen kann, es bedeutet nur, daß er fremde Werte nicht geringschätzt oder nutzlos in Frage stellt.

Der Psychotherapeut kann zum Beispiel Atheist sein und dennoch mit einer katholischen Patientin über Glaubensdinge sprechen, wenn sie das Bedürfnis dazu hat. Es bleibt seinem Geschick überlassen, ihre Fragen so zu beantworten, daß er weder seine eigene Einstellung verleugnen noch ihren Glauben erschüttern muß. Meistens beantwortet er in diesem Fall Fragen mit Gegenfragen und gibt die inhaltlichen Überlegungen an die Patientin zurück. Das ist die unausgesprochene Norm in unserem Berufskreis, aber ich glaube, der Logotherapeut hat eine zusätzliche Verpflichtung. Er nämlich gibt nicht nur die eigenen Fragen an den Patienten zurück, *er gibt auch Antworten,* und diese schöpft er aus seinem eigenen Wertsystem. Deswegen muß sein Wertsystem so breit gefächert sein, daß er in vielen Bereichen etwas zu geben hat, sozusagen wie ein Reservoir, auf das er in der geistigen Dimension auch bei heiklen Gesprächsthemen unbedenklich zurückgreifen kann.

Die Frage nach Gott zum Beispiel ist im therapeutischen Gespräch nicht zu vermeiden. Es wäre unsinnig, sagen zu wollen, daß der Logotherapeut einer bestimmten Konfession angehören sollte, aber einen gewissen Gottesbegriff sollte er vielleicht haben. Und wenn es nur der Glaube an das Gute, das Wahre und Schöne ist – schon ist eine Brücke zum gläubigen Patienten vorhanden.

Auch die verschiedensten politischen Meinungen werden an den Therapeuten herangetragen, und auch diesbezüglich sollte eine gewisse Offenheit bei ihm bestehen, ein Verständnis für die positiven Bestrebungen jeder Partei, auch für die Schwächen der eigenen Richtung, mit der er sympathisiert. Immer gibt es einen Treffpunkt, wenn das eigene Wertsystem reichhaltig genug ist, auf daß starre Dogmen keinen Platz darin finden.

Fall Nr. 38:
Anläßlich des sogenannten „Exorzistenprozesses" in Deutschland kam eine einfache Frau zu mir, die mir weinend einen Brief ihres zuständigen Pfarrers vorlegte. Sie hatte ihm nämlich geschrieben, daß sie selbst das Verhalten jener Richter verurteile, welche die Eltern des toten Mädchens angeklagt hatten wegen Duldung der Teufelaustreibung bei ihrer kranken Tochter. Es sei doch völlig richtig, den Teufel austreiben zu müssen, wenn er von einem Menschen Besitz ergriffen habe. Der Pfarrer hatte ihr jedoch heftig zurückgeschrieben, daß Leute wie sie die Kirche in Verruf brächten und sie sich nicht äußern solle über Dinge, die sie nicht verstünde.

Ich meinerseits konnte den Pfarrer gut verstehen, denn auch ich selbst halte absolut nichts von Teufelsaustreibungen, zumal wenn sie zum Tod des Betroffenen führen. Aber nun saß diese Frau weinend vor mir, und eine Welt schien für sie, die immer tiefgläubig gewesen war, zusammengestürzt zu sein. Ich suchte einen Treffpunkt in unseren divergierenden Ansichten, auf dem eine Begegnung möglich wäre.

„Sagen Sie, der Teufel kann sich doch beliebig verwandeln, er kann jede Gestalt von Krankheit, Schmerz und Not annehmen, nicht wahr?" fragte ich die Frau, welche unter Tränen nickte. Ich ging einen Schritt weiter: „Und je machdem, welche Gestalt er annimmt und wie er sich auswirkt, müssen wir ihn anders bekämpfen. Jede Krankheit braucht ihre eigene Medizin, jedes Unheil und jede Notlage braucht eine andere Lösung und Hilfe. Die Macht des Bösen ist so groß, daß nicht eine einzige Art von Abwehr ausreicht, sondern

viele verschiedene Methoden oder Heilkräfte mobilisiert werden müssen, um das Böse zu überwinden. Stimmen Sie mir da zu?" „Ja", sagte die Patientin, „das Böse ist mächtig."

„Gewiß", antwortete ich, „aber das Gute ist stärker. Und auch das Gute findet viele Wege zu helfen, manche sind geeignet, manche nicht. Wenn ich jemandem, der am Verhungern ist, viele freundliche Worte sage, wird ihn dies ein wenig trösten, aber ein Stückchen Brot ohne Worte wäre geeigneter, um ihm zu helfen. Trotzdem darf ich nicht sagen, daß immer nur mit Brot geholfen werden kann. Andere Menschen brauchen die tröstenden Worte wiederum viel eher als Brot, und es wäre falsch, ihnen Essen zu geben, da sie doch Zuspruch brauchen. Können Sie das verstehen?"

Sie konnte. Auf diesem Wege führte ich sie gedanklich dahin, daß Krankheit, die ja auch als eine Gestalt des Teufels interpretiert werden kann, adäquate Hilfe braucht, nämlich in erster Linie ärztliche Hilfe und in zweiter Linie Gebete. Wer die ärztliche Hilfe versagt, spielt dem „Teufel" in die Hand, auch wenn er die Hilfe des Gebetes heranzieht, denn in dieser Gestalt kann das Böse mit Worten allein nicht bekämpft werden.

Und so war eben auch der Richterspruch gegen die Eltern gemeint, nämlich als Strafe für die Vernachlässigung einer wichtigen Hilfsmöglichkeit für die Tochter.

Die Patientin gewann auf diese Weise eine bessere Einsicht, aus der heraus sie auch das Schreiben des Pfarrers milder beurteilte. Nachdem sie die schlimmste Erschütterung somit überwunden hatte, telefonierte ich mit dem Pfarrer und bat ihn, mit der Frau zusätzlich ein verständnisvolles religiöses Gespräch zu führen, in welchem er ihr die Glaubenskriterien in etwas positiverem Lichte darstellen könnte. Nicht die Macht des Bösen sollte die Gedanken dieser Frau beherrschen, sondern das Licht der Heilung und Erlösung sollte ihre Gläubigkeit durchziehen.

Ich muß also nicht an den Teufel glauben, um über ihn sprechen zu können. Aber etwas mußte auch in meiner eigenen Weltanschauung fest verankert sein, um in diesem Gesinnungszweifel therapeutisch ausgespielt werden zu können, nämlich die feste Überzeugung, daß in letzter Instanz das Gute über das Böse siegen wird.

Der Logotherapeut schöpft aus eigenen Werten, ohne sie deswegen dem Patienten aufzuzwingen, und er besitzt die Toleranz, seine Ansichten in die Worte und Begriffe des Patienten zu kleiden, um sich diesen verständlich zu machen. Wie oft sind Meinungsverschiedenheiten nur Streitigkeiten um Begriff und Definitionen, und wieviel Streit kann geschlichtet werden, wenn man die Essenz bewahrt, aber die äußere Verkleidung differenten Begriffssystemen anpaßt! Welche Rolle spielt es schon, vom Teufel, vom Bösen, von Krankheit und Unheil zu sprechen, wenn doch dasselbe gemeint ist – soll man um Worte streiten? Der Logotherapeut steht wie jeder andere zu seinem Wertsystem, aber er muß die besondere Bereitschaft und Fähigkeit aufbringen, es der Sprache des Patienten anzupassen und nach dessen Verständnis zu formulieren.

In seinem Wertsystem nimmt die Hilfe für die ihm anvertrauten Menschen einen hohen Rangplatz ein. Trotzdem darf er seine eigenen Qualitäten nicht überschätzen, denn vieles heilt *ganz von allein* beim Patienten, und vieles, das in der Therapie sehr wohlmeinend dargeboten wird, kann vom Patienten nicht angenommen werden. Der Logotherapeut muß jeden Mißerfolg überdenken, aber er darf nicht jeden Erfolg für sich buchen!

Er weiß um die Selbstheilkräfte im Menschen, er bekennt sich zum therapeutischen Credo: Jeder Mensch kann auch ohne fremde Hilfe aus eigener Kraft sein Leben verbessern. Immer wieder gibt es überraschende plötzliche Wendungen zur Gesundheit, die der Therapeut kaum erwartet und schon gar nicht in Gang gesetzt hat. Dann staunt er vor der Kraft menschlichen Geistes und menschlicher Fähigkeit, *trotz allem* zu gesunden.

Aber auch umgekehrt steht jedem Patienten die Freiheit zu, sich in eigener Entscheidung *gegen* die therapeutische Hilfe und *gegen* eine innere Gesundung zu stellen und dadurch die vielleicht einzige Chance zu verwirken, die ihm gegeben ist. Auch das müssen wir respektieren, so weh es tut. Mehr, als das Bemühen um den Patienten und Ratsuchenden in unserem eigenen Wertsystem auf einen der höchsten Rangplätze zu schieben, können wir auch nicht tun – die letzte Verantwortung für sein Leben kann der Logotherapeut dem Patienten nicht abnehmen.

Fall Nr. 39:
Vor kurzem bekam ich einen Brief von einer Mutter, deren Sohn ich vor zweieinhalb Jahren wegen einer Zwangsneurose in Behandlung hatte, wobei ich damals nur mäßige Erfolge erzielen konnte. Da ich in der Zwischenzeit umgezogen bin, hat diese Mutter auf vielen Umwegen meine neue Adresse ausfindig gemacht, um mir ihren Brief nachschicken zu können. Er lautet:
„Sehr geehrte Frau Dr. Lukas!

Endlich erfuhr ich von Ihrem jetzigen Verbleib und wünsche so sehr, daß es Ihnen gut geht. Da Sie sich sehr um N.s Schicksal bemühten, sollten sie auch wissen, daß er jetzt langsam zu sich und auf einen gangbaren Lebensweg findet. An seine endlosen Badezwänge kann er sich kaum erinnern, und es ist doch wunderbar, daß er jetzt erkannt hat, auch ohne Zwänge ein glücklicher Mensch sein zu können. Er will *gesund werden, und diese Kraft wird ihm weiterhelfen.*

Ich danke Ihnen für alles und verbleibe mit besten Grüßen!"

Ich bin nicht so verwegen, diesen glücklichen Krankheitsverlauf auf mein Konto zu buchen, nein, der Patient selbst *hat die Trotzmacht seines Geistes eingesetzt und damit das Signal für seine Heilung gegeben. Wie sehr muß man ihn bewundern und sich mit seiner Mutter freuen!*

Zurück zum eigenen Wertsystem, das nirgends eine so große Rolle spielt wie in unserem Beruf. Was die Patienten uns erzählen, das ist eine Auswahl der ihnen am bedeutsamsten erscheinenden Lebensereignisse, aber was wir unseren Patienten erzählen, das ist ein Abglanz unserer Lebensphilosophie! Kein Ratschlag darf gegeben werden, den wir nicht in ähnlicher Lage ohne Zögern selbst zu befolgen bereit sind. Nur dann können wir echt sein, wenn wir an unsere eigenen Worte glauben; die Psychotherapie verlangt von uns, daß wir „fair play spielen". Wir müssen und dürfen nicht immer die Wahrheit sagen, dennoch muß unsere Aussage immer *echt* bleiben, nämlich echt in dem Sinn, daß wir voll hinter ihr stehen.

Hierin mag der letzte und schwerste Widerspruch in der Qualifizierung zum Logotherapeuten liegen: Er muß sein eigenes Ringen nach Sinn bekennen und doch eine gewisse, tragende Sinnerfüllung besitzen. Doch auch dieser Widerspruch ist zu lösen, denn niemals ist unsere Sinnerfüllung komplett und abgeschlossen, ein Leben lang bleiben wir Suchende, auch wir Logotherapeuten. Warum sollten wir uns schämen, es einzugestehen!

Dieses Buch hier wäre nie geschrieben worden, hätte mir nicht ein winziges Geschehnis die Bedeutung dieser Aufgabe klargemacht. Lange schon war ich gebeten worden, endlich meine Erfahrungen mit Logotherapie niederzulegen und dadurch einem größeren Radius von Mitmenschen Hilfen zur inneren Gesundung anzubieten, als nur durch meine Praxis allein. Aber immer habe ich dieses Unterfangen mit dem Hinweis auf Zeitmangel und familiäre Verpflichtungen vor mir hergeschoben. Im Grunde habe ich mir nicht recht zugetraut, ein Buch zu schreiben, und auch die gewaltige Arbeit gescheut, die damit verbunden ist. Aber eines Tages bemerkte ich beim Frisieren mein erstes graues Haar. Das ist gewiß kein Unglück, und doch hält man einen Moment inne – vom Hauch der Vergänglichkeit gestreift. Noch fühle ich mich jung, noch habe ich viele Zukunftspläne, aber die Zeit rinnt, unbemerkt und unaufhörlich. Und dazu fiel mir ein Fall aus meiner Praxis ein, der letzte Fall, den ich erwähnen möchte.

Fall Nr. 40:
Es handelte sich um eine 29jährige Frau, die seit ihrem 25. Lebensjahr bereits graue Haare bekam. Sie hatte sich in den letzten vier Jahren die Haare gefärbt, aber ihre Kopfhaut hatte mittlerweile eine chronische Allergie gegen Haarfärbemittel entwickelt, die so stark war, daß ihr Haarausfall drohte, würde sie weiterhin färben. Sie mußte sich also mit den grauen Haaren abfinden und geriet darüber derart in Verzweiflung, daß sie sich beinahe das Leben nehmen wollte.

Als sie bei mir zur Beratung war, gelang mir folgende Einstellungsmodulation: „Für alle Menschen verrinnt das Leben gleich schnell, für Sie wie für die anderen. Wer jedoch niemals daran denkt und den Kopf davor in den Sand steckt, der ist in Gefahr, sein Leben mit Nichtigkeiten zu vertun, und am Ende erschrickt er, wenn es sich dem Ende nähert. Wer jedoch hin und wieder daran denkt, daß unser irdisches Wirken begrenzt ist, und daß alle Aufgaben, die wir in diesem irdischen Dasein erfüllen wollen, hier und jetzt getan werden müssen, ehe es zu spät ist, der hat den großen Vorteil, rechtzeitig sein Leben zu planen und seine Ziele zu verwirklichen.

Nun fehlt den meisten Menschen eine kleine Signalanlage, die von Zeit zu Zeit die Vergänglichkeit ins Bewußtsein ruft und damit die Notwendigkeit, das Leben mit Inhalt und Sinn zu füllen, aktiviert. Sie aber gehören zu den wenigen Menschen, die eine solche kleine Signalanlage besitzen: ihr Haar. Es ist schön, wie es ist, aber es ist grau. Und die Farbe „Grau“ erinnert Sie daran, daß Sie nicht ewig Zeit haben, Ihren Lebensplan zu erfüllen, wie alle anderen Menschen auch, sondern daß Sie jetzt, hier und heute beginnen müssen, die Aufgabe in die Tat umzusetzen, die Ihre ganz persönliche Aufgabe ist und hinsichtlich der Sie unersetzbar sind.

Jeden Morgen, wenn Sie sich kämmen, denken Sie daran, daß Sie im Spiegel ein Signal empfangen, das anderen Menschen verborgen bleibt. Es hilft Ihnen, mit viel Schwung und guten Vorsätzen in den kommenden Tag hineinzugehen, denn es sagt Ihnen: Die Zeit rinnt – aber noch ist Zeit, noch können Sie etwas aus Ihrem Leben machen, noch können Sie das ungeheure Geschenk, lebendig zu sein, sich und

Ihrer Umwelt zum Wohle nutzen. Und wenn Sie an diesem Tag nur Ihrem Mann ein liebevolles Lächeln schenken, am Arbeitsplatz einer Kollegin behilflich sind oder beim Kaufmann ein aufmunterndes Wort sprechen, dann haben Sie schon unvergängliche Zeichen Ihrer Person hinterlassen, die Ihnen Dank und Freude der Umwelt sicherstellen.

Sehen Sie doch Ihr Haar mit anderen Augen an! Die Farbe ist völlig unwichtig, je nach Mode sind die verschiedensten Tönungen aktuell und beliebt. Was Sie in Wahrheit bedrückt, ist die Erinnerung an das Alter. Aber Sie sind *doch nicht alt! Die Erinnerung an das Älterwerden jedoch, die sollten Sie nicht scheuen, sondern als kleine Signalanlage betrachten, als Antriebsfeder, die Ihnen beim morgendlichen Kämmen im Geheimen zuraunt: „Was du tun willst, tue jetzt, warte nicht zu lange!* Heute ist der erste Tag vom Rest deines Lebens!"

Die Patientin hat es gelernt, ihr Schicksal in dieser Weise anzunehmen, sie kam sogar später einmal und brachte mir einen riesigen, selbstgeknüpften Teppich zum Ansehen. Immer habe sie diese Arbeit vorgehabt, aber nie die Kraft zum Anfang gefunden, seit sie jedoch ihr Haar in der neuen Weise betrachte, sei das Teppichknüpfen flott vor sich gegangen …

Seit sie das Älterwerden im positiven Sinne als Impuls zum Leben betrachtete, dachte sie nicht mehr an den Tod.

Dieser Fall kam mir in den Sinn, als ich vor dem Spiegel stand und mein erstes graues Haar betastete.

Jetzt zeigt es sich, ob ich echt bin, dachte ich, ob ich den „Test" als Logotherapeutin bestehe. Kann ich meine eigenen Worte, meine eigenen Ratschläge annehmen, stehe ich als wahre Person hinter dem, was ich Tag für Tag vertrete? Sie, meine Leser, sehen, daß ich den Test bestanden habe. Mein erstes graues Haar gab das Signal für dieses Buch hier, es sagte mir: „Wenn du dir die Aufgabe, es zu schreiben, vorgenommen hast, dann mußt du damit hier und jetzt beginnen. Später könnte es zu spät sein."

Nun, ich muß in Demut danken, es war nicht zu spät.

Und es ist auch bei Ihnen nicht zu spät, wenn Sie hier und jetzt beginnen, Ihr Leben mit Sinn zu erfüllen und an dieser Sinnerfüllung zu gesunden.

Auswahl aus dem Schrittum über Logotherapie

Zusammengestellt von Prof. Dr. Eugenio Fizzotti

Eine ausführliche Bibliographie findet sich in Viktor E. Frankls Buch „Die Sinnfrage in der Psychotherapie" (Piper, München 1981), eine englische Bibliographie in der 61. Auflage seines Buches „Man's Search for Meaning" (Simon and Schuster, New York 1979), und eine vollständige Bibliographie in Eugenio Fizzottis Artikel „Viktor E. Frankl" (Orientamenti Pedagogici 17, 607, 1970).

1. Bücher

Böckmann, Walter: Sinn-orientierte Leistungsmotivation und Mitarbeiterführung. Ein Beitrag der Humanistischen Psychologie, insbesondere der Logotherapie nach Viktor E. Frankl, zum Sinn-Problem der Arbeit. Enke, Stuttgart 1980.

Böschemeyer, Uwe: Die Sinnfrage in Psychotherapie und Theologie. Die Existenzanalyse und Logotherapie Viktor E. Frankls aus theologischer Sicht. Walter der Gruyter, Berlin – New York 1978.

Dienelt, Karl: Von der Psychoanalyse zur Logotherapie. Uni-Taschenbücher 227, Ernst Reinhardt, München – Basel 1973.

Fabry, Joseph B.: Das Ringen um Sinn. Eine Einführung in die Logotherapie. 2 Auflagen, 1973–1978, Herder, Freiburg im Breisgau.

Frankl, Viktor E.: Ärztliche Seelsorge. Grundlagen der Logotherapie und Existenzanalyse. 10 Auflagen, 1946–1979, Franz Deuticke, Wien, und Kindler, München.

– Die Psychotherapie in der Praxis. Eine kasuistische Einführung für Ärzte. Franz Deuticke, 3 Auflagen, Wien 1947–1975.

– Der unbewußte Gott. Psychotherapie und Religion. 5 Auflagen, 1948–1979, Kösel-Verlag, München.

– Theorie und Therapie der Neurosen. Einführung in Logotherapie und Existenzanalyse, 4 Auflagen, 1956–1975, Uni-Taschenbücher 457, Ernst Reinhardt, München – Basel.

– Psychotherapie für den Laien. Rundfunkvorträge über Seelenheilkunde. Herder, Freiburg im Breisgau, 8 Auflagen, 1971–1980.

– Der Wille zum Sinn. Ausgewählte Vorträge über Logotherapie. Hans Huber, Bern – Stuttgart – Wien, 2 Auflagen, 1972–1978.

– Anthropologische Grundlagen der Psychotherapie. Hans Huber, Bern – Stuttgart – Wien 1975.

– Das Leiden am sinnlosen Leben. Psychotherapie für heute. Herder, Freiburg im Breisgau, 5 Auflagen, 1977–1980.
– ... trotzdem Ja zum Leben sagen. Ein Psychologe erlebt das Konzentrationslager. Kösel-Verlag, München, 4 Auflagen, 1977–1979.
– Der Mensch vor der Frage nach dem Sinn. Eine Auswahl aus dem Gesamtwerk. 2 Auflagen, 1979–1980, Piper, München.
– The Doctor and the Soul. From Psychotherapy to Logotherapy. 17 Auflagen, 1955–1977, Alfred A. Knopf, New York, and Souvenir Press, London.
– Man's Search for Meaning. An Introduction to Logotherapy. 61 Auflagen, 1959–1979, Simon and Schuster, New York, Hodder and Stoughton, London, Caves Book Co., Taipei Taiwan China, Beacon Presse, Boston, und Allahabad Saint Paul Society, India.
– Psychotherapy and Existentialism. Selected Papers on Logotherapy. 10 Auflagen, 1967–1978, Simon and Schuster, New York, und Souvenir Press, London.
– The Will to Meaning. Foundations and Applications of Logotherapy. 6 Auflagen, 1969–1978, New American Library, New York, London und Scarborough.
– The Unconscious God. Psychotherapy and Theology. 6 Auflagen, 1975–1978, Simon and Schuster, New York, und Hodder and Stoughton, London.
– The Unheard Cry for Meaning. Psychotherapy and Humanism. 4 Auflagen, 1978–1979 Simon and Schuster, New York. (Englische Bibliographie.)

2. Buchkapitel

Ascher, L. Michael: Paradoxical Intention. An Experimental Investigation, in: Handbook of Behavioral Interventions. Hrsg. von A. Goldstein und E. B. Foa. John Wiley, New York 1980.
Crumbaugh, James C., und Leonard T. Maholick: Eine experimentelle Untersuchung im Bereich der Existenzanalyse. Ein psychometrischer Ansatz zu Viktor Frankls Konzept der „noogenen Neurose", in: Die Sinnfrage in der Psychotherapie. Hrsg. von Nikolaus Petrilowitsch. Wissenschaftliche Buchgesellschaft, Darmstadt 1972.
Frankl, Viktor E.: Paradoxien des Glücks. Am Modell der Sexualneurose, in: Was ist Glück? Ein Symposion. dtv-Taschenbücher 1134, dtv-Verlag, München 1976.
– Die Frage nach dem Sinn, in: Glauben als Bedürfnis: Beiträge zum menschlichen Selbstverständnis. Hrsg. von Johannes Schlemmer, Ullstein, Frankfurt/M., Berlin, Wien 1980.
Kocourek, Kurt, Eva Niebauer und Paul Polak: Ergebnisse der klinischen Anwendung der Logotherapie, in: Handbuch der Neurosenlehre und Psychotherapie. Hrsg. von Viktor E. Frankl, Victor E. v. Gebsattel und J. H. Schultz, Band III. Urban & Schwarzenberg, München – Berlin 1959.

Thielicke, Helmut: Mensch sein – Mensch werden. Entwurf einer christlichen Anthropologie. Piper, München 1976 (Kapitel „Der Mensch in Auseinandersetzung mit dem Unbewußten [Freud, Frankl.]“).

3. Dissertationen

Benedikt, Friedrich M.: Zur Therapie angst- und zwangsneurotischer Symptome mit Hilfe der „paradoxen Intention“ und „Dereflexion“ nach V. E. Frankl, München 1968.

Böschemeyer, Uwe: Die Sinnfrage in der Existenzanalyse und Logotherapie Viktor E. Frankls. Eine Darstellung aus theologischer Sicht. Dissertation, Hamburg 1974.

Brune, Karl-Heinz: „Viktor E. Frankls Mission (Voraussetzungen und Konsequenzen des existenzanalytisch-logotherapeutischen Konzeptes in kritischer Betrachtung).“ Dissertation, Westfälische Wilhelms-Universität (Medizinische Fakultät), Münster 1978.

Eisenmann, Manfred: Zur Ätiologie und Therapie des Stotterns. Unter besonderer Berücksichtigung der paradoxen Intentionsmethode nach V. E. Frankl. Freiburg im Breisgau 1960.

Kovacic, Gerald: Leidensfähigkeit, Sinnfrustration und Anst. Ein empirischer Beitrag zur Logotherapie. Dissertation, Wien 1977.

Lukas, Elisabeth S.: Logotherapie als Persönlichkeitstheorie. Dissertation, Wien 1971.

Neudert, Gerold: Eine Darstellung der Existenzanalyse und Logotherapie Viktor E. Frankls im Hinblick auf Fragen an die Theologie und auf Impulse für die Seelsorge. Diplomarbeit, Julius-Maximilians-Universität, Würzburg 1977.

Raskob, Hedwig: „Logotherapie: Versuch einer systematischen und kritischen Darstellung der Logotherapie und Existenzanalyse Viktor E. Frankls.“ Dissertation, Eberhard-Karls-Universität, Tübingen 1978.

Schiller, Karl Erwin: Psychotherapie, Logotherapie und der Logos des Evangeliums. Wien 1959.

Schlederer, Franz: Erziehung zu personaler Existenz. Viktor E. Frankls Existenzanalyse und Logotherapie als Beitrag zu einer anthropologisch fundierten Pädagogik. München 1964.

Sonnhammer, Erik: Existenzanalyse und Logotherapie V. E. Frankls in kritischer Betrachtung, Graz 1951.

4. Zeitschriftenartikel

Ascher, L. Michael: Employing Paradoxical Intention in the Bahavioral Treatment. Scandinavian Journal of Behaviour Therapy 6, 28, 1977.

– Paradoxical Intention Viewed by a Behavior Therapist. The International Form for Logotherapy 3, 13–16, 1980.

– and Jay S. Efran: Use of Paradoxical Intention in a Behaviour Program. Journal of Consulting and Clinical Psychology 747, 1978.

Ascher, L. Michael, and Ralph M. Turner: A Controlled Comparison of Progressive Relaxation, Stimulus Control, and Paradoxical Intention Therapies. Journal of Consulting and Clinical Psychology 47, 500, 1979.
– Paradoxical intention and insomnia: an experimental investigation. Behav. Res. & Therapy 17, 408, 1979.
Frankl, Viktor E.: Zur mimischen Bejahung und Verneinung: Internationale Zeitschrift für Psychoanalyse 10, 437, 1924.
– Psychotherapie und Weltanschauung. Internationale Zeitschrift für Individualpsychologie 3, 250, 1925.
– Zur geistigen Problematik der Psychotherapie. Zentralblatt für Psychotherapie 10, 33, 1938.
– Philosophie und Psychotherapie. Zur Grundlegung einer Existenzanalyse. Schweizerische medizinische Wochenschrift 69, 707, 1939.
– The Concept of Man in Psychotherapy. Proceedings of the Royal Society of Medicine 47, 975, 1954.
– On Logotherapy and Existential Analysis. American Journal of Psychoanalysis 18, 28, 1958.
– The Feeling of Meaninglessness: A Challenge to Psychotherapy. The American Journal of Psychoanalysis 32, No. 1, 85, 1972.
– Encounter: The Concept and Its Vulgarization. The Journal of the American Academy of Psychoanalysis 1, No. 1, 73, 1973.
Gerz, Hans O.: Zur Behandlung phobischer und zwangsneurotischer Syndrome mit der „paradoxen Intention" nach Frankl. Zeitschrift für Psychotherapie und medizinische Psychologie 12, 145, 1962.
– Über 7jährige klinische Erfahrungen mit der logotherapeutischen Technik der paradoxen Intention. Zeitschrift für Psychotherapie und medizinische Psychologie 16, 25, 1966.
Soucek, W.: Die Existenzanalyse Frankls, die dritte Richtung der Wiener psychotherapeutischen Schule. Deutsche Medizinische Wochenschrift 73, 594, 1948.

Elisabeth Lukas

Auch deine Familie braucht Sinn
Logotherapeutische Hilfe in der Erziehung
Mit einem Vorwort von Joseph B. Fabry
Band 864, 224 Seiten

Auch dein Leiden hat Sinn
Logotherapeutischer Trost in der Krise
Mit einem Vorwort von Kazimierz Popielski
Band 905, 272 Seiten

Von der Tiefen- zur Höhenpsychologie
Logotherapie in der Beratungspraxis
Mit einem Vorwort von Werner Scheid
Band 1020, 432 Seiten

Psychologische Seelsorge
Logotherapie – die Wende
zu einer menschenwürdigen Psychologie
Mit einem Vorwort von Sandra Wawrytko
Band 1180, ca. 192 Seiten (erscheint im März 1985)

in der Herderbücherei

Logotherapie

VIKTOR E. FRANKL
Psychotherapie für den Laien

Band 387, 192 Seiten, 8. Aufl.

Die zuerst im Österreichischen Rundfunk gehaltenen, später auch über andere Sender verbreiteten Vorträge bieten etwas Einmaliges in der psychiatrischen Literatur unserer Zeit: eine Psychotherapie vor dem Mikrophon. Die Unmittelbarkeit der Darstellung gibt dem Leser die Möglichkeit, die Arbeit des Psychotherapeuten gleichsam aus der Nähe zu verfolgen.

VIKTOR E. FRANKL
Das Leiden am sinnlosen Leben

Band 615, 128 Seiten, 5. Aufl.

Der typische Patient von heute leidet an einem abgrundtiefen Sinnlosigkeitsgefühl, das als lähmende Leere empfunden wird. Mit Hilfe der vom Autor entwickelten „Logotheraphie“ konnte dieses existentielle Vakuum in vielen Fällen erfolgreich behandelt werden. Ein faszinierender Einblick in Forschung und Praxis dieses weltbekannten Vertreters der Wiener Schule.

Sinn-voll heilen

Band 1156, 160 Seiten

Viktor E. Frankls Logotherapie – Seelenheilkunde auf neuen Wegen. Vorwort von Irmgard Karwatzki

in der Herderbücherei